创新创业"十四五"立体化教材
浙江省普通高校"十三五"新形态教材

INNOVATION
AND
ENTREPRENEURSHIP

创新创业基础

——应用型本科版

王大将　温长秋　严兴尧　主　编
吴飞霞　毛传雨　杨伟伟　副主编

北京师范大学出版集团
BEIJING NORMAL UNIVERSITY PUBLISHING GROUP
北京师范大学出版社

图书在版编目（CIP）数据

创新创业基础：应用型本科版 / 王大将，温长秋，严兴尧主编. —北京：北京师范大学出版社，2019.1（2024.8 重印）

ISBN 978-7-303-24204-7

Ⅰ. ①创… Ⅱ. ①王…②华…③廖… Ⅲ. ①大学生－创业－高等学校－教材 Ⅳ. ①G647.38

中国版本图书馆 CIP 数据核字（2018）第 227562 号

教材意见反馈 gaozhifk@bnupg.com 010-58805079

CHUANGXIN CHUANGYE JICHU

出版发行：北京师范大学出版社 www.bnupg.com

北京市西城区新街口外大街 12-3 号

邮政编码：100088

印　　刷：北京虎彩文化传播有限公司

经　　销：全国新华书店

开　　本：787 mm×1092 mm 1/16

印　　张：12.5

字　　数：256 千字

版　　次：2019 年 1 月第 1 版

印　　次：2024 年 8 月第 4 次印刷

定　　价：49.80 元

策划编辑：周 粟 李 明　　责任编辑：欧阳美玲

美术编辑：陈 涛 李向昕　　装帧设计：陈 涛 李向昕

责任校对：韩兆涛　　责任印制：马 洁

前　言

2013 年 11 月 8 日，全球创业周中国站在上海开幕，中共中央总书记、国家主席习近平向创业周中国站活动组委会发贺信指出："青年是国家和民族的希望，创新是社会进步的灵魂，创业是推动经济社会发展、改善民生的重要途径。青年学生富有想象力和创造力，是创新创业的有生力量。希望广大青年学生把自己的人生追求同国家发展进步、人民伟大实践紧密结合起来，刻苦学习，脚踏实地，锐意进取，在创新创业中展示才华、服务社会。"2017 年 8 月，习近平总书记在给第三届中国"互联网＋"大学生创新创业大赛"青年红色筑梦之旅"的大学生回信中专门强调"希望你们扎根中国大地了解国情民情，在创新创业中增长智慧才干"。

党的二十大报告提出："必须坚持科技是第一生产力、人才是第一资源、创新是第一动力，深入实施科教兴国战略、人才强国战略、创新驱动发展战略，开辟发展新领域新赛道，不断塑造发展新动能新优势。""加快实施创新驱动发展战略。坚持面向世界科技前沿、面向经济主战场、面向国家重大需求、面向人民生命健康，加快实现高水平科技自立自强。""完善中国特色现代企业制度，弘扬企业家精神，加快建设世界一流企业，支持中小微企业发展。完善促进创业带动就业的保障制度。"这为我国高校开展创新创业教育指明了新方向。

随着大众创业、万众创新时代的到来，创新创业教育促进了高校教育教学的改革。创新创业教育，旨在引导学生积极运用专业技能，探索更多有益创新，创造社会价值，推动社会的进步和人类的发展。2021 年 10 月，国务院办公厅印发《关于进一步支持大学生创新创业的指导意见》(以下简称《意见》)。《意见》指出，大学生是大众创业万众创新的生力军，支持大学生创新创业具有重要意义；要以习近平新时代中国特色社会主义思想为指导，全面贯彻党的教育方针，落实立德树人根本任务，立足新发展阶段、贯彻新发展理念、构建新发展格局，坚持创新引领创业、创业带动就业，提升人力资源素质，实现大学生更加充分更高质量就业；要深化高校创新创业教育改革，将创新创业教育贯穿人才培养全过程，建立以创新创业为导向的新型人才培养模式；强化高校教师创新创业教育教学能力和素养培训，改革教学方法和考核方式。

本书以培养大学生的企业家精神为目的，围绕创业的三大核心要素——机会、资源和团队，以创业过程为主线，将创业要素和创业过程结合起来，从创业行为的视角揭示创业活动的发展过程及其关键要素的作用。课程中：邀请企业创业导师走入课堂，讲授相关知识和案例。结课时：以创业计划报告替代书面试卷，以项目路演替代期末考试，以企业导师授课、教授评价替代授课教师评分。结课后：与所在学校双创中心、地方孵化器对接，对优秀项目进行后期跟踪或孵化。无论项目最终是否成功，学生从中得到的创业体验对其今后的工作和生活都至关重要。

教材编写引入模块化教学理念，将社会及市场经济的实际情境与学生创新创业能力指导相结合，突出情境的真实性。教材活动设计及案例选取具有创新性，自主开发相关教学活动内容，活动贴近学生生活，适合课堂教学，紧扣教学目标，更具针对性。案例的选取以身边大学生创业案例为主，贴近学生真实生活，原创与共创相结合，具有本土化、目标化及实用化的特点。

教材内涵多元化，主要表现为以下三个方面。1. 突出能力训练。为每个模块设计相应的互动性小组活动，使学生在实践模拟中掌握知识，培养素质，训练能力。2. 穿插大量案例。为每个模块精心挑选大量的实际案例，帮助学生了解创业中的问题，总结创业经验，吸取失败教训。3. 课外延伸活动。每个模块的结尾部分，都嵌入了课外学习的实践活动内容，引导学生在课外进行团队活动、问题探讨、资料收集、课题研究、实地调研、创业者采访等延展性学习，增加学生对创业者以及创业活动的深入了解。教材建议采用基于体验式培训的创业教育教学方法，鼓励运用分组讨论、角色扮演、技能演练、商业模拟游戏等多种形式来设计教学实践环节，推进学生创业实践能力的发展。

本书共分为六章，具体分工如下：第一章“大学生与创业”由王大将负责编写；第二章“创业者与创业团队”由毛传雨负责编写；第三章“创业机会与创业风险”由温长秋负责编写；第四章“创业资源”由吴飞霞负责编写；第五章“创业计划”、第六章“新企业的开办”由张思康负责编写。全书最后由王大将统筹定稿。

本书的编写要特别感谢志同道合的绍兴文理学院元培学院严兴尧、同济大学浙江学院华雪君老师、浙江大学宁波理工学院廖海鹏老师，他们作为应用型本科院校创新创业教育的实践者和教育者，以自己的经验、精力和才华参与了本书的编写。同时，本书的编写得到了浙江工业大学创业学院院长王卫红等领导、专家的指导与鼓励。本书的出版得到了浙江省创业学院联盟和北京师范大学出版社的大力支持，力争充分反映我国高等学校创业教育教学实践的最新经验。编写过程中借鉴、参考了国内外大量创业指导与创业教育研究方面的文献资料以及一些创业教育专家、学者的理论和观点，书中引用的案例与材料部分来自期刊、网络，在此一并表示感谢。

由于编者水平有限，书中难免有疏漏和不足之处，敬请读者指正。

王大将

2023 年 6 月

目　录

第一章　大学生与创业

第一节　创意、创新与创业

【学习提要】

创意、创新与创业是人类不断发展进步的根本原因，三者共同的特点是从无到有，属于老子所说的“道生一”的范畴。创业是不拘泥于当前资源约束、寻求机会、进行价值创造的行为过程。

【学习目标】

了解创意、创新、创业的含义及分类，并了解三者的关系。

活动导入

格子外思维

活动目标：理解创新思维对于培养创业精神而言的重要性。

活动过程：请用连贯的四条直线段连接图 1-1 中的 9 个点。

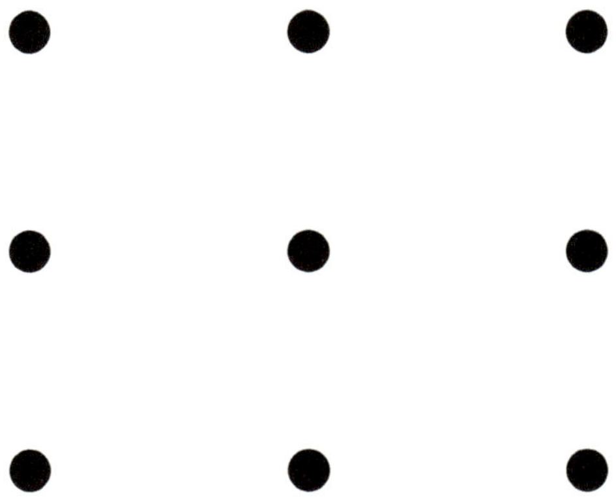

图 1-1

学习任务

创意是一种新的生活方式、理念或行为的更新。创新是思想、技术或管理的更新，是一切社会进步的前提。创业是一个企业的新生，它肩负着个人、家庭、社会、民族和国家生存和发展的重任，是解决就业问题、改善人民群众生活质量、富民强国之根本。三者相辅相成，共同为推动社会的进步贡献力量。

创意驱动创新，创新带动创业。创新贯穿于人类整个社会发展历史，现代企业创新分为制度创新和技术创新，技术创新与制度创新的区别在于成本与效益均衡性差异。中国面临发明家和企业家脱节的问题，需要搭建发明家和企业家信息交互的平台，促使创新带动创业，转化成社会生产力。

杰弗里·A. 蒂蒙斯(Jeffry A. Timmons)曾说："我们正处在一场静悄悄的大变革中——它是全世界人类创造力和创业精神的胜利。我相信它对 21 世纪的影响等同或超过 19 世纪和 20 世纪的工业革命。"21 世纪，人类进入了经济全球化的时代，我们的企业开始迈向全球，我们的市场开始让世界瞩目。面对着前所未有的机遇和挑战，中国的创业革命已经到来。

知识经济时代，高科技产业的发展将成为一国竞争力的主要决定因素，而高科技产业的发展不仅需要大批具有创新精神和创造力的人才，更需要一个完整的创业体系的支撑。创业已成为一国经济持续发展的动力。同时，创业与创意、创新是三个截然不同的概念，需要加以区分和辨别。

一、概念与内涵

(一) 创意的概念与内涵

创意是创造意识或创新意识的简称，是指对现实存在事物的理解以及认知，所衍生出的一种新的抽象思维和行为潜能。创意是一种通过创新思维意识，进一步挖掘和激活资源组合方式进而提升资源价值的方法。

创意是传统的叛逆，是打破常规的哲学，是破旧立新的毁灭与创造的循环，是思维碰撞，智慧对接，是具有新颖性和创造性的想法，不同于寻常的解决方法。

创意是新且有用的想法的产生。创意是创新和公司成长的起点，创意是发明产生的过程，创意是能使新想法变为现实的过程。创意的三个组成部分见图 1-2。

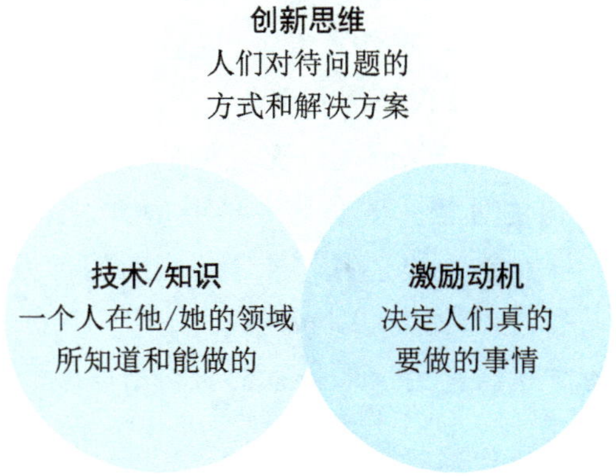

图 1-2　创意的三个组成部分

（二）创新的概念与内涵

创新就是利用现有的知识和物质，在特定的环境中，本着理想化需要或为满足社会需求，用一种与众不同的、新颖的和敢于冒险的方法和精神去解决所面临的问题，并提出新思想、新认识，探索新规律，改进或创造新的事物、方法、元素、路径、环境，做出新发明，创造新成果，并能获得一定有益效果的行为。

创新是以新思维、新发明和新描述为特征的一种概念化过程。它起源于拉丁语，其原意有三层含义：第一，更新；第二，创造新的东西；第三，改变。创新是人类特有的认识能力和实践能力，是人类主观能动性的高级表现形式，是推动民族进步和社会发展的不竭动力。一个民族要想走在时代前列，就一刻也不能没有理论思维，一刻也不能停止理论创新。创新在经济、商业、技术、社会学以及建筑学这些领域的研究中有着举足轻重的分量。我国经常用“创新”一词表示改革的结果。改革被视为经济发展的主要推动力，促进创新的因素至关重要。

对于创新概念的理解一般有狭义和广义两个层次。狭义的创新概念，立足于把技术和经济结合起来，即创新是一个从新思想的产生到产品设计、试制、生产、营销和市场化的一系列行动。广义的创新概念力求将科学、技术、教育等与经济融汇起来，即创新表现为不同参与者和机构（包括企业、政府、学校、科研机构等）之间交互作用的网络。在这个网络中，任何一个节点都可能成为创新行为实现的特定空间。创新行为因而可以表现在技术、体制或知识等不同层面。

很多人有很好的想法，但却不知道一个组织必须怎样运作才能把好的想法变为现实。当一个好想法明确之后，我们必须依照一定的方法来分析以确定它是否能成为一个新产品或服务的基础。商界领袖的做法就是把创意变成有利可图的新产品或商业模式。

（三）创业的概念与内涵

“创业”的本意是“创立基业”“创建功业”，《辞海》的解释就是“创立基业”。《孟子·梁惠王下》有“君子创业垂统，为可继也”，把创建功业与一脉相承、流传后世联系起来。“创业”一词由“创”和“业”组成。所谓“创”一般指创建、创新、创立、创造、创意。而“业”有如下解释：学业、业务、工作；专业、就业、转业、事业；财产、家业等。可见，“创业”有丰富的内涵，不仅仅是创办企业。

创业是创业者对自己拥有的资源或通过努力能够拥有的资源进行优化整合，从而创造出更大经济或社会价值的过程。创业是一种劳动方式，是一种需要创业者运营、组织，运用服务、技术、器物作业的思考、推理和判断的行为。根据杰弗里·蒂蒙斯所著的创业教育经典教科书《创业创造》(*New Venture Creation*)的定义：创业是一种思考、推理结合运气的行为方式，它为运气带来的机会所驱动，需要在方法上全盘考虑并拥有和谐领导力。

创业作为一个商业领域，致力于理解创造新事物(新产品，新市场，新生产过程或原材料，组织现有技术的新方法)的机会，即如何出现并被特定个体发现或创造，如何运用各种方法去利用和开发它们，然后产生各种结果。

简言之，创业就是创业者发现了商机并用实际行动将其转化为具体的社会形态，从中获得利益并实现价值的过程。

二、创意、创新与创业的类型

（一）创意的类型

创意是创新的前提。创意和创新本质上属于思维、观念、方法、模式等“上层建筑”，它并不能从根本上解决经济基础问题，唯有通过创业才能将创意和创新落到实处。创意主要包含以下几种类型。

第一，功能整合型。以实用问题解决为导向的创新产品设计是此类创意的典型。突破原有产品对消费群的吸引程度及不断积累品牌价值，增加品牌溢价，功能整合型的创意设计居功甚伟。宝洁的众多洗护品牌产品在此种创意设计上可谓技艺高超。

第二，环境协调型。无印良品是这种创意类型的经典代表。它用一种近乎禅韵的商业思想——“空，亦所有”，来为消费群创造一个空灵、充实、纯净、惬意的消费体验空间，其产品的灵魂更是把这种思想和理念发挥到极致。每一个单纯的产品能够最大限度地适应和催生一种简洁、明快而又熨帖的生活氛围，而且消费群能根据自身的想法和需要自由组合和搭配产品，这种涵盖了两个层次消费体验的润物无声的方式做到了生活环境的至密协调，把消费群的物质使用升华成一种生活艺术式的鉴赏以及情感和精神上的皈依。以此种创意设计建立起来的品牌真正具有历久弥坚的强大力量。工业社会发展到今天，生活环境已经成为一个迫在眉睫的重大问题，一个能够真正致力于改善和创造和谐生活环境的企业及品牌必将有着无限光明的前途和未来，无印良品的商业启迪正在如此。

第三，极限深入型。细节决定成败。许多企业及品牌对关注细节的理解只是停留在片面和浅显的层面。细节有两个层次：一是单纯的物化方面的，只需以物件本身为指标；二是符合人性方面的，所有物件细节必须以人在使用期间的各种感触为标准（诺基亚的细节和丰田的细节正体现了这两种细节的根本区别）。因此，细节的真正内涵应该是符合人性的对极限的深入。广告买卖网上有很多经典案例，苹果公司对细节的理解触到了真谛，使用的极限，享受的极限，娱乐的极限都使苹果公司系列产品以极致的体验把人性中最普遍的爱好与渴求呈现出来。这种人性需求中大面积的细腻感受来自对体验细节的极限挖掘，而不是对品质、技术、工艺等方面的单纯的精攻，当三星在为苹果公司生产核心的 A4 芯片时，当微软给苹果公司提供重要的系统界面时，它们各自的专业并没有创意出一种如此畅销的产品。

第四，分化投射型。达尔文的进化论中阐述的无论是传承式的变化，还是中途变异性的变化，都在昭示类别的渐变与分化，营销大师阿尔·里斯一直强调的新品类与定位理念便是从进化论中窥视所得。在后消费时代的自由竞争时期，商业经营与发展不要自然式进化的方式，而是需要战略式的发展方式，所有的商业与市场营销创意需围绕产业分化的原则来快速推动品牌构思与产品设计。由于市场空间的不可预设性，创意的空间也变得广袤无垠，借用或部分复制其他产业中相关产品类别成功的创意元素同样可以开创一个全新的市场消费空间。比如 1 号店，从创建伊始便定位于网上超市，基于电子商务的分化，率先以更完备的供应链系统、标准化流程、服务、低价格等构筑了一个超级网购平台。这种网上超市的创意设计，是对原有垂直电子商务的进一步分化，并以沃尔玛、亚马逊、戴尔等公司的有关供应链及电子商业管理模式的投射来整合完成。广告买卖网上的一个经典案例：沃尔玛正是看到这种零售方式跟自己传统零售异常吻合，在并购京东失败之后，首选 1 号店。由此可以推理，一个强大品牌的建立，可以源于产业或原有品牌的分化，并以成功品牌部分元素投射的方式来强势实现，这也可能是自由竞争时代国产品牌战略发展的有效途径之一。

第五，外围扩展型。以体验价值为主要消费方式的自由竞争时代，由于产业界限被打破，产品的延伸空间被放大，专业技术的跨范围应用，以及同产业内单一品牌产品的高可替代性，对品牌产品进行外围扩展已成为创意设计的重要手段之一。盛大网络已从单纯的网络游戏扩展到互动娱乐所涵盖的更多产品线范围，包括影视、视频、文学等，联想移动互联战略所涵盖的个人电脑、手机等都能为企业及品牌的长期发展起到强劲的助推作用。外围扩展型问题的关键是，在创意、技术、功能、运营等方面能否以平台的模式来整合这些产品，使之相对独立又能与整个品牌的运行互动协调起来，在这方面，雅昌的艺术印刷能提供很好的借鉴。外围扩展型的创意设计必须充分考虑三个核心层面：一是使产品线的范围融进更多的相关领域，以扩大在体验产品时的宽泛程度；二是创建一个在各个产品系列间能彼此协调、互补的运营平台，以保证各产品之间的无缝支持，增强消费体验的流畅性；三是每个产品系列必须时刻保持领先性。

（二）创新的类型

创新并非少数天才的专利，创新是创业的源泉，是创业的本质和灵魂。创新能力是进行创业最重要的资本，创新的类型主要包括以下几种。

第一，盈利模式创新。盈利模式创新指的是公司寻找全新的方式将产品和其他有价值的资源转变为现金。这种创新常常会挑战一个行业关于生产什么产品、确定怎样的价格、如何实现收入等问题的传统观念。溢价和竞拍是盈利模式创新的典型例子。

第二，网络创新。在当今高度互联的世界里，没有哪家公司能够独自完成所有事情。网络创新让公司可以充分利用其他公司的流程、技术、产品、渠道和品牌。悬赏或众包等开放式创新方式是网络创新的典型例子。

第三，结构创新。结构创新是通过采用独特的方式组织公司的资产(包括硬件、人力或无形资产)来创造价值。它可能涉及从人才管理系统到重新固定设备配置等方方面面。结构创新包括建立激励机制，鼓励员工朝某个特定目标努力，实现资产标准化从而降低运营成本和复杂性，甚至创建企业大学以提供持续的高端培训。

第四，流程创新。流程创新涉及公司主要产品或服务的各项生产活动和运营活动。这类创新需要彻底改变以往的业务经营方式，使公司具备独特的能力，高效运转，迅速适应新环境，并获得领先市场的利润率。流程创新常常构成一个企业的核心竞争力。

第五，产品性能创新。产品性能创新指的是公司在产品或服务的价值、特性和质量方面进行的创新。这类创新既涉及全新的产品，也包括能带来巨大增值的产品升级和产品线延伸。产品性能创新常常是竞争对手最容易效仿的。

第六，产品系统创新。产品系统创新是将单个产品和服务联系或捆绑起来创造出一个可扩展的强大系统。产品系统创新可以帮助企业建立一个能够吸引并取悦顾客的生态环境，并且能抵御竞争者的侵袭。

第七，服务创新。服务创新保证并提高了产品的功用、性能和价值。它能使一个产品更容易被试用和享用；它为顾客展现了他们可能会忽视的产品特性和功用；它能够解决顾客遇到的问题并弥补产品体验中的不愉快。

第八，渠道创新。渠道创新包含了将产品与顾客联系在一起的所有手段。虽然电子商务在近年来成为主导力量，但实体店等传统渠道还是很重要，特别是在创造身临其境的体验方面。这方面的创新老手常常能发掘出多种互补方式将他们的产品和服务呈现给顾客。

第九，品牌创新。品牌创新有助于保证顾客和用户能够识别、记住你的产品，并在面对你和竞争对手的产品或替代品时选择你的产品。好的品牌创新能够提炼一种“承诺”，吸引买主并传递一种与众不同的身份感。

第十，顾客契合创新。顾客契合创新是要理解顾客和用户的深层愿望，并利用这些了解来发展顾客与公司之间富有意义的联系。顾客契合创新开辟了广阔的探索空间，帮助人们找到合适的方式把自己生活的一部分变得更加难忘、富有成效并充满喜悦。

只选择一两种创新类型的简单创新不足以获得持久的成功，尤其是单纯的产品性能创新，很容易被模仿、被超越。创新主体需要综合应用上述多种创新类型，才能打造可持续的竞争优势。

（三）创业的类型

创业的路各不相同，我们可以从不同的角度对其进行分类。

依创业目的可分为机会型创业和生存型创业。机会型创业是指创业的出发点并非谋生，而是为了抓住、利用市场机遇。它以市场机会为目标，能创造新的需要或满足潜在需求，因而会带动新产业发展。生存型创业是指为了谋生而自觉或被迫地创业，大多偏于尾随和模仿，因而往往加剧市场竞争。

依创业起点可分为创建新企业和既有组织内创业。创建新企业是指创业者从无到有地创建全新企业的过程。这个过程充满机遇和刺激，但风险和难度也大，创业者往往缺乏足够的资源、经验和支持。既有组织内创业是指在现有组织内的有目的的创新过程。以企业组织为例，可指公司由于产品、营销以及组织管理体系等方面的原因，在企业内进行重新创建的过程。

依创业者数量可分为独立创业和合伙创业。独立创业是指创业者独自创办自己的企业。其特点在于产权归创业者个人所有，企业由创业者自由掌控，决策迅速，但创业者要独自承担风险，创业资源整合比较困难，并且受个人才能限制。合伙创业是指与他人共同创办企业，其优势和劣势正好与独立创业相反。

依创业项目性质可分为传统技能型、高新技术型和知识服务型创业。传统技能型创业是指使用传统技术、工艺的创业项目，如酿酒等。这些独特的传统技能项目在市场上表现出经久不衰的竞争力。高新技术型创业是指知识密集度高，带有前沿性、研究开发性的新技术、新产品创业项目，如将航天等高新技术领域的成果实现产业化、形成新产品，微波炉进入千家万户就是最好的例子。知识服务型创业是指为人们提供知识、信息等的创业项目。当今社会，会计师事务所、工程咨询公司等各类知识性咨询服务机构不断细化和增加，这类项目投资少、见效快，竞争也日渐激烈。

依创业方向和风险可分为依附型、尾随型、独创型和对抗型创业。依附型创业可分为两种情况：一是依附于大企业或产业链而生存，在产业链中明确自己的角色，为大企业提供配套服务；二是特许经营权的使用，如利用知名品牌效应和成熟的经营管理模式，通过连锁、加盟等方式进行创业。尾随型创业即模仿他人创业，行业内已经有同类企业或类似的经营项目，新创企业尾随他人，学着别人做。独创型创业是指提供的产品和服务能够填补市场空白。大到独创商品，小到商品的某种技术，如环保洗衣粉等。对抗型创业是指进入其他企业已经形成垄断地位的某个市场，与之对抗较量的创业。

创意—创新—创业关系见图 1-3。

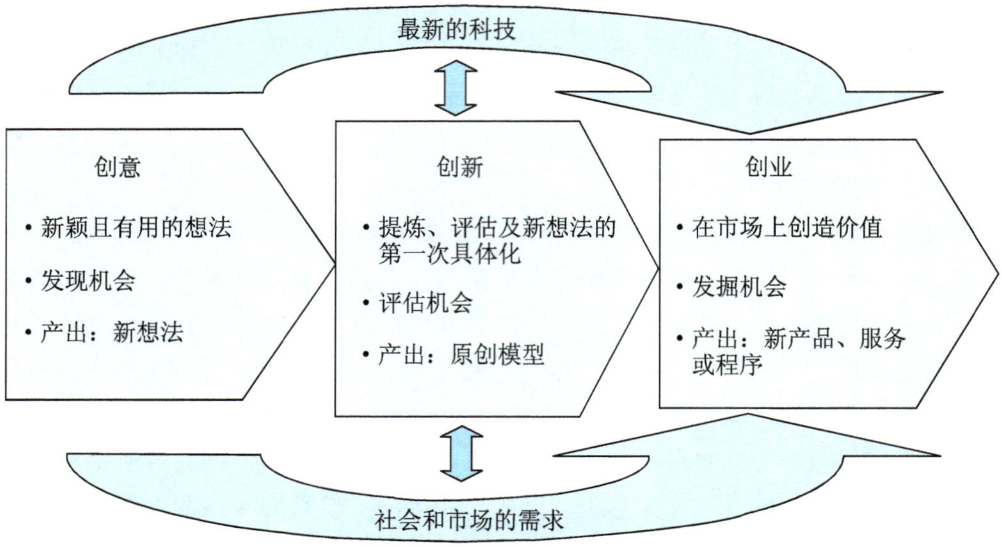

图 1-3　创意—创新—创业关系

案例启示

两年卖出 7800 万个馒头！罗三长的创业“罗馒史”

1.5 元一个红糖馒头，两年卖出 7800 万个，拥有了 5 家自营店和百余家加盟店，直接带动大学生、下岗职工 1312 人就业。

如今，云南大学滇池学院学生罗三长的名字已经被“罗小馒”取代，他也成为学生创业中的一个传说。

校园创业史　高中时开始打工创业

就读于云南大学滇池学院 2014 级经济学院的罗三长，虽然还是个大学生，可在创业方面经验十足。

罗三长出生于江西赣州农村，父母在他小的时候就外出打工了，剩他一个人在家。上初中时，他尝试在家里种冬瓜出售，赚到了人生中的第一笔钱。

2008 年，父亲意外去世，家里失去了顶梁柱。为改变家里贫困的状况，罗三长一边上学，一边贩卖一些农产品以继续学业。

2009 年，罗三长进入高中，成为学校的学生会主席，随后成立了一家劳务派遣公司，积累了人生中宝贵的经验；还在新东方学习过烹饪，拿到了新东方二级厨师证。

“在创业过程中，我遭遇过很多挫折，而且现在还只是个学生，还需要多学习和积累社会经验。2012 年，我带 200 多人外出东莞打工赚钱遇到过黑中介，虽然最后工资追回了 3.2 万元，还是被坑了 8 万元。不过，这些经历对我来说是一种成长的积累。”罗三长很乐观，他觉得人生不可能一帆风顺，遇到些挫折很正常。

2014 年，罗三长被云南大学滇池学院经济学院录取。为解决生活费的问题，他利用寒暑假在学校里的一家餐馆打工，也因此结识了自己后来事业的合伙人。不乏创意想法的罗三长，在做厨师时曾创新过“水果盖饭”。而这个看似有些奇怪的盖饭，一经推出，就受到学生们的欢迎，这也让罗三长备受鼓舞。当时想要在校创业的他，和餐馆老板一拍即合，两人决定要开创一番事业。

百次失败终获成功　店面扩张到百余家

“我想着就从面食上下功夫，然后就想到了馒头。馒头在整个中国，一般都是以白馒头为主，毕竟大众吃的只有白馒头。”罗三长凭借专业优势和多年的打工经历，分析了云南的市场后，决定做红糖馒头。

2015 年 7 月暑假，他和一位合伙人去台湾“取经”——因为台湾的小吃很出名，包括红糖馒头。

“云南本来就有红糖馒头，但用的是砂红糖，口感太黏、太甜，不太适合大多数人的口味。”为了做出好吃的红糖馒头，罗三长用从台湾学到的技术，做了一百多次试验，都失败了。用什么样的水？什么样的红糖？配比多少？20 多种配方，罗三长一次次地尝试，最终找到了合适的配方。

2015 年 11 月 8 日，罗三长在学校食堂租了一块地方，首家“罗小馒红糖馒头”店正式开业。

“第一天，路过的人好奇地问红糖馒头是什么样子的？品尝过后，客人们都竖起了大拇指。那个时候觉得自己特别有成就感。”罗三长说，开张第一天就盈利 1050 元，一个月下来，营业额超过 6 万元。这给了创业初期的他很大的动力。

罗三长的红糖馒头渐渐有了名气，“红糖馒头”开进了西南林业大学、云南民族大学、云南师范大学……如今，自营店也从 1 家开到了 5 家，加盟店百余家。找他加盟的人络绎不绝，甚至还有人专门从上海来找他加盟。

在线下实体店取得成功后，罗三长还开通了微信公众号，通过网络进行售卖。

创新不止步　诠释新时代工匠精神

2017 年 9 月 18 日，在第三届“互联网＋”大学生创新创业大赛中，“罗小馒红糖馒头”获全国金奖。

为什么红糖馒头也能获金奖？

“我们用了互联网产品思维和工匠精神去做。”罗三长表示，一般商家考虑的是如何卖出去最多，而他们想到的是怎么让消费者喜欢。

罗三长不满足于现状，如何扩大规模是他一直在思考的问题。目前，他正与技术人员研发红糖奶黄包、红糖发糕。他希望有更多甘蔗、小麦种植户加盟他的红糖馒头品牌，从原材料环节进行把控，让红糖馒头能够走出云南。

罗三长说："我觉得我们的项目，不只是一个馒头，更是一个极具发展的项目；它不是一个凉馒头，而是一个有温度的馒头。"

借全国总决赛的舞台，罗三长发起了《全国高校500+小馒人合伙加盟计划》推动大学生就业，同时他已经注册了"罗小馒"品牌商标，计划将他的馒头卖到更多省份。

按照罗三长的品牌发展规划，他正抓住红糖馒头的品牌故事，抓住"85后"群体的消费心理和口味，在红糖馒头的基础上研发出适合女性的"小蛮腰"、适合男性的"小蛮牛"、适合小朋友的"小蛮萌"等产品。

"我今天的成功，与我的坚持分不开。太多人把小事不当事，大事当作麻烦事，最后一事无成。"在罗三长看来，他最大的成功就是敢想敢做，且善于不断总结经验教训。

资料来源：

两年卖出7800万个馒头！罗三长的创业"罗馒史"[EB/OL].(2018-05-05)[2018-10-15]http：//news.ifeng.com/a/20180505/58131279_0.shtml.

思考与讨论：

罗三长的创业项目最大的创意是什么？如果你来运营他的创业项目，接下来你有更好的创意吗？

拓展活动

六顶思考帽

六顶思考帽是英国学者爱德华·德·博诺(Edward de Bono)博士开发的一种思维训练模式，或者说是一个全面思考问题的模型。它提供了"平行思维"的工具，避免将时间浪费在互相争执上。这种模型强调的是"能够成为什么"，而非"本身是什么"，是寻求一条向前发展的路，而不是争论谁对谁错。六顶思考帽，使混乱的思考变得更清晰，使团体中无意义的争论变成集思广益的创造，使每个人变得富有创造性。

所谓六顶思考帽，是指使用六种不同颜色的帽子代表六种不同的思维模式。任何人都有能力使用以下六种基本思维模式。

白色思考帽。白色是中立而客观的。戴上白色思考帽，人们关注的是客观的事实和数据。

绿色思考帽。绿色代表茵茵芳草，象征勃勃生机。绿色思考帽寓意创造力和想象力。它具有创造性思考、头脑风暴、求异思维等功能。

黄色思考帽。黄色代表价值与肯定。戴上黄色思考帽，人们从正面考虑问题，表达乐观的、满怀希望的、建设性的观点。

黑色思考帽。戴上黑色思考帽，人们可以运用否定、怀疑、质疑，合乎逻辑的进行批判，尽情发表负面的意见，找出逻辑上的错误。

红色思考帽。红色是情感的色彩。戴上红色思考帽，人们可以表达自己的情绪，人们还可以表达直觉、感受、预感等方面的看法。

蓝色思考帽。蓝色思考帽负责控制和调节思维过程。它负责控制各种思考帽的使用顺序，规划和管理整个思考过程，并负责做出结论。

请说出下面各戴上了哪种颜色的帽子。

1. 这辆车能在 6 s 内加速到 96.6 km。

2. 我认为，提高汽油价格并不能使人们更小心地驾驶车辆。

3. 如果他没有邀请我参加他的生日聚会，那我就不必花钱购买礼品了。

4. 我们为什么不把工厂卖掉，然后再把它租回来呢？

5. 我不喜欢他，我不想同他一起工作。

6. 我们应该把我们在这方面所持的观点罗列出来。

扩展阅读："创新"的定义及其沿革

"创新"一词早在《南史·后妃上》中就曾提到，是创立或创造新的东西的意思。《韦氏词典》对"创新"下的定义为：引入新概念、新东西和革新。也就是说，"革故鼎新"(前所未有)与"引入"(并非前所未有)都属于创新。

国际上，奥地利经济学家熊彼特是创新理论的奠基人。熊彼特最早在 1911 年出版的德文版《经济发展理论》一书中，就论述了关于经济增长非均衡变化的思想，此书在 1934 年被译为英文时，使用了"创新"(innovation)一词。1928 年熊彼特在其英文版论文《资本主义的非稳定性》(*Instability of Capitalism*)中首次提出了创新是一个过程的概念，并于 1939 年出版的《商业周期》(*Business Cycles*)一书中比较全面地提出了创新理论。

按照熊彼特的观点，所谓"创新"，就是"建立一种新的生产函数"，也就是说，把一种从来没有过的关于生产要素和生产条件的"新组合"引入生产体系。在熊彼特看来，作为资本主义"灵魂"的"企业家"的职能就是实现"创新"，引入"新组合"。所谓"经济发展"是指整个资本主义社会不断地实现这种"新组合"。熊彼特所说的"创新""新组合"或"经济发展"，包括以下五种情况：引进新产品；引用新技术，即新的生产方法；开辟新市场；控制原材料的新供应来源；实现企业的新组织。

自 20 世纪 60 年代起，管理学家们开始将创新引入管理领域。现代管理大师彼得·德鲁克在《动荡年代的管理》一书中发展了创新理论。他认为，创新的含义是有系统地抛弃昨天，有系统地寻求创新机会，在市场薄弱的地方寻找机会，在新知识萌芽时期寻找机会，在市场的需求和短缺中寻找机会。创新是赋予资源以新的创造财富能力的行为。任何使现有资源的财富创造潜力发生改变的行为，都可以称为创新。他还在《创新与创业精神》一书中提到，创新是企业家的特定工具，他们利用创新改变现实，作为开创其他不同企业或服务项目的机遇。

第二节　创业与企业家精神

【学习提要】

创业精神是创业者在创业过程中具有开创性的思想、观念、个性、意志、作风和品质等重要行为特征的高度凝练。创业精神是每一位当代大学生都需要具有的必备品质，是知识经济时代对大学生的必然要求，同时也是成功指导大学生职业生涯规划的有力武器。

【学习目标】

掌握创业中企业家精神的内容。

活动导入

用思维脑图画出普通人与企业家的区别。

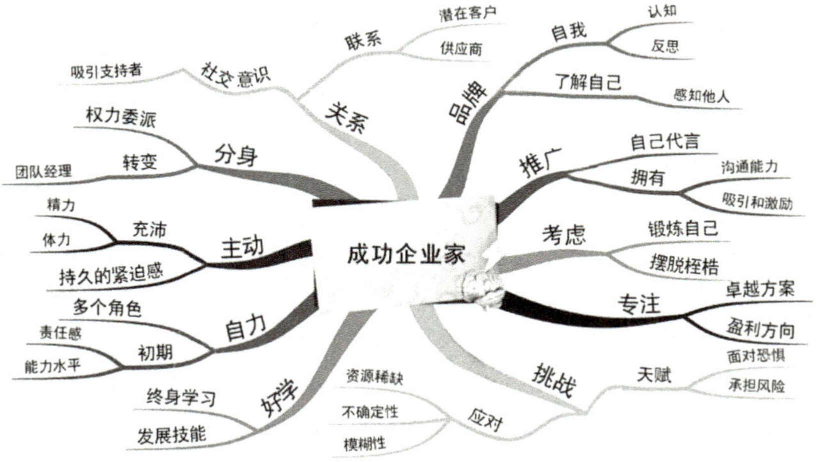

图 1-4

学习任务

熊彼特认为，企业家之所以能够成为生产要素新组合的组织者，是因为他们具有“企业家精神”。资本主义增长的奇迹来源于企业家能够大胆而富有想象力地突破现行的商业模式和惯例，不断寻求各种机会推出新的产品和新的生产工艺，进入新的市场并且创造新的组织形式。企业家的行为以创新作为特有的目的，企业家精神是创新的逻辑起点。

企业家精神作为企业家的灵魂和核心要素，它既决定了企业家的能力，也决定了一个企业的管理和智力问题。各种研究表明，在企业家精神较为活跃的地区，往往经济发展水平也较高，企业家精神和经济增长之间存在着强相关关系。

虽然企业家精神属于企业家私人信息的内在的心理特征和品质，不同的企业家有着个体差异性，但是我们仍然可以从他们的共性上提炼出带有普遍性的精神特征。国外学者通过对成功企业家调查比较，对他们赖以成功的精神动力及表征进行广泛深入的研究，从中获取了科学的令人信服的结论。国外的研究有较长的历史，其研究状况见表 1-1。

表 1-1 成功企业家精神特征研究

年份	研究者	企业家精神特征
1848 年	米勒	承担风险
1917 年	韦伯	正式权威之源
1934 年	熊彼特	创新，首创精神
1954 年	沙腾	勇于承担责任
1961 年	麦克里兰	承担风险，成就欲望
1963 年	大卫斯	雄心勃勃，需求独立，承担责任，自信
1964 年	皮克尔	支配/智慧，人际关系，沟通能力，技能
1965 年	李兹格	好风险，独立，社会赏识，仁慈，领导
1965 年	斯克诺几	诚实，权力激励，明确利害关系
1971 年	伯尔蒙	评估风险
1971 年	哈尔勒德及艾伯德	成就欲望，自主，雄心勃勃，权力，社会认可，创新/独立
1973 年	温特尔	权力欲望
1974 年	玻兰德	注重内部控制
1974 年	李勒斯	成就欲望
1977 年	甘斯	个人价值实现

续表

年份	研究者	企业家精神特征
1978 年	梯蒙斯	支配/自信，目标导向，适度冒险，注重控制，首创/创新
1980 年	布鲁克汉斯	冒险嗜好
1980 年	瑟克顿	能力强/雄心勃勃，积极调整心态
1981 年	麦斯空和蒙坦拉里	成就，占有，自主，坚持，控制
1981 年	维尔西和怀特	有控制欲望，承担责任，自信/支配，迎接挑战，适度冒险
1982 年	董科尔伯格和库帕	成长，独立，独具匠心
1982 年	威尔其和杨	控制，接受创新，自尊，雄心勃勃

大量的研究还可以将企业家精神特征开列出很长的单子，不同时期和不同的研究视野让研究者的结论不尽相同。现实中的大部分成功企业家可能只是具备其中的一部分特征，而许多具有完全或覆盖那些特征的人并非一定就能够成为成功企业家。因为研究者的结论是必要条件而非充分条件，属于归纳性概括性的结论，不可能完全掌握了现实复杂的情况。

一、企业家精神的基本内容

随着时代的发展和诸多的科学家的不断探索形成了这样一种共识：企业家精神是指与市场经济和企业发展要求相吻合的现代职业型企业家所特有的文化品质，通过开发新的组合在以前并不存在的地方创造经济价值。企业家精神是企业家这个特殊群体所具有的共同特征，是他们所具有的独特的个人素质、价值取向以及思维模式的抽象表达，是对企业家理性和非理性逻辑结构的一种超越、升华。

从企业家具备的特质和能力角度出发，企业家精神可概括为创新精神，积极进取，风险承担，敬业精神，合作精神，社会责任意识。而能力是企业家素质的外在表现，包括寻找新的市场机会，对潜在市场机会的敏感，控制欲，独立性等。从文化道德观角度理解，企业家精神是一种经济道德。从行为研究方法角度分析，企业家精神推动企业成长，应是包括创建新组织在内的一系列活动。

企业家群体独有的显著的精神特征使其与其他群体特征区别开来，人们日常也把它看作成功的企业家个人内在的经营意识、理念、胆魄和魅力，并以此标尺识别、挑选和任用企业家。企业家精神主要包括以下几点。

（一）创新精神

熊彼特关于企业家是从事“创造性破坏(creative destruction)”的创新者的观点，凸显了企业家精神的实质和特征。一个企业最大的隐患，就是创新精神的消亡。一个企业，要么增值，要么就是在人力资源上报废，创新必须成为企业家的本能。但创新不是“天才的闪烁”，而是企业家艰苦工作的结果。创新是企业家活动的典型特征，从产品创新到技术创新、市场创新、组织形式创新，等等。创新精神的实质是“做不同的事，而不是将已经做过的事做得更好一些”。所以，具有创新精神的创业者更像一名充满激情的艺术家。

创新，是企业家的灵魂。与一般的经营者相比，创新是企业家的主要特征。企业家的创新精神体现为一个成熟的企业家能够发现一般人无法发现的机会，能够运用一般人不能运用的资源，能够找到一般人无法想象的办法。企业家创新精神体现在：引入一种新的产品；提供一种产品的新质量；实行一种新的管理模式；采用一种新的生产方法；开辟一个新的市场等。

（二）创业精神

企业家的创业精神是指锐意进取、艰苦奋斗、敬业敬职、勤俭节约的精神。企业家的创业精神主要体现在：积极进取，克服循规守旧的心理，顽强奋斗，敬业敬职的职业道德，勤俭节省的精神风貌等。

（三）冒险精神

理查德·坎迪隆(Richard Cantillion)和弗兰克·奈特(Frank Rnight)两位经济学家，将企业家精神与风险不确定性联系在一起。没有甘冒风险和承担风险的魄力，就不可能成为企业家。企业创新风险是二进制的，要么成功，要么失败，只能对冲不能交易，企业家没有第三条道路。美国明尼苏达矿业及机器制造公司(简称 3M 公司)有一个很有价值的口号：为了发现王子，你必须和无数个青蛙接吻。“接吻青蛙”常常意味着冒险与失败，但是“如果你不想犯错误，那么什么也别干”。同样，对 1939 年在美国硅谷成立的惠普，1946 年在日本东京成立的索尼，1976 年在中国台湾成立的宏碁，1984 年分别在中国北京、青岛成立的联想和海尔等众多企业而言，虽然这些企业创始人的生长环境、成长背景和创业机缘各不相同，但无一例外都是在条件极不成熟的情况下，他们敢为人先，第一个跳出来吃螃蟹。

一个企业经营者，要想获得成功，成为一名杰出的企业家，必须有冒险精神。对一个企业和企业家来说，不敢冒险才是最大的风险。企业家的冒险精神主要表现在：企业战略的制定与实施上；企业生产能力的扩张和缩小上；新技术的开发与运用上；新市场的开辟和“领土”保卫上；生产品种的增加和淘汰上；产品价格的提高或降低上等。

（四）宽容精神

正如艾伯特·赫希曼所言：企业家在重大决策中实行集体行为而非个人行为。尽管伟大的企业家表面上常常是一个人的表演，但真正的企业家其实是擅长合作的，而且这种合作精神需要扩展到企业的每个员工。企业家既不可能也没有必要成为一个“超人”，但企业家应努力成为“蜘蛛人”，要有非常强的“结网”能力和意识。西门子是一个例证，这家公司秉承员工为“企业内部的企业家”的理念，开发员工的潜质。在这个过程中，经理人充当教练角色，让员工进行合作，并为其合理的目标定位实施引导，同时给予足够的施展空间，并及时予以鼓励。西门子公司因此获得令人羡慕的产品创新纪录和成长纪录。

企业家的宽容精神是指企业家具有宽容心，愿意与人友好相处，愿意与他人合作的态度和精神。企业家的宽容精神主要体现在：尊重同行和下属；尊重人才；善于使用人才；虚怀若谷，善于听取别人意见，尤其是批评自己的意见；发扬民主精神，避免独断专行等。

二、企业家精神实现的重要性

企业家精神是企业核心竞争力的重要来源。企业家在远见卓识和非凡的魄力精神的鼓励下对企业核心竞争力起着关键性保障作用，企业家精神通过企业家自身保障了企业核心竞争力的培育与提升；企业理念与企业家精神，不但构成企业的内在发展动力，更成为企业的外部发展机遇。企业家的执着事业心、不停息的创新精神和模范合作精神通过其传递机制，发扬光大，最终缔造出企业的核心竞争力。

企业家精神是企业核心竞争力的唯一真实来源。一个活跃的市场，土地、劳动者、资本等要素只有在具有企业家精神的人手中，才能在复杂多变的竞争环境中发展壮大起来，才会真正成为财富的源泉。

三、企业家精神的时代特征

企业家精神作为社会的稀缺资源，对中国经济增长和社会发展的作用正日益显现出前所未有的重要性。因而，如何在整个社会培育和弘扬企业家精神是非常重要的。企业家是一个生态群落，但这个生态群落的边界是不确定的。在创业、创新的决策过程中，企业家贡献的是他的才能。正因为如此，经济学研究者经常将企业家才能等同为“企业家精神”。企业家精神的确是一个比企业家才能更好地表述，它涵盖了企业家才能，同时又有着更多的价值内涵，如冒险精神、效率精神、诚信精神、合作精神和敬业精神等，这些都是企业家精神内涵的应有之义。那么，中国当代的企业家精神主要体现在哪些方面呢？

（一）科学的发展观

发展观是关于发展的本质、目的、内涵和要求的总体看法与根本观点。党的十六届三中全会提出了全面、协调、可持续的发展观，强调坚持以人为本，实现经济社会更好更快的发展。坚持科学发展观，企业界负有重大责任。企业是市场经济的主体，是构成社会的细胞，只有广大企业都树立和落实了科学发展观，整个社会经济的科学发展观才能得以实现；如果大部分企业偏离科学发展观的轨道，社会经济的发展必然与科学发展观背道而驰。

不同行业、不同企业的科学发展观，表述可能不同，但本质是一致的。科学发展观就是要坚持效益、质量、规模的协调发展。在这三者中间，效益是目的，质量是前提，规模是手段。要追求效益、质量、规模三者之间的协调，就必须在实践中保持“三个理性”，即理性地对待市场、理性地对待同行竞争对手和理性地对待自己，不能以牺牲质量为代价换取一时的、表面的繁荣。

（二）持续创业创新的进取心

创业是市场经济的引擎，是技术进步和社会发展的源头。一个国家的经济持续繁荣，要靠一批又一批的创业者。而创业不是新企业、小企业的专利，老企业、大企业同样存在二次创业、不断创业的问题。古人云，创业难，守业更难。对于一个企业来说，在竞争激烈的市场经济中，守业的最好办法就是不断地创业。一个企业家，即使是成功的企业家，一旦有了“守”的思想，失去了“创”的精神，消磨了创新精神和创业激情，那他离失败甚至是破产也就不远了。这也正是国内外许多知名企业家永不满足、不断追求卓越的原因所在。

企业的创新可以概括为三个层次。第一个层次的创新是产品创新和服务创新，因为没有产品和服务的创新，企业发展的基础就不会坚实，发展的空间就不会扩展。但是，面对技术革命浪潮的冲击，产品和服务的创新很容易被模仿，因此，必须重视第二个层次的创新，即管理创新和技术创新。没有管理和技术这两个企业发展内在动力的创新，产品创新和服务创新就失去了保障，就不会有活力，更不会有新突破。第三个层次的创新是经营理念和企业文化的创新，这不仅是前两个层次创新的源泉，也是企业创新和发展的关键推动力。

（三）诚信立业的价值观

诚信是企业家的立身之本。企业家在修炼领导艺术的所有原则中，诚信是绝对不能摒弃的原则。市场经济是法治经济，更是信用经济、诚信经济。没有诚信的商业社会，将充满极大的道德风险，显著抬高交易成本，造成社会资源的巨大浪费。其实，凡勃伦在其名著《企业论》中早就指出：有远见的企业家非常重视包括诚信在内的商誉。诺贝尔经济学奖得主弗利曼更是明确指出：“企业家只有一个责任，就是在符合游戏规则下，运用生产资源从事利润的活动。亦即须从事公开和自由的竞争，不能有欺瞒和诈欺。”

企业家的创新和经营必须以诚信为前提，要把企业作为一个永久的事业来经营，没有诚信立业的企业家精神，也就无法成就基业长青的百年企业。

企业是一个商业性组织，赚钱是最基本的目的。但是，君子爱财，取之有道。企业赚钱，必须诚信、守信、合法地赚钱。孔子曰：“民无信不立。”孟子曰：“诚者，天之道也；思诚者，人之道也。”诚信之于企业如同诚信之于个人，一个不讲诚信的人，无法立足于社会，一个不讲诚信的企业，同样无法生存，更不可能实现持续发展。可以说，诚信是企业在市场竞争中的立业之道、兴业之本。

（四）造福社会的责任感

企业家在通过企业创新活动获得企业利润、促进企业成长和发展的同时，应当具有很强的社会责任感，履行更多的社会义务，承担更多的社会责任，促进社会、自然以及社会和自然之间的全面和谐发展。

企业家的社会责任就是要正确处理好社会与企业的关系，不能以牺牲社会利益来发展企业，要承担起社会的责任，要回报社会。社会责任是一个整体的概念，是企业价值观和企业文化的重要内容，传统的成本、质量、供货期只是最基本的要求，而商业道德、社会责任已经成为企业提高竞争力的重要因素。认真承担对社会及公众应该承担的责任与义务，有利于提升企业形象，有利于构建良好的品牌优势和信誉优势，有利于增强企业的国际竞争力。

挪威著名的戏剧家易卜生有一句话“社会犹如一条船，每个人都要有掌舵的准备”。处于经济和社会转型期的中国，为企业家这个社会阶层充分提供了“掌舵”的机会，创业者应当弘扬新时代的企业家精神，肩负起历史赋予的责任，为整个国家经济和社会的进步与发展尽自己最大的努力。

四、企业家成长中精神、素质与机制的交互作用

一个出色的企业家应该具有全新的思想观念，健康的身体，强健的心理，卓越的能力，丰富的知识经验，优秀的品质。企业家应该兼备以上几方面的素质，这些素质综合表现在个体的企业家身上，就体现为某种精神面貌。我们看一个企业管理者是否具备成功企业家的潜在精神品质，就要从他的知识、能力、身体、心理等素质特征来具体调查和分析，并比较这些素质特征是否和外在的环境相符合。企业家个体成长中的精神、各方面素质因素与外部激励约束的机制环境相互作用，形成复杂的关系结构，其中企业家精神处于核心地位，它对其他各因素起到指导、传接和凝聚的作用，拿掉了企业家精神这一核心因素，就无从探讨企业家的本质内涵和属性。企业家素质、能力及其成长必然地受到企业家精神的影响，并且在一些情形下，企业家精神直接决定了企业家把握企业创新和寻找潜在机遇的能力能否得到有效的发挥和运用。正是因为企业家精神的核心地位和作用，有时候经济学家和大众谈论企业家的素质或能力时往往就当成企业家精神来说了。企业家素质构成如图 1-5 所示。

如果从企业家个体成长的动态过程来分析，那么通过学习、培训和实践中摸索，企业家的知识、身体、心理等素质转化为企业家潜在的人力资本，形成一种职业操作能力；在企业家精神的引导和外部激励机制的作用下，企业家发挥其天赋和能力，创造出个人和企业、社会的价值，实现其特殊的职能，如图 1-6 所示。

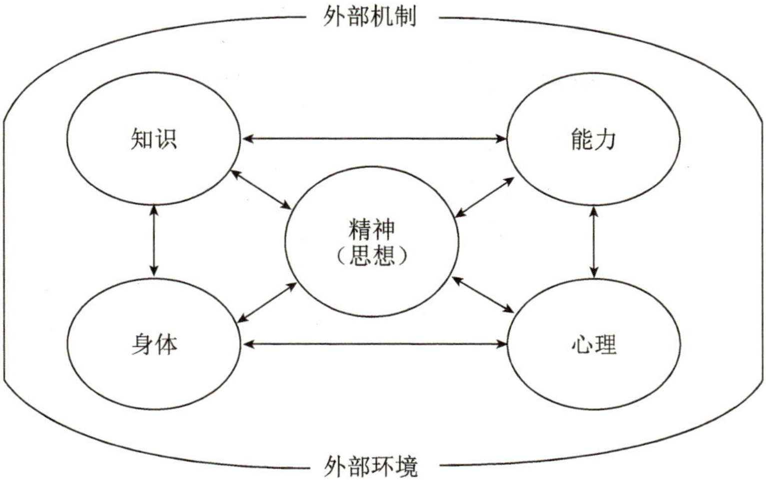

图 1-5　企业家素质构成图示

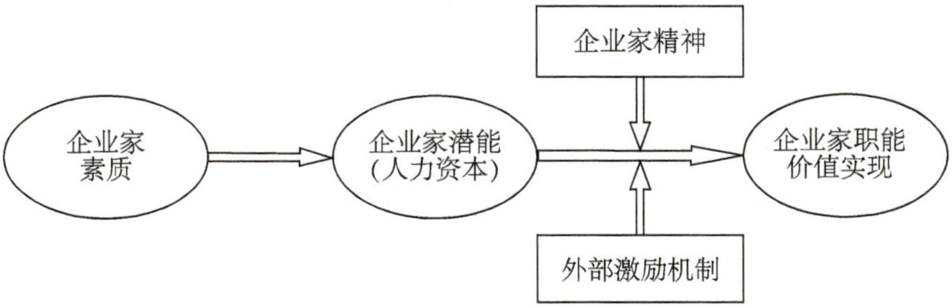

图 1-6　企业家个体成长的动态过程图示

准确理解企业家精神的功能既有助于我们规范企业家精神的概念本身，同时也有助于我们理解企业家精神成长与培养的重要性。企业家精神具有诸多功能，体现在对经济、社会和文化等方面的影响上。首先，企业家精神虽然不能直接创造经济价值，但作为衡量企业经营者是否是企业家的一个重要标准，在企业家选择和任用机制上具有指导意义，它也能够更好地激发企业家的潜力，使之以最佳的状态投身到企业的经营管理活动中，而且对企业家精神的培养也能从整体上提高企业家的素质，使之能创造更多的社会财富，这是企业家精神在经济领域发挥其功能的集中体现；其次，企业家精神在社会方面的功能则体现在，虽然企业家精神代表的是企业家这个群体所特有的精神品质，但它对其他领域、其他的社会群体有着强烈的示范效应，企业家精神可以映射整个国家的整体素质，企业家精神所倡导的一些价值取向和原则也成为其他社会群体学习的风向标；最后，企业家精神对文化的功能则体现在，企业家精神其实也可以看作一种特殊的文化现象，它体现的是企业家的优秀品质，对营造一种良好的、积极向上的社会文化氛围有极大的促进作用。

五、企业家精神的培育

（一）企业家精神需要制度环境创新

企业家精神产生于特定的经济和政治体制中。就经济体制而言，在高度集中的计划经济体制下，企业家精神的产生和发扬必然受到极大的约束和限制。一则企业没有生产经营的自主权，二则没有能够进行竞争的市场。在市场经济体制下，市场竞争随时考验着企业的生存和发展能力，企业家精神的缺乏必然导致企业的迅速衰败。对于政治体制而言，只有做到政企分开，企业家精神才能得以最充分地发扬。

罗伯特·蒙代尔认为，企业家精神的培养不仅需要领导力、创造力、冒险精神等这些来自企业家自身的内功，成长环境同样非常重要。企业家所处的环境自由度对于塑造企业家精神非常重要，国家应该为企业家提供自由发展的环境。

在一个创新的重要性不断凸显的时代，具有创新精神的企业家的价值在不断提升。于是，企业寻求合理的制度创新，使其人力资本收益内在化的动力也越来越强。事实上，对具有创新精神的企业家才能的发现过程就是一个制度不断创新的过程。一个国家，一个社会，越是能提供保护企业家人力资本的制度创新，就越能激发整个社会中的企业家供给量，而企业家也就越愿意对自身的人力资本进行投资，不断增强自身的企业家素质和创新能力。

（二）企业家精神需要培育和弘扬创业文化

企业家精神不是与生俱来的，正如鲁迅先生所说，要培植大树，得先培育适合大树生长的土壤。中国缺乏的不是企业家精神，而是其所需要的坚实强大的制度环境支撑和对创新、宽容、合作的创业文化的哺育。要培育企业家精神，构建新的创业文化，首先要破除官本位意识，打破以官为本、学而优则仕、商而优则仕的传统观念。要通过创业教育和培训引导德才兼备的机关干部、大学生走出官场、走向市场，使其成为全民创业的倡导者和先行者，弘扬一种重商的社会文化。其次，要破除计划经济意识的束缚。只有摒弃等、靠、要等陋习，发扬创业精神，像浙江人一样敢于白手起家，争当老板，吃苦耐劳，不怕冒险，人人参与，合作拼搏，才能形成积极向上、竞争合作的创业文化。最后，要冲破小农意识的束缚。小农意识是自然经济的产物，本质上是安贫守旧，懒散求稳，墨守成规，小富即安。只有激发民众摆脱贫穷、求富创新的强烈欲望，树立创业光荣、致富光荣的理念，引导人们永不停止、不懈进取，才能形成人人追求上进，处处推崇创业的创业文化。

（三）企业家精神来自创业创新实践

企业家的成长经历和以前的工作经历、行业经历及管理实践都对企业家精神的形成有着十分重要的影响。例如，企业家的创新精神的形成与他受教育的程度所引发出来的求知欲强弱有很大关系；企业家的冒险精神则可能是在他坎坷不平、艰难曲折的成长道路中逐渐形成的。正因为如此，企业家受过的教育以及他们的成长过程和工作实践等，直接影响企业家精神的形成和发展。

许多专家认为，创业者往往具有某些相同的个性特征，比如成就欲强、愿意承担风险、高度自信等。但也有许多学者认为，企业家精神应当从动态的创业过程中去把握。创业者所具有的成就欲强等个性特征不仅是先天具有的禀赋，也可以是在后天的创业过程中形成并不断得到强化的。从实践上看，由创业意识到变为实实在在的商品(或服务)具有某些共同的特征，是有规律可循的，创业者可以通过学习模仿使自己具有某些创新的品质。

（四）企业家精神可以通过教育培育和强化

学者们曾考查过创业者的各种人文特征，包括年龄、性别、家庭背景、收入、受教育程度、技术专长、经验等，从这些方面考查企业家精神，发现基本上属于正态分布，即与从事其他工作人群的分布并没有什么明显差异。这同时也说明，从理论上讲，人人都或多或少地拥有企业家精神所具备的一些特征，如创新、冒险等。美国的企业家精神教育正是基于这样的认识。

许多专家坚持不但要在工商管理专业进行企业家精神教育，而且要在理工院校开展企业家精神的培养；不但要在大学开设，而且要把企业家精神延伸到中学、小学甚至是幼儿园教育中。全球创业观察(Global Entrepreneurship Monitor，GEM)在2002年的相关报告中就建议，早期的创业意识能够在年轻人心中扎根，使他们有强烈的责任感，有利于企业家精神的培育。

案例启示

“农创客”王志成和他的创业选择

重庆市铜梁区水口镇青年创业者王志成拥有一个令人向往的农场——石佛山生态观光园。

石佛山生态观光园位于水口镇，距离铜梁区30分钟的车程，海拔接近1000米。王志成与人合伙通过土地流转，承包了当地100亩田地开辟生态农业观光园，发展乡村休闲旅游，并结合电商平台销售生态特色农产品，依托“线下+线上”的模式带动旅游业发展和当地村民致富。

从工程预算员到“农民”

2003年，从学校毕业的王志成跟随亲戚到成都从事工程预算工作，几年时间下来，王志成觉得“打工不仅辛苦，也没有自由，而且发挥不了自己的能力”。

不甘心为别人打工的王志成辞掉了工作回到家乡，他看好前景良好的乡村旅游市场，决定发展生态观光农业。

“有那么多项目，你为什么选择生态观光农业?”

王志成透露，某年的一天，财经频道报道了一位都市白领辞掉高薪工作，回家发展生态农业并创业成功的新闻，这个故事一下击中了他的内心。想到自己家乡水口镇气候条件优越，环境优美，距离云阳新县城很近，近几年，国家也在大力发展乡村旅游，生态农业焕发出蓬勃生机，目前家乡从事生态观光农业的人很少，有较大的市场空白。

发现这一商机后，王志成马不停蹄地到各地考察，成都的乡村旅游发展成熟，他便四处参观别人的生态农业项目，学习他们的经验，重庆乡村旅游有名声的区县，他都走遍了。通过考察学习，王志成和人合伙承包了佛安村的100亩土地，之后正式启动乡村旅游项目，建立源峰电子商务平台。

明知是坑也要往下跳

“创业确实需要勇气，当初说要搞生态农业，大家都觉得我疯了。”王志成说起当初的选择，很感慨。“我老丈人听说我辞了职要回来发展农业，都跟我急了，三天两头地打电话来或是跑家里劝说。”王志成说。

“没听过谁搞农业赚钱的，家里负担不轻，不能是坑也要往下跳啊。”老丈人的担忧不是没有道理。王志成的孩子才一岁多，一家三口一个月生活费要四五千元，自己的辞职创业意味着家里不仅没有收入来源，还要投入巨额资金，而发展农业的效益谁都不能预期。

最终，合伙人的不断鼓励和妻子的信任让王志成坚持了下来，他坚信自己对未来的判断。“如果我放弃了，而别人却干成功了这件事，那我肯定是要后悔的。”王志成说，“我相信乡村旅游有很好的前景。”

自创业以来，王志成勤勤恳恳，每天很早就往山上、项目部跑，经常凌晨才回家。对于没干过农业的他来说，很多东西都需要学习。规划项目、设计图纸、建立网站等都需要他亲自参与，不懂的，他便跑去问行家、查资料。他还参加了政府组织的“致富带头人”等相关培训，学习创业知识。

“创业时，很多你不曾设想的问题都会接踵而至。”王志成说，他承包了佛安村农民的田地，为了便于对园区的管理，他们打算修建围栏和公路，而此举遭到了村民的反对，一是认为围栏挡路了，二是在园区修路，被认为破坏了土地。

“和村民打交道要设身处地从他们的角度考虑，最大限度地方便村民。”王志成和合伙人主动上门与村民进行沟通交流，把计划告诉村民，他们还请政府工作人员帮忙沟通说服村民。王志成还聘请了村民在园区打工，打理蔬菜基地或是果园，让村民自己管理自己的土地。

“创业过程虽然很艰苦，但要有大无畏的精神。很多事情看起来不切实际，但只要一步一步做，把每件事做好了，那些看起来不切实际的东西就都能成为现实。”王志成说。

跳出农业做农业

“传统的农业模式经济效益较低，所以我就想跳出农业做农业，通过互联网给农业打开不一样的窗子。”如今，王志成和合伙人建立了石佛山生态农业观光园实体项目和源峰电子商务平台，依托“线下+线上”两个平台发展农业。

线下，即集有机蔬菜、生态养殖、农业观光与休闲旅游于一体的生态观光农场实体经济；线上，则通过互联网整合销售当地农户的农特产品、推广乡村旅游。

目前，石佛山生态观光园已经初具规模。在观光园内，一排整齐的木制避暑房掩映在一片小花丛中，湖水相伴左右，在蓝天白云的映衬下，别有一番风味。

“在我们这里，游客一整天都有耍头。”王志成介绍，观光园内设置了开心农场、瓜果区、赏花区、垂钓区、露营区等，可同时接纳上千名游客。

源峰电子商务平台作为线上平台，将观光园自产的蔬菜、水果、肉类及合作农户的农产品搬到网上进行销售。“现在园内种植的李子等瓜果快成熟了，随时放到网上销售，有很多在外打工的云阳人喜欢通过网站购买家乡的农产品。”王志成说，通过“互联网+”发展农业，当地农产品销量大大提高，直接增加了农民的收入。

对于未来的规划，王志成希望能将观光园打造成一个乡村迪士尼乐园，游客们在观光园内能实现吃喝玩乐游等多维一体的体验，既能享受乡村的宁静，又不会孤独无聊。

资料来源：

“农创客”王志成和他的创业选择[EB/OL].(2017-05-27)[2018-10-15]http://baijiahao.baidu.com/s?id=1600432316864888426&wfr=spider&for=pc.

思考与讨论：

“农创客”王志成身上具备什么样的创业精神？他创业成功的主要原因有哪些？

拓展活动

创业者素质自评

你想具备创业者的素质吗？要想知道自己是否具备成为创业者的素质，请对以下问题加以了解。如果你确实具备创业者素质的话，对以下每个题目你都应该能够轻易地理解。

1. 郁闷时，你能够处理问题，并回到积极的状态中吗？
2. 你时常喜欢引人注目，推销自己和你的卓识吗？
3. 你比较擅长经营组织工作吗？
4. 你会运用和控制自己的生活，做到自律吗？

5. 你敢于承担风险吗？

6. 你的思维想象力丰富吗？知道如何表达自己的理念吗？

7. 你能够把“危”的事情转化为“机”吗？

8. 你有耐力和耐心吗？

9. 当你开始创业时，你能够处理你的不自由状态吗？

10. 你知道如何为自己的信念做出抉择吗？

11. 你愿意和陌生人打交道吗？

12. 你有过什么样的管理经验吗？

13. 你厌烦日常工作吗？

14. 你详细地了解自己吗？对自己有信心吗？

15. 当你真正相信人、物、事时，你能够和别人的判断融合吗？

16. 你具有影响他人的能力吗？

17. 他人认为你是一个充满活力、积极向上的人，而你却非常高兴吗？

18. 你喜欢单独时间单独工作吗？

19. 你愿意在电话中和陌生人交谈吗？

20. 每天早晨你都怀着积极的态度醒来吗？

21. 你的资金情况稳定吗？（在创业前，你有足够自己过一年的储蓄吗？）

22. 你做完手上准备的工作，是否还要研究与所要创建公司相关的资料？

23. 你知道如何自我发泄吗？

24. 你能轻易地控制自己的脾气吗？

25. 你很快就会厌倦某一件事吗？

第三节　创业心理与创业

【学习提要】

在创业过程中，创业者始终是一个最核心的因素。创业者善于识别和抓住机会，并将这些机会转化成有市场价值的理念，通过投入时间、努力、金钱和技能去增加价值，通过承担执行这些理念的市场竞争的风险，力争从他们的努力中获取回报。大量研究文献表明，成功的创业者拥有与他人不同的心理特质，这些不同主要表现在成就需求、控制点、风险倾向和自我效能感方面。

【学习目标】

理解创业者关键的心理特质。

活动导入

5 元钞票免费送

以小组为单位，走出教室，把 5 元钞票送给一个陌生人(不能送给跟你一起培训的教师)。你们首先要回答下面的三个目标问题、完成表 1-2 的行动计划以及预测送钱对象的反应，然后在 25 分钟之内把钱送出去。找到送钱对象后，你们要跟他解释为什么要送钱给他，但是不能说这是培训教师给你们布置的作业。

目标问题：

你们准备把钱送给什么样的人？例如，什么年龄、什么性别、什么性格的人。

为什么要选择送给这样的人？

到哪儿去找这样的人？

表 1-2　规划、预测反应和真实反应

问题	行动计划	预测送钱对象的反应	送钱对象的真实反应
你打算怎么向他开口？			
你以什么样的理由把钱送给他？			
送钱对象会说什么？做什么？			

学习任务

创业特质论以奥尔波特的特质理论为依据。该理论认为创业者特质是稳定的、习惯化的反应方式和行为风格，它贯穿于创业者整个心理，是创业者独特性的整体写照。

特质论者认为，创业者拥有与他人不同的特质，这些不同主要表现在成就需求、控制点、风险倾向和自我效能感方面。甚至有学者认为如果某人具有创业者特质，他总能够找到自己的方法去创业，不管环境情况如何。

一、大学生创业心理的现状分析

信念中缺乏坚定和理性认识。调查显示，我国大学毕业生实际进行创业的不到

2%。绝大多数大学生之所以未进入创业天地，主要是缺乏对创业的理性认识。他们当中，有的人有畏难心理，认为创业高不可攀，因为害怕失败而不敢迈出创业的第一步；有的人有无助心理，想创业但缺乏足够的创业能力，不知道如何创业；有的人盲目乐观，好像人人都适合创业和有能力创业，对创业的期望值很高；还有的人因找不到工作，被迫选择创业，把创业当作规避就业的手段之一。

激情中缺乏耐心和顽强意志。一方面，当前很多大学生创业者缺乏一颗持之以恒的进取心。他们虽然聪明灵活，但依赖性强，虽然有理想抱负，但抗挫折能力不强，所以一旦在创业过程中遭遇困难和挫折，往往情绪低落，无法自拔，一蹶不振。另一方面，缺乏自律的坚定意志。市场经济是道德经济，市场垂青遵守游戏规则的人，违规获利者也许能暂时成功，然而最后的成功应属于以德获誉、以诚取信的人。

创新中缺乏经验和魄力。优胜劣汰的社会竞争现实，迫使大学生在创业实践全过程中必须求新、求异。大学生的创新能力在创业实践活动中不断提升，增加了创业实践活动的社会效益。但也存在着大学生创新受挫的情形，原因是大学生们虽有创新精神但缺少经验，对行业的运作规律、要求、技术、管理都不太熟悉。大学生创业者除了开拓创新，拥有核心技术外，还必须有魄力，敢于抓住商机。有的大学生自卑胆怯、患得患失，不愿为也不敢为，缺少果断尝试的胆识，严重阻滞了创业向成功的方向发展。

二、大学生创业需要具备的心理素质

（一）独立思考、判断、选择、行动的心理品质

创业既为社会积累物质财富和精神财富，又是谋生和立业的手段。创业者首先要走出依附于他人的生活圈子，走上独立的生活道路。因此，独立性是创业者最基本的个性品质。这种品质主要体现在：一是自主抉择，即在选择人生道路，选择创业目标时，有自己的见解和主张；二是自主行为，即在行动上很少受他人影响和支配，能按自己的主张将决策贯彻到底；三是行为独创，即能够开拓创新，不因循守旧，步人后尘。

当然，我们提倡创业者具有独立性的人格，但这种独立性并不等于孤独，也不是孤僻。因为创业活动尽管是个体的实践活动，但其本质是社会性的活动，是在人与人之间的交往、配合、协调中发生、发展并且取得成功的。因此，创业者具有独立性品质的同时还应具有善于交流、合作的心理品质。

（二）善于交流、合作的心理品质

在创业道路上，必须摒弃“同行是冤家”的狭隘观念，学会合作与交往。通过语言、文字等多种形式与周围的人们进行有效的交流与沟通，可以提高办事效率，增加成功的机会。在创业过程中，创业者需要与客户和顾客打交道，与公众媒体打交道，与外界销售商打交道，与企业内部员工打交道，这些交往、沟通，可以排除障碍，化解矛

盾，降低工作难度，增加信任度，有助于创业的发展。

（三）敢于行动、敢冒风险、敢于拼搏、勇于承担行为后果的心理品质

在市场经济大潮中，机会与风险共存；只要从事创业活动，就必然会有某种风险伴随，且事业的范围和规模越大，取得成就越大，伴随的风险也越大，需要承受风险的心理负担也就越大。立志创业，必须敢闯敢干，有胆有识，才能变理想为现实。只要瞄准目标，判断有据，方法得当，就应敢于实践，敢冒风险。对瞄准的目标敢于起步，选定的事业敢冒风险的心理品质又称敢为性。敢为性的人对事业总是表现出一种积极的心理状态，不断地寻找新的起点并及时付诸行动，表现出自信、果断、大胆和一定的冒险精神；当机会出现的时候，往往能激起心理冲动。敢为不是盲目冲动、任意妄为，不能凭感觉冲动冒进，而是建立在对主客观条件科学分析的基础上的。成功的创业者总是事先对成功的可能性和失败的风险性进行分析比较，选择那些成功的可能性大而失败的可能性小的目标。创业者还要具备评估风险程度的能力，具有驾驭风险的有效方法和策略。

（四）敢于克服盲目冲动和私利欲望的心理品质

在创业过程中，创业者要善于克制，防止冲动。克制是一种积极有益的心理品质，它可使人积极有效地控制和调节自己的情绪，使自己的活动始终在正确的轨道上进行，不会因一时的冲动而引起缺乏理智的行为。

创业者在创业过程中要自觉接受法律的约束，合法创业、合法经营、依法行事；自觉接受社会公德和职业道德的约束，文明经商、诚实经营、互助互利。当个人利益与法律和社会公德相冲突时，要能克制个人欲望，约束自己的行为。

（五）坚持不懈、不屈不挠、顽强努力的心理品质

创业者需要百折不挠，坚持不懈的毅力和意志，能够根据市场的需要和变化，确定正确而且令人奋进的目标，并带领员工战胜逆境实现目标。创业者必须有一颗永远持之以恒的进取心，三心二意，知难而退，或虎头蛇尾，见异思迁，终将一事无成。

创业者的恒心、毅力和坚忍不拔的意志，是十分可贵的个性品质。创业者要遇事沉着冷静，思虑周全，一旦做出行动决定，便咬住目标，坚持不懈。创业过程是一个长期坚持、努力奋斗的过程，立竿见影，迅速见效的事是极少的。在方向目标确定后，创业者就要朝着既定的目标一步步走下去，纵有千难万险，迂回挫折，也不轻易改变初衷，半途而废。

（六）善于进行自我调节、适应性强的心理品质

“水因地而制流，兵因敌而制胜。故兵无常势，水无常形；能因敌变化而取胜者，谓之神。”面对市场的变化多端，激烈竞争，创业者能否因客观变化而“动”，灵活地适应变化，成为创业成功的关键。因而，创业者必须以极强的信息意识和对市场走向的敏锐洞察力，瞅准行情，抓住机遇，不失时机地、灵活地进行调整。在外部环境和创

业条件变化时，能以变应变。创业者应能善于进行自我调节，能用积极的态度看待来自工作和生活的压力，还应做到“胜不骄，败不馁”。

在创业之初，创业者就应做好失败的准备，要善于总结和吸取失败的教训，承认暂时的失败现实，做出适当的调整和“退却”，为将来的“进攻”积蓄力量。准备失败，认识失败，承认失败，利用失败，在困难和挫折中前进，才能步步为营，转败为胜。在创业中，面对取得的成绩和阶段性的成功，要善于总结，看到存在的问题，明确今后努力的方向，找出保持成功势头和继续不断发展壮大的成功经验，避免骄傲自满，方能做到“善胜者不败”。

良好的创业心态，是每个创业者理智步入成熟、走向成功的基础。成功得意而不忘形，遇挫临危而不慌乱，这些都是创业者保持良好心态的准则。

（七）高自我效能感

班杜拉提出的自我效能感(self-efficacy)是人们对自己是否能够成功地达到某一行为结果的行为能力的判断。他发现，即使个体知道某种行为会导致何种结果，但也不一定去从事这种行为或开展某项活动，而是首先要推测一下自己行不行，有没有实施这一行为的能力与信心。

简单地说，自我效能感表示的是一个人对自己的自信程度。高自我效能感的人面对压力时对自己更加自信，能以积极的方式应对压力。自我效能感对个体潜能的发挥具有关键性的决定作用，它是人的主体因素的核心，并渗透、弥漫于人类机能活动的各个方面，从而决定着个体在人生事业的成败乃至在日常生活中的幸福与否。因此，很多研究者将此概念引入创业领域并提出了创业自我效能感的概念。

创业自我效能感是指一个人能够成功地扮演和完成创业者角色任务的信念的强度。创业是向未知领域的探险，创业者必须表明他们不仅相信自己，而且相信他们正在追求的事业，并以此来感染和说服他人，取得他人的信任和支持，这对于事业的成功十分重要。创业者常常要经历许多的挫折和失败，只有始终保持乐观的、积极的心态，才可能在失败之后振作起来，并从失败中吸取教训，将从失败中学习到的东西应用于增加下一次成功的机会中。

影响自我效能感形成的因素主要有：个人自身行为的成败经验、替代经验、言语劝说、情绪反应以及情境条件(见图 1-7)。

第一，成败经验对自我效能感的影响最大。一般来说，成功经验会提高效能期望，反复的失败会降低效能期望。第二，个体的许多效能期望来源于观察他人的替代经验，尤其在被观察者的情况与观察者具有一致性时更为明显。第三，旁人的言语劝说也是自我效能感形成的影响因素，其价值大小取决于它是否切合实际，缺乏事实基础的言语劝说对自我效能感的影响不大，在直接经验或替代性经验基础上进行劝说的效果会更好。第四，高水平的情绪反应使成绩降低而影响自我效能。个体在面临某项活动任务时的身心反应、强烈的激动情绪通常会妨碍行为的表现而降低自我效能感。当人们

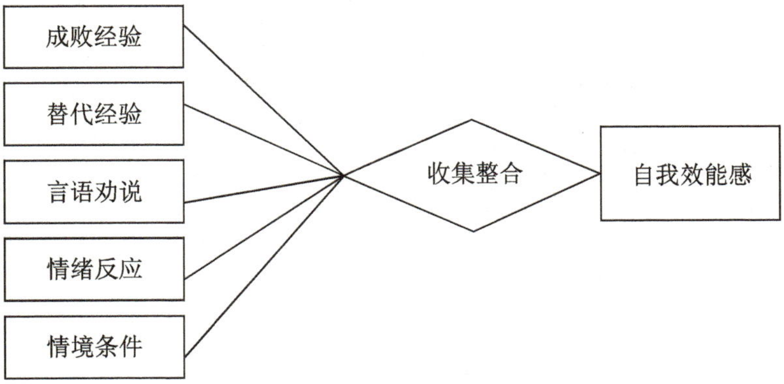

图 1-7　影响自我效能感形成的因素

不为厌恶刺激所困扰时更能期望成功。第五，不同的环境提供给人们的信息是大不一样的。当一个人进入陌生而又易引起焦虑的情境中时，其自我效能感水平与强度就会降低。

案例启示

创业维艰：创业者为何难消焦虑和心理折磨？

最近炙手可热的《创业维艰》的作者本·霍洛维茨，是硅谷最牛的创业者之一，也是最好的天使投资人之一。从白手起家到首次公开募股（Initial Public Offerings，IPO），再以16亿美金的高价成功出售公司，后来又成为一名成功的投资人，他亲身经历了创业的各个环节，目睹了互联网的狂热与泡沫破裂。他的经历无疑就是一部生动的教材，让更多人看到了创业者背后不为人知的那些真实经历和心路历程。

在他看来，创业就是一场“如何完成比难更难的事”，就像书中写的那样：“在担任CEO的8年多时间里，只有3天是顺境，剩下的8年几乎全是举步维艰。”

“创业维艰”这个词出自（唐）吴兢《贞观政要》：唐太宗李世民当皇帝后，问大臣创业与守业哪个更难，曾跟随唐太宗征战杀伐、出生入死的房玄龄，认为“见创业之难”，而与唐太宗一起治国安天下的魏征则认为“见守成之不为易”。唐太宗总结“创业维艰，守成不易”。从开始创业到最后成功IPO，李世民无疑是个成功的创业者，深知创业和守成均不易。

近些年，创业一直是个热门的话题，尤其在互联网圈内。但是，有很多人忽略了很重要的一点，创业就是千军万马过独木桥，能够过关的是少数。

创业从第一步开始，就是个不小的难题。创业者要做出一个决定，这个决定对很多人来说并不轻松，尤其是工作相对比较安稳，收入还不错的人，很多人需要花费大量时间和精力去说服自己，说服家人。陌陌唐岩在创业之前反复问自己的老婆，要是失败了怎么办，他老婆说卖了房子再创业。于是唐岩下定决心去做，三年上市的成果和他太太的支持密不可分。多备份的创始人胡茂华，原来是1号店的副总裁，生活安稳，收入可观，两个小孩已经在上海读书。

在离开1号店前，1号店联合创始人刘峻岭请他吃饭，对方告诉他，创业真的很艰辛，时间不属于自己，牺牲个人爱好，经常半夜三四点就醒了睡不着。但是这并没有阻碍他继续选择创业，辞职后举家从上海迁回深圳创业。腾讯创业系做旅行社交的李玮，放弃腾讯稳定的工作出来创业时，家人反对，但是他还是坚持自己的想法，他的说法就是"家人反对得不强烈就是支持"。人的天性是享受安逸的生活，但创业却是要说服自己、说服家人，走出心理的舒适区，这都是不容易甚至痛苦的选择。

团队是创业的重要的一环，甚至是最关键的一环。但实际上人与人之间的磨合可能是最难的也是必须经历的。电影《中国合伙人》让很多人体验到了创业者们的兄弟情深和创业艰辛，但是真正版本的中国合伙人故事却并没有这么美好。

有了团队，创业者还要搞定投资。在很多创业者和准创业者眼中，投资人无疑就是天使，却不知道很多人是能挣钱的项目才投，挣得少的不投，不挣的更不用说。为了保护自己的成果，投资人在很多时候会不惜一切代价，包括让项目关门来降低自己的损失。

创业者在早期会经历各种困难，甚至日夜为生存所焦虑困扰。考虑商业模式，赶超竞争对手，一门心思追求更大的发展，但是，在发展到一定规模后，创业者的焦虑并不会减轻。王尔德说：人生有两大悲剧，一个是没有得到想要的东西，另一个是得到了想要的东西。

雷军投资的我有外卖的CEO林喆从19岁开始创业，年纪轻轻就已经财务自由。在早期，他的理解是钱越多，痛苦应该越少，自己就会越开心，于是有了100万，又追求1000万，有了1000万，再去追逐1个亿，但是到后来发现，追求的数字实现后，反而更加痛苦。后来他开始追求内心的平静，焦虑感和失落感才得到了很大的缓解和释放。

老徐是名媛坊和宠宠熊两个项目的创始人，成功的连续创业者，身价过亿，财务自由。谈到焦虑感这个问题时，他说，随着事业的发展壮大，创始人的焦虑感并不会随着生存、盈利的稳定而缓解，反而越来越重。因为事业越大，肩负的责任越重，对自己的要求越高。单纯追求数字上的变化对自身并没有太大的帮助，只有创业上不断取得的成就才能使自己得到更多的满足和成就感。

2004年，35岁的雷军将卓越网以7500万美元出售给全球电子商务巨头亚马逊。不过，迈入富豪行列的雷军并没有常人想象中的开心。"这个决定对我来说其实非常痛苦。"为了从卖掉卓越的失落中摆脱出来，雷军强迫自己忘掉卓越，甚至强制自己在半年内没上卓越网，不在网上购物。"我以前每天一上班就花半小时上卓越，每周在卓越上买一点东西，现在要忘掉它就像戒烟一样。"

本·霍洛维茨在《创业维艰》第七章里举了李彦宏的例子。按常理，公司 IPO 时，应该是一个创业者最快乐的时刻之一。但是李彦宏却诚惶诚恐：当开盘股价大涨时，“我的感觉确实苦涩……这意味着我的实际业绩必须要大大高出预期业绩，我别无选择，只好埋头于运营、专注于技术和用户体验，最后，我终于交差了”。

总而言之，不论创业早晚，创业时钱多钱少，创业者总是不开心的。著名精神病学家纳西尔·加梅(Nassir Ghaemi)在《一等疯狂：解密精神疾病和领导力之间的关系》中提道：“情感上处于稳定的平衡状态，并且总体上有一种幸福感的人，才称得上精神健康的人；然而平和而放松的心境，从来都不会激发出伟大的成就”。在书中，纳西尔·加梅提出了一个很有意思的观点：在严酷的环境下，精神疾病能激发出卓越的领导力。

在评估当前困境、预估未来情形时，饱受绝望情绪折磨的人比“正常人”做得更好。英国首相丘吉尔、CNN 创始人特德·特纳等都是最生动的案例。这和纳西姆·尼古拉斯·塔勒布在《反脆弱》里提到的“杀不死我的，使我更强大”的观点遥相呼应。

在常人眼里，功成名就的创业者应该会比一般人快乐很多，但事实并非如此。换言之，创业者永远无法消除焦虑和心理上的折磨。常人选择安逸和舒适，但他们从一开始，选择了这条难走的路，注定就是生活在一个反复痛苦和重复打击的环境中，甚至会因此进入一种类似病态的心理状态中。但是这种焦虑和痛苦又会激励和鞭策创业者奋不顾身地去挑战自己，通过克服自我障碍去完成新的自我救赎，从而实现自我价值和成就感的提升。

“生命不息，创业不止”，这是绝大多数创业者的常态，正如 1924 年，英国登山家乔治·马洛里(George Mallory)在面对《纽约时报》“你为什么要攀登珠峰”的提问时说出的那句著名的话：“因为山在那里！”

资料来源：

创业维艰：创业者为何难消焦虑和心理折磨？[EB/OL].(2015-04-16)[2018-10-16] http：//money.163.com/15/0416/07/ANAATT6R00253B0H.html.(节选)

思考与讨论：

“杀不死我的，使我更强大”，你同意这种观点吗？

拓展活动

活动 1　内控型人格量表测试

从下列 29 组句子中，选择最能够反映你个人观点的句子。

1. A. 儿童陷于苦恼是因为父母动辄处罚他们。

B. 父母对儿童管教太松，使得今天大部分的儿童常惹来麻烦。

2. A. 人生许多不愉快的事，部分归因于运气欠佳。

B. 人们的不幸是由他们所造成的错误而引起的。

3. A. 我们之所以会有战争，其中一个主要原因是人们对政治缺乏充分的兴趣。

B. 不管人们如何竭尽心力去设法防止战争，战争总是难免的。

4. A. 在这个世界上，人们终究能获得他们所应得到的尊重。

B. 很不幸地，不论个人如何努力，个人的价值时常不被认定。

5. A. 认为教师对待学生不公平，这种想法是荒谬的。

B. 大多数的学生不明白他们的成绩受意外因素影响有多大。

6. A. 一个人没有很好的运气，不能成为一位有力的领袖。

B. 有能力而不能成为领导者的人，是因为他们没有抓住机会。

7. A. 不管你怎样用尽苦心，某些人也不会喜欢你。

B. 不能得到别人喜欢的人，是因为不知道如何和别人相处。

8. A. 遗传乃是决定个人人格的主要因素。

B. 个人的生活经验才是决定他个人人格的因素。

9. A. 我时常发觉命运支配着一切，该来的总会来。

B. 对我来说，相信命运总不如自己决定行动的正确方向来得好些。

10. A. 假如学生有充分准备，便无所谓有不公平的考试。

B. 考试题目常与课程无关，用功也没用。

11. A. 成功乃是努力的结果，运气对它很少甚至毫无作用。

B. 得到一份好的工作，主要靠好机会。

12. A. 一般公民对政府的决策是有影响力的。

B. 这世界为少数有力人士所操纵，大众小民无能为力。

13. A. 当我拟定计划时，我就确信能够实现。

B. 拟定太过长远的计划，未必是明智之举，因为未来的事情要靠运气的好坏而定。

14. A. 有一些人的确一无是处。

B. 每个人都有一些优点。

15. A. 在许多情况下，个人的成功绝少与运气有关。

B. 许多时候我们能够用掷铜板的方法来决定我们应该做些什么。

16. A. 能够成为领袖的人，经常是那种很幸运而先得了适当机会的人。

B. 做事成功，要靠能力，运气是不会有太大关系的。

17. A. 就世事而论，我们大多数成为强权的牺牲者，我们对强权无法了解，也无法控制。

B. 人们主动参与政治与社会事务，便能控制世界大事。

18. A. 大多数的人都不了解他们的生活被意外事件所操纵的程度。

B. 严格说来，根本就没有所谓“运气”这回事。

19. A. 每个人都应该敢于承认自己的过错。

B. 一个人最好是掩饰自己的过错。

20. A. 要知道一个人是否真正喜欢你，是件困难的事。

B. 你有多少朋友，完全看你怎样善待他人。

21. A. 发生在人们身上的事情，总是好坏参半的。

B. 大多数的不幸，是因为能力不够、无知或懒惰。

22. A. 只要我们足够努力，便能消除政治上的腐败。

B. 人们要控制政府官员的所作所为，是相当困难的事。

23. A. 有时候我实在不了解教师是凭什么给分数的。

B. 我下多少功夫，便能得到多少分数。

24. A. 贤明的领袖希望人民自己决定应该做些什么。

B. 贤明的领袖会清楚地告诉人民他们应该做些什么。

25. A. 我常常觉得对很多事情无能为力。

B. 我不相信机会或者运气对我一生是重要的。

26. A. 人们感到孤独，因为他们不会使自己变得友善些。

B. 想办法取悦别人并没有多大用处，别人若喜欢你，自然就会喜欢你。

27. A. 学校过于重视体育活动了。

B. 团队运动是培养品格的好方法。

28. A. 发生在我身上的事情，都是我自作自受的。

B. 我有时觉得对自己生活的方向，没有足够的把握加以适当的控制。

29. A. 通常我不了解政府官员所作所为的真正原因。

B. 人们对各级政府的好坏，都有责任。

活动 2　创业个性特征测试

从下列 32 组句子中，选择最能够反映你个人观点的句子。

1. A. 工作一定要完成。

B. 我喜欢与优秀的朋友在一起，这样我能够获得他们对我的工作的见解和建议。

2. A. 当我的责任增加时，我会感到更加快乐。

B. 我喜欢把任何事情都事先安排好。

3. A. 我绝不做任何可能使自己受损失的事情。

B. 理解如何赚钱是创业的第一步。

4. A. 不管是多好的事情，如果这件事情的失败可能使我招致嘲笑，我就不会冒险去做。

B. 除了工作，我还记挂别人的安康。

5. A. 我会为自己开创的任何事业而努力。

B. 我只会做那些使我开心并有安全感的事。

6. A. 如果我失败了，别人会嘲笑我。

B. 尽管我对自己很有信心，我还是需要别人的建议。

7. A. 在遇到困难时，我要找到解决问题的方法。

B. 如果在新开创的事业中失败，我会继续目前的工作。

8. A. 如果我觉得一个想法是好主意，我就会去实践这个想法。

B. 我能够比现在做得更好。

9. A. 工作时，我会注意维系良好的人际关系。

B. 不管发生什么事都是我从经历中学习的好机会。

10. A. 即使我失败了，我也能从中学到东西。

B. 我喜欢舒适的生活。

11. A. 我只会投资比赛或彩票，总有一天幸运会落到我的头上。

B. 如果我在工作中失利，我会努力找出原因。

12. A. 我会尊敬我的员工，并对他们一视同仁。

B. 如果能有更好的工作，我就会离开现在的工作。

13. A. 在实施一个新的想法之前，我会慎重考虑。

B. 如果我的叔叔去世，我会先去参加葬礼，即便这会导致公司订单延误好几天。

14. A. 只有当我拥有资本时，我才能够发展一份事业。

B. 我希望自己能够做出重要决定。

15. A. 当别人的好意和信任被背叛时，我不会坐视不理。

B. 如果事情没有按我的想法发展，我会寻求其他的替代机会。

16. A. 我可以犯错误。

B. 我非常喜欢与朋友谈天。

17. A. 我希望我的钱能够安全地存在银行里。

B. 我完全认可我的工作，同时我也了解它的优劣。

18. A. 我希望能够拥有很多钱从而过上舒适的生活。

B. 在做决定时我希望能够得到别人的帮助。

19. A. 人们首先应该照顾好自己的亲人和朋友。

B. 我喜欢解决难题。

20. A. 即便可能损害自己，我也不会做让别人不开心的事情。

B. 钱是事业发展的必需品。

21. A. 我希望我的事业能够很快地发展起来，这样我就不会遇到经济紧张的困境。
B. 不能因为不成功就责备自己。
22. A. 我应该能够独立地按照自己的想法去做事。
B. 只有为自己的未来积累了一大笔钱后我才会幸福。
23. A. 如果我失败了，那主要是别人的错误造成的。
B. 我只会做那些让我感觉舒服且令我满意的事情。
24. A. 在开始一份工作之前，我会认真考虑它是否会对我的声誉造成不利的影响。
B. 我希望自己能和别人一样，也买得起昂贵的东西。
25. A. 我希望能够有舒适的房子住。
B. 我会从失败中吸取教训。
26. A. 在做任何工作之前，我都要考虑它的长期影响。
B. 我希望每件事情都能按照我的想法进行。
27. A. 金钱能够带来舒适，所以我的主要目标在于赚钱。
B. 我喜欢在能够经常见到朋友的地方工作。
28. A. 我了解自己正在做的事，我不怕受到别人的批评。
B. 如果我失败了，我会觉得自己非常差劲。
29. A. 碰到困难是常有的事，我应该去做一些好的新工作。
B. 在开始新工作之前，我会采纳有经验的朋友们的建议。
30. A. 我的所有经历都会激励我前进。
B. 我希望能有很多钱。
31. A. 我喜欢每天从容不迫，万事顺利，没有任何烦恼。
B. 不管遇到多大的障碍，我将努力达到目标。
32. A. 我不喜欢别人无故干涉我做事。
B. 为了赚钱，我可以做任何事情。

拓展活动

主动找拒绝

这个游戏取材于百森商学院海迪·内克(Heidi Neck)教授的教材。创业者贾江在主题为“主动找拒绝”的 TED 演讲里说，企业家杰森·康利发明了一款名为“被拒绝疗法”的游戏。这个游戏要求你连续 30 天去寻找被拒绝的机会。贾江决定把游戏做得更进一步，连续 100 天去寻找被拒绝的机会。为了克服对失败的恐惧和拒绝带来的痛苦和羞耻，贾江踏上了一个为期 100 天的旅程。

第一天他“向陌生人借100美元”。第二天他“在餐厅请求给汉堡续杯”。还有一天，他要求在一个陌生人的院子里种一束花。那个陌生人拒绝了他，但是建议他到街上另一个人的家里去问问。结果那束花竟然被种下了！

“主动找拒绝”旅程给他带来了不一样的人生体验。他发现，有时候被拒绝，也会得到意想不到的收获。其中的诀窍是：不要在第一次被拒绝时就逃跑，而是要问为什么。

因此，我们请学生连续3天去找拒绝！可以做到的！只要坚持做3天就好。

请观看贾江的TED演讲视频寻找灵感，然后开始行动吧！

批判性思考问题：

1. 在这3天“主动找拒绝”的挑战中，你对自己有什么新了解？
2. 从第一天到第三天，你对被拒绝的感觉有变化吗？是什么变化？
3. 你认为这种类型的挑战，能够真正帮助人们克服对拒绝和失败的恐惧吗？

第四节　大学生人格特质与创业

【学习提要】

重视创业者的人格特质在创业过程中的作用也是企业关注的焦点。了解大学生人格特质与创业倾向的关系，尤其是探究应用型本科(独立院校)学生与创业倾向的契合。

【学习目标】

了解应用型本科(独立院校)学生的人格特质，针对性开展创业行动。

活动导入

互动体验：痛苦哪里来？

根据以下活动设计，参与者体验痛苦来自哪里。

1. 教师首先向大家说明：很多时候痛苦的产生不是来自外力，而是因为人们心志未能专一。克服痛苦的方法：第一，需要忍受痛苦，控制情绪；第二，需要心志专一和敏锐的察觉以及能找出痛苦来源的能力。

2. 教师伸出一个手指头放入浓盐水中(为了增强效果，可在容器的外面写上“苦水”两字)，然后舔舔手指，笑着说“味道真是好极了”。

3. 随后，要求所有学生都如此操作一次。

4. 最后问大家：味道如何?

学习任务

研究具有哪些人格特质的人才是最适合创业的人一直是学术研究的重点。马云曾说：“一个创业者最重要的，也是你最大的财富，就是你的诚信。”重视创业者的人格特质在创业过程中的作用也是企业关注的焦点。

一、大学生创业倾向的定义

创业倾向的概念一般分两大类。一类是基于个体创业的心理状态与特质来定义的。如伯德(Bird)最早提出“创业倾向(entrepreneurial intention)”的概念，并基于“意向”的概念把创业倾向定义为“将创业者的注意力、精力和行为引向某个特定目标的一种心理状态”，并且认为由灵感激发的创业倾向分为两个维度，即创业者的倾向(内控制点)和其他股东与市场等的意向(外控制点)、理性的倾向和直觉的倾向。另一类是基于个体是否有创业动机和创业能力来划分的。如米切尔(Mitchell)等人将创业倾向定义为“创业倾向是实施创业行为的一个先决因素，是对创业行为的承诺程度，是一种实践创业构想的企图心”。加特纳(Gartner)和卡茨(Katz)将创业倾向定义为“搜寻可以帮助实现创业目标的相关信息”。克鲁格(Krueger)指出，创业倾向是个体对创立新公司的可能性和行为倾向。菲利普(Phillip)指出，学生的创业倾向是指学生选择自主创业的可能性。由此可见，创业倾向是个体将来创业可能性的最主要指标。克鲁格(Krueger)、赖利(Reilly)和卡斯鲁德(Carsrud)将创业倾向定义为“创业倾向是指潜在创业者对于是不是想从事创业的一种主观态度，是对人们具有创业者特质以及人们对创业的意愿和能力的一般描述”。崔剑将大学生创业倾向分为三个方面：创业意念(包括创业决心、创业理念、创业热情)，创业能力(包括创业技术、工作能力、创业精神、洞察力和有关的专业技术以及优秀的思维能力)，创业知识技能(对相关政策法规、理论知识技能的掌握)。

二、大学生人格特质与创业倾向

下文对大学生人格特质与创业倾向相关问题进行分析。

（一）人格适应性与创业倾向关系

适应性越高的人创业倾向越高。培养和提高大学生人格的适应性对提高创业倾向将会有显著作用。

（二）人格开放性与创业倾向关系

高开放性的人不惧失败、勇于探索、乐于承担风险。许多创业大学生喜欢冒险性的体育运动就是例证。创业过程相当于冒很大风险的过程，要勇于承担失败的后果。

（三）人格利他性与创业倾向关系

利他性是指那些靠牺牲自身生存和生殖而增加其他个体生存机会和生殖成功率的行为。由于高利他性的人更容易拓展交际圈，接触的社会层面、广度与低利他性的人不同，接收信息更多。因此，高利他性的人比其他人有更强的创新倾向。创业是一个为众人谋利益的事业，不懂得牺牲个人利益是不能做出创业决策的。

（四）人格道德感与创业倾向关系

道德感(又称尽责性)表现为个体控制并关注个人行为的后果，相信一个人的决定和行为能够在一定程度上展现出自己对于自己和他人的意义。道德感强的人在工作中尽职尽责、谨慎严格。这样的人最可能是一个完美主义者或者是一个工作狂，有非常高的成就动机，对自己的能力非常自信，勇于克服困难，做事情讲究条理，讲究把事情必须做完，最不愿意被他人看作懒惰的和不求进取的人。创业者的道德感高，有利于其做出创业决定。

三、应用型本科学生人格特质契合创业倾向

21 世纪高等教育的对象是个性特征明显、思维创造发散的富有创新素质和创造能力的年轻群体，他们智力高低不同，兴趣爱好各异，成长环境有别。而应用型本科学生个性特征更加明显，不再是基本素质相差无几的标准型，而是变成了来源广泛、成绩相对较低且水平不一、创新精神和能力的基础参差不齐、个人发展类型定位千差万别的万花筒型。因此，我们应充分了解和分析应用型本科学生，重视其个性特征，因材施教，培养他们的自主性、创造性，使他们成为个性鲜明的、有活力的、有创造性的个体，以适应我国社会政治、经济和文化发展的需要。

（一）个性张扬，思维活跃，学习自觉性差

众所周知，应用型本科的招生，一般是按照当地的三本线来录取的，加之存在着学费高、社会认知度低等原因，使广大考生及家长对应用型本科的认识不够全面。一部分人是抱着“花高价，拿本科文凭”来就读的；另外家庭条件较好的独生子女在应用型本科学生中所占比例颇高。既然是独生子女就必然有其独特的一面，以自我为中心、

个性张扬便是其中的特点之一。这些“90后”在进入校园后，把“将就毕业，找个工作，日子过得去”作为自己的目标，缺乏学习的自觉性和主动性。

然而，对于他们而言，思维非常活跃，表现为能够在课堂上积极发表自己的观点以及对事物有自己独特的看法，敢想敢做，同时表现为富有灵感和较强的主观创新意识。

（二）家庭情况参差不齐，学习态度多元化，社会实践经验相对丰富

应用型本科收费比一本、二本院校高很多，自然是有殷实家境的“贵族”才能买得起单。而实际上，应用型本科学生的家庭实际情况并不像社会所普遍认为的那样好。据调查，应用型本科学生的家庭条件呈枣核分布。对于那些出身寒门的学子，因为过早地体验到了生活的艰辛与贫穷的凄凉，所以一入校就珍惜来之不易的上学机会，努力读书，奋力拼搏；而大多数出身“贵族”家庭的学生，他们对待学习不认真，生活自理能力也较缺乏。

与学习生活态度形成强烈对比的是，应用型本科学生参与活动的积极性很高，尽管对以后该从事什么事业不是很明确，但他们明白实践能力很重要。在调查中，部分同学宁可放弃上课的时间，哪怕是专业课，也要参加校内校外的各种文艺比赛活动或实践竞赛活动。

（三）见多识广，特长突出，交际能力较强，综合素质较高

应用型本科学生中来自城镇的学生超过65%。这些学生的家庭状况相对较好，家庭成员受教育程度、家庭对教育的重视程度等指数都较高，学生见多识广，社会活动能力较强，整体素质相对较高。这些学生表现为思想活跃，兴趣爱好广泛，动手实践能力突出。他们参与意识强烈，思维发散，多有特长，在计算机操作、网络技术、英语口语、普通话演讲、社交等能力上有优异的表现。

（四）心理需求趋向多元化，渴望成功

一方面他们强烈地认为自己是大学生中的一员，是当代青年中优秀的群体，因而有干一番事业的抱负，渴望在交往中得到尊重；另一方面，由于高考成绩的差距挫伤了他们的自信心，产生了“能力不足、低人一等”的感觉，对文凭的“含金量”、毕业后的各种待遇等持有怀疑，甚至表现出一定的自卑感，对未来没有信心。

（五）价值观念现实，职业意识较强，重视自身素质提高

独立意识的左右，个性特征的强烈，渴望成功的心理促使应用型本科学生形成了比较一致的价值观念，即现实的理想和个人价值实现的人生观念。而应用型本科的高额学费对学生们无形中形成了强大的压力，这些压力很快转变为追求理想职业的行动。应用型本科学生价值观念现实，职业意识较强，重视自身素质提高。

案例启示

军人曹波的舞蹈梦

修长挺拔的身材，留着一撮小胡子，脸上洋溢着阳光的笑容……走在温州大学瓯江学院的校园里，已经“大六”的曹波显得格外引人注目。

为了梦想，投笔从戎

2012年，来自安徽蚌埠的曹波考上了原温州大学瓯江学院，大一的时候他还当上了班长，忙于各种学生工作。然而，无意间看到的学校关于大学生入伍的宣传海报，唤醒了他曾经的“军旅梦”，于是他便萌生了保留学籍、参军入伍的念头。

“当兵这个念头是我高中军训时萌发的，听教官讲述真实的军营故事、接受军事化的训练让我受益颇多。当时有一部叫《我是特种兵》的电视剧我特别喜欢，梦想着自己有一天也能成为一名真正的军人。”曹波如是说。

2013年秋季，经过选拔，曹波如愿成为一名武警南京支队的新兵。在新兵连经过三个多月的封闭式教育训练，曹波完成了从大学生到一名合格军人的转变。在部队期间，凭着过硬的身体素质和刻苦训练，曹波获得了武警江苏总队“训练标兵”“学习标兵”“优秀士兵”等荣誉称号，并且还获得2015年度狙击手集训武警南京支队“十佳射手”称号。

曹波告诉记者，两年的部队生涯，让他学会了独立和坚强。

当兵两年，表现优秀的曹波本有机会留在部队，但他还是选择了回到大学继续深造，因为他想让自己的舞蹈专长进一步发扬。

因为热爱，让舞蹈从爱好变成事业

2015年，经历了部队磨砺的他，戎装归来。他全身心地投入自己热爱的舞蹈当中，芭蕾、现代舞、爵士他均有涉猎，但最爱的还是从小学到大的国标。

从担任温州大学国标舞校队、温州大学国标舞社团、温州商学院国标舞社团、温州医科大学艺术团国标舞队指导教师到现在自己成立温州大学瓯江学院艺术团国标队和国标舞社团，曹波一直致力于传播和普及国际标准舞文化。

“大一进入温州大学校队开始，舞蹈训练和教学便是我学习之余的全部。学习舞蹈没有捷径，只有用每日的汗水去浇灌，才有绽放的那天。”曹波说。

此外，曹波还去温州市多个培训点任教，大学四年所有的支出都是自理，并且还支付自己每年寒暑假进修的费用。

凭着浓厚的兴趣和经验，在大四这一年，学应用统计专业的曹波本可以轻松找一份对口的工作，但是他还是做出了选择，要将热爱的舞蹈事业进行到底。他于2017年

8月成立属于自己的舞蹈工作室——西柚舞蹈，并加入温州大学瓯江学院“3+1”创业实战班，进一步提升自己的创业技能和水平。

曹波说：“西柚舞蹈以少儿艺术培训为主，培训内容包括国标舞、中国舞、芭蕾，主持与表演，等等。”

短短的半年时间，西柚舞蹈工作室在大学城里有了一定的知名度，来学习和洽谈业务的顾客都不少。

“虽然创业有很多的不易和艰辛，不管如何我都会将我热爱的舞蹈事业坚持到底，让更多的孩子体验舞蹈带来的快乐和激情，让舞蹈绽放别样的色彩。”即将毕业的曹波坚定地告诉记者。

资料来源：

军人曹波的舞蹈梦[EB/OL].(2018-03-23)[2018-10-16]http://ent.zjol.com.cn/jyck/201803/t20180322_6861001.shtml.

思考与讨论：

作为应用型本科学校的学生，曹波有哪些适合创业的人格特质？

拓展活动

列出自己的创业人格特质关键因素，并给自己的创业人格特质的现状打分。结合自身实际情况，制订创业行动计划。

第五节　创业与人生发展

【学习提要】

创业者要想创业成功，必须做好职业生涯规划。创业者内职业生涯发展对创业成败起决定作用。创业者发展内职业生涯素质要从树立创业愿望的能力、实现职业生涯规划的毅力、相信自己能力的信心、社交能力、明势与造势的能力、树立企业形象的能力、创新精神、识别机会的敏锐眼光、领导团队的领袖精神及自省等方面完善自己。

【学习目标】

创业者内职业生涯发展的方向及创业者应具备的内职业生涯素质。

活动导入

创业者一日助理

此活动旨在鼓励具有独特见解的企业家支持青年成长，向大学生开放一天的跟班机会，让大学生跟随创业者并见习其一天的工作，在近距离的观察及对话中学习创业智慧，了解前沿动态。

学习任务

一、创业人才的素质要求

所谓创业人才，就是具有创新精神和创新能力的人才，通常表现出灵活、开放、好奇的个性，具有精力充沛、坚持不懈、注意力集中、想象力丰富以及富于冒险精神等特征。知识经济时代对创业人才具有以下几点素质要求。

一是有可贵的创新品质。当前，我国正处于发展的重要战略机遇期，大力培育创新型人才，为建设创新型国家、国家创新体系和全面建设小康社会，提供有力的人才保证和智力保障，显得尤为迫切和重要。从一定意义上说，创新型人才正以前所未有的时代需求承载着推进国家自主创新，在激烈的国际竞争中占据主动，实现中华民族伟大复兴的历史使命。因此说，创新型人才必须是有理想、有抱负的人，具备良好的献身精神和进取意识、强烈的事业心和历史责任感等可贵的创新品质。具备了这样一种品质，才能够有为求真知、求新知而敢闯、敢试、敢冒风险的大无畏勇气，才能构成创新型人才的强大精神动力。

二是有坚韧的创新意志。创新是一个探索未知领域和对已知领域进行破旧立新的过程，充满各种阻力和风险，可能遇到重重的困难、挫折甚至失败。人类科学技术发展到今天，要获得每一点进步相当困难。因此，创新型人才每前进一步都需要非凡的胆识和坚韧不拔的毅力，为了既定的目标必须始终不懈地进行奋斗，锲而不舍，遭到阻挠和诽谤不气馁，遇到挫折和挫败不退却，牺牲个人利益也在所不惜，不达目的誓不罢休，不自暴自弃，不轻言放弃。只有具备了这样的创新意志，创新型人才才能不断战胜创新活动中的种种困难，最终达到理想的创新效果。

三是有敏锐的创新观察能力。历史上的科学发现和技术突破，无一不是创新的结果。从这个意义上讲，创新就是发现，而且是具有突破性的发现。要实现突破性的发现，就要求创新型人才必须具有敏锐的观察能力、深刻的洞察能力、见微知著的直觉能力和一触即发的灵感和顿悟，不断地将观察到的事物与已掌握的知识联系起来，发现事物之间的必然联系，及时地发现别人没有发现的东西。创新型人才的观察力同时还应当是准确的，能够入木三分，发现事物的真谛，具有善于在寻常中寻求不寻常的创新观察能力。壶水滚沸使瓦特发明了蒸汽机，苹果落地使牛顿创立了“万有引力”说，带细齿的野草划破了鲁班的手指使他发明了锯，这些无不证明了敏锐的创新观察能力在创新中的重要作用。

四是有超前的创新思维。创新思维是创新的基本前提。创新型人才具备思维方式的前瞻性、独创性、灵活性等良好思维品质，才能保证在对事物进行分析、综合和判断时做到独辟蹊径。

五是有丰富的创新知识。创新是对已有知识的发展，在人类知识越来越丰富和深奥的今天，要求创新型人才的知识结构既有广度，又有深度。因此，创新型人才须具有广博而精深的文化内涵，既要有深厚而扎实的基础知识，了解相邻学科及必要的横向学科知识，又要精通自己专业并能掌握所从事学科专业的最新科学成就和发展趋势，这是从事创新研究的必要条件。只有通过知识的不断积累才能用更为宽广的眼界进行创新实践。创新型人才拥有的信息量越大，文化素养越高，思路便越开阔。同时，完备的知识结构使他们具有科学综合化、一体化意识，有助于增强综合思维能力和创新能力。

六是有科学的创新实践。创新的过程是遵循科学，依据事物的客观规律进行探索的过程，任何一种创新都不能有半点马虎和空想。因此，创新型人才必须具有严谨而求实的工作作风，严格遵循事物的客观规律，从实际出发，以科学的态度进行创新实践。冬暖式蔬菜大棚的发明人、山东省寿光市三元朱村党支部书记王乐义，在创建冬暖式蔬菜大棚之初，为了求证大棚的最佳地理朝向，用罗盘连续两年观测当地的光照情况，最后提出了本地区的大棚最佳朝向为正南偏西 5 度的理论。来自北京的专家都赞叹说：“地理学上的专题被一个土专家钻研透了。”在带领群众发展蔬菜生产的过程中，也正是基于他这种严谨科学的创新实践，才使他得以不断改进种植模式，并相继研发了立体种植、无土栽培等 20 多项蔬菜种植新技术，从而由一个土生土长的普通农民，站到了农业科技的最前沿。

二、影响创业者职业生涯的因素

（一）进取心与责任心

进取心是使创业者具有目标指向性和适度活力的内部能源，认真而持久的工作是创业者事业成功的前提，而具有进取特质的创业者也就具有了事业成功的心理基石。责任心强的人通常能够审时度势选择适度的目标，并持久地、自信地追求这个目标，责任心强的人容易事业成功。

（二）自信心

自信为创业者在逆境中开拓、创新提供了信心和勇气，也为怀疑和批评提供了信心和勇气，自信常常使自己的好梦成真。没有信心的人会变得平庸、怯懦、顺从。喜欢挑战、战胜失败、突破逆境是自信心强的特点。

（三）自我力量感

虽然人的能力存在差别，但只要创业者具有中等程度的智力，再加上善于总结经验、教训，善于改进方法和策略，那么，经过主观努力之后，许多事情是能够完成的。追根溯源，循着人生发展的轨迹，不难看出态度在其人生过程中起的作用。什么样的态度决定什么样的人生。因此，可以把成功和失败归因于努力水平的高低和工作方法的优劣。

（四）自我认识和自我调节

创业者应了解自己的优势和短处，善于调节自己的生涯规划、学习时间等。创业既然是一个不断摸索的过程，创业者就难免在此过程中不断地犯错误。在这种时候，自我认识和自我调节能够很好地帮助创业者渡过难关。自我认识，正是认识错误、改正错误的前提。对创业者来说，自我认识的过程，就是学习的过程。是否具备自我认识和自我调节的能力，决定了创业者能不能认识到自己所犯的错误，能不能改正所犯的错误，是否能够不断地学到新东西。

（五）情绪稳定性

创业是最需要强大心理承受能力的一项活动。作为一个创业者，遭遇挫折，碰上低潮都是常有的事。对一般人来说，忍耐是一种美德，对创业者来说，忍耐却是必须具备的品格。稳定的情绪对技术性工作有预测力。冷静、稳定的情绪状态为创业者提供了适度的激活水平。焦虑和抑郁会使人无端紧张、烦恼或无力，恐惧和急躁易使人忙中出乱。

（六）社会敏感性

创业者应对人际交往的性质和发展趋势有洞察力和预见力，善于把握人际交往间的逻辑关系。创业者应在行动之前思考行为的结果，设身处地地想一想他人处境，乐于与人交往，能设身处地体察他人的感受。

（七）社会接纳性

在承认人人有差别和有不足的前提下接纳他人，社会接纳性是创业者建立深厚的个人关系的基础。创业者应真诚对待，认真倾听他人的言语表达。

（八）社会影响力

创业者应有以正直和公正为基础的说服力，有使他人发展和合作的精神，有一致性和耐力，善于沟通和交流，具有自信心、幽默等对情感的感染力，仔细、镇静、沉着等对行为的影响力，仪表、身姿等对视觉的影响力，忠诚和正直等对道德品德的感染力。

三、创业能力对个人职业生涯发展的意义和作用

（一）职业生涯规划

职业生涯规划是指针对个人职业选择的主观和客观因素进行分析和测定，确定个人的奋斗目标并努力实现这一目标的过程。换句话说，职业生涯规划要求根据自身的兴趣、特点，将自己定位在一个最能发挥自己长处的位置，选择最适合自己能力的事业。职业定位是决定职业生涯成败的最关键的一步，同时也是职业生涯规划的起点。

职业生涯规划是在对一个人职业生涯的主客观条件进行测定、分析、总结研究的基础上，对自己的兴趣、爱好、能力、特长、经历及不足等各方面进行综合分析与权衡，结合时代特点，根据自己的职业倾向，确定其最佳的职业奋斗目标，并为实现这一目标做出行之有效的安排。

在社会迈入工业化以前，职业的种类较少，工作内涵也极为简单，通常的职业都是父母传给子女，或由学徒直接向师傅学习，因此并不会产生择业的种种问题。自产业革命之后，工业科技日渐发达，机器日新月异，而生产过程也日渐复杂，产品的种类及生产量也大量的增加。因此，工作世界里的行业种类与职业，更趋复杂与专业。例如，目前《美国职业分类典》列有三万多种职业。以如此众多的职业数目及复杂的职业内涵，年轻人凭自己很难洞悉各种职业的内容及分类，而父母、亲友们也难具有专业化的知识，来协助子女选择适当的职业。因此，辅导年轻人择业的责任，就由家庭转移到学校及社会就业辅导机构。对年轻人而言，职业选择是否适当，将影响其将来事业的成败以及一生的幸福与否；对社会而言，个人择业是否适当，能决定社会人力供需是否平衡。如果每个人都适才适所，那么，不仅每个人都有发展的前途，而且社会亦会欣欣向荣；相反，则个人贫困，社会问题丛生。由于职业选择，对一个人及社会都有极重大的关系。因此，政府及教育单位，对于青年人未来职业生涯的认识、规划、准备和发展，应极为重视，实施职业生涯教育。

（二）创业能力与职业生涯发展

创业首先是一种理念、一种精神，一种不满足于现状、敢于创新并承担风险的精神，是一种在考虑资源约束的情况下把握机会创造价值的认识。从广义的角度去看创业，可以理解为是一个人根据自己的性格、兴趣、所学专业、能力等选择适合自己的事业，并把握机会，为这个事业的成功整合资源、付诸努力，最终实现自己人生目标的过程。因此，创业能力中所包括的捕捉机会、整合资源的意识，以及领导、沟通等能力，具有普遍性与适应性。无论你从事什么样的行业或职业，创业能力都将在职业生涯中发挥积极的作用。

创业者职业生涯规划应遵循以下三个主要原则。

1. 实事求是

创业者必须有准确的自我认识和自我评价，这是创业者制订个人职业计划的前提。

2. 切实可行

首先，创业者的职业目标一定要同自己的能力、个人特质及工作适应性相符合。其次，创业者个人职业目标和职业道路确定，要考虑到客观环境条件。例如，在一个税收政策或其他政策不是很鼓励创业者的社会环境里，创业者就应该要慎重考虑是否应该进入市场。

3. 创业者职业计划目标要与自己企业目标协调一致

创业者是借助于自己所创办的企业而实现自己的职业目标的，其职业计划必须要在为企业目标而奋斗的过程中实现。离开企业目标，便没有个人的职业发展。所以，创业者在制订自己的计划时，应配合企业的发展而调整。

四、创业者职业生涯管理的步骤

（一）自我剖析

自我剖析是对自己进行全面的分析与认识。一个人成功的首要因素是对自己清楚的定位，因为最了解你的人不是别人而是自己，最知道你想干什么的人不是别人而是自己。

一个人是不是适合创业，以及创业能否成功，影响因素很多，但关键是如何了解或者说获知这些因素，而不是盲目地猜测。创业者的职业生涯必须是理想与实际相结合，而其中，创业者的职业生涯诊断也是非常重要的，它能够帮助个人真正了解自己，并且进一步详估内外环境的优势、限制，在“衡外情，量己力”的情形下，设计出合理且可行的创业生涯发展方向。只有把自身因素和社会条件做最大程度的契合，才能在现实中趋利避害，使职业生涯规划更具实际意义。

1. 自我剖析内容

(1)我想做什么

诺贝尔物理学奖获得者丁肇中说过：“兴趣比天才重要。”实践证明：在影响个人职业生涯规划与发展的众多主观因素中，兴趣就像一双无形的手，所起的作用最大。

兴趣是人们力求认识、掌握某种事物，并经常参与该种活动的心理倾向；或者说，兴趣是人们积极探究某种事物的认识倾向。例如，你对某种职业感兴趣，就会对该种职业活动表现出肯定的态度，并积极思考、探索和追求。一个人如果能根据自己的爱好去选择职业生涯，他的主动性将会得到充分发挥，即使十分疲倦和辛劳，也总是兴致勃勃，心情愉快，即使困难重重也绝不灰心丧气，而能想尽办法，百折不挠地去克服它，甚至废寝忘食，如醉如痴。爱迪生就是个很好的例子。他几乎每天都在实验室里辛苦工作十几小时，在那里吃饭、睡觉，但丝毫不以为苦，“我一生中从未间断过一天工作”。他宣称：“我每天其乐无穷。”难怪他会成功。

兴趣可分为物质兴趣、精神兴趣和社会兴趣。物质兴趣与你的需要相关联，表现为对物质的迷恋和追求，如收藏的兴趣；精神兴趣主要是指对文化、科学和艺术的迷恋和追求，如旅游、写作、绘画、书法、摄影、发明创造等兴趣；社会兴趣主要是指对社会工作等活动的兴趣。

兴趣的产生和发展一般要经历这样一个过程：有趣、乐趣、志趣。①兴趣是职业生涯选择的重要依据——兴趣是最好的老师，是一种强大的精神力量。②兴趣可以提高你的工作效率，充分发挥你才能——一个人对某一方面的工作有兴趣时，枯燥的工作会变得丰富多彩、趣味无穷。③兴趣是保证职业稳定、职场成功的重要因素——对某一职业有浓厚的兴趣，是智力开发的“孵化器”。兴趣是工作动力的主要源泉之一。

兴趣对人生事业的发展至关重要，所以兴趣自然是职业选择应考虑的重要因素之一。因此，在选择长期、稳定的职业生涯时，不仅需要知道自己有能力从事什么样的工作，更重要的是需要知道自己对哪类工作感兴趣。只有将能力和兴趣结合起来考虑，才更有可能规划好职业生涯并取得职业生涯的成功。

(2)我能干什么

每个人都需要选择职业，每个人都渴望成功，许多人并不知道什么职业最适合自己，怎样设计才容易事业有成。比如“经商热”时，一些并无商业才能的人也纷纷“下海”去办公司；研究生、大学生毕业时，大多首先选择经济发达地区和大单位，然后才考虑专业及个人所长。这种“随大流”“随热门”的职业选择方式，由于缺乏对自身特点和环境的认识，往往难以在事业中有所发展。要想成就一番事业，就必须规划自己的职业生涯。

作为有意做老板创业的人来说，首先要了解创业者与就业者的不同压力与乐趣，评估自己是否能够承受创业的压力，且追求的是创业的乐趣。在确定是创业还是就业的大方向后，再进一步考虑行业的选择。

创业者在生活、工作和心理上面临着无法避免的压力：只能成功的压力；独立决策的压力；长时间工作的压力；家庭亲情的压力；一定时期得不偿失的压力；非程序事务压力；企业内外充满了利益斗争；高原现象的压力(对于自身的极限有闯不过去的时候，如果这时不主动下台，则会阻碍企业的发展)。

创业对人生所得是多方面的，不只是金钱。①创业使一个人的才华得到淋漓尽致地发挥。②创业使人生更加丰满，创业者为自己的人生价值而忘我奋斗，无论成败，所得的收益是金钱不能衡量的。③创业为社会做出奉献。④一旦创业成功，创业者会有一种巨大的成就感。

就业是到创业者的企事业单位去工作，没有创业者的压力和快乐，却有另一种压力和快乐。

就业者的压力：人事矛盾的压力；不公正待遇的压力；就业竞争的压力；经济收支的压力；人格与生存的压力；生活安全感的压力；受制于人的压力；自我成就感的压力。

就业的快乐：就业投入的是时间、智力和体力，没有投入物质资本，因此回旋余地比创业者大得多；就业的价值选择比较多，比较灵活；有充分的业余时间与家人团聚；就业有时比创业稳当和富足。

2. 自我剖析要点

创业者的职业生涯规划必须从自我认识开始，然后才能建立可实现的目标，并确定怎样达到这些目标，以及考察目标是否实现。这种认识自己的过程称为自我剖析。其中，所有可能影响一个人未来工作业绩的事情都应充分考虑，包括创业者的自我特性及创业者自我特性对潜在工作的适应度。因此，自我剖析还涉及对相关职业特性信息的收集和分析。符合实际的自我剖析，可以帮助人们挖掘更多的潜在机会，避免影响职业生涯发展的错误。所以在自我剖析中，应注意以下要点。

一是剖析要客观。心理学认为，人在进行自我剖析过程中，存在刻意回避自我不足以及不利于自身发展客观条件的潜意识。因此，创业者职业规划中的自我剖析，应有意识地避免这种情况。另外，这种客观还应体现在观念的随时更新上，对自我素质的评价应以不断更新的时代标准为参照，而不是那些过时的传统的行业标准和观念。

二是机会成本。在工作中，创业者必须学习与专业工作、管理工作相关的知识和技能，而这需要花费大量的时间和精力，因此，这势必影响到个人的私人生活，形成职业升华或职业成功的机会成本。在每一职业阶段，人们必须认真考虑这种成本，权衡为了私人或家庭生活，他们能够放弃哪些晋升的机会；或者为了职业上的发展，他们能够放弃哪些个人生活。

三是工作和家庭的协调。虽然许多创业者希望“工作和家庭互不相干”，但现实是：工作和家庭总是难以分割。人们有时拒绝承认上班和下班后做出的决策相互影响，特别是创业者，他们希望上班和下班完全分离开来，获得某种“自由”的轻松。可是，他们马上发现，这是不可能的，他们的生存空间已经是一个联系越来越紧密的整体，而且这种联系在不断增多而不是减少。那些不能理解或者不能接受这一事实的人，将会无所适从。

四是对职业途径的把握。在做出创业的决定之前，创业者有必要知道：每一个职业抉择在很大程度上会制约以后的职业选择机会。因此，在做出创业选择时，不能仅仅考虑眼前，还应该考虑当前的决定对将来选择机会可能造成的影响。这需要建立在对自我“职业辅导”的客观分析上。稳定但压力小的工作和发展机会多但压力大的工作之间的选择；技术/业务能力上发展和管理层次上发展之间的选择；在某一职业领域发展和在多个职业领域发展之间的选择等都需要人们在选择职业之前进行权衡。

五是对机遇的充分准备。毫无疑问，机遇在创业者职业生涯的发展中起着很重要的作用。然而，机遇靠人们自己把握，他们可以创造机遇，也可能使机遇从身边溜走。更多的社会交往，积极地参与民间和行业组织能扩展创业者的社会关系网，给他带来潜在的机遇。过于封闭则会使一个人的社交圈越来越窄。积极地表达自己的愿望，并努力地争取一些特别的工作任务能使一个人得到更多的机会，而消极等待和隐藏愿望及抱负则刚好相反。因此，如果说一些瞬间的机遇给人带来了机会，那么，有计划地创造机遇则是创业者自身的责任，也是创业者自身所能做到的。

（二）职业生涯机会评估

职业生涯机会评估指分析内外环境给自己职业生涯带来的机遇和阻碍，即“什么可以干”。在市场经济条件下，人的生存一般有两条道路选择，即就业与创业。选择哪条路，既取决于主观条件又取决于客观条件。

（三）职业生涯策略

职业生涯策略是指为实现职业生涯目标的行动计划，即“我怎么干”。职业生涯策略一般较具体，有很强的可行性，如构建人际关系网、参加组织培训计划、跳槽等。职业生涯策略还包含一些前瞻性的准备，包括参加进修班学习，掌握一些额外的技能（如获得律师证）或专业知识（攻读工商管理学位等）。

对于创业者来说，至少应该准备创业规划，具体地说，包括以下一些主要方面的内容。

1. 确立创业目标和方案

一个人要把一个创业理想变成为现实，首先要确立一个创业目标并制订一个总体计划。

2. 制订创业原则和步骤

创业原则常常是在创业理念的指导下确立的，它会产生有效的创业实践构想，并使创业活动赢得新的资源。创业步骤把整个创业过程和有关阶段加以具体划分，但是，它在深层上仍然是创业目标、创业原则的一种体现。

3. 创造创业的基本条件

要创业，从来不是等到条件成熟了之后才开始的。创造创业的基本条件，这本身就是创业的一个重要组成部分。这种条件既包括创业领域的内在条件，也包括创业领域的外在条件。

4. 确定创业的期限

有必要制订一个关于创业成功的时间表，有的专家认为，创业期限以两年为最佳，换言之，创业者应尽量在两年以内把创业的产品做成功。但是，创业环境和市场是处在发展和变化之中的，人的主观努力应尽量与环境的客观条件相符合。

5. 提出好的创意

一个独到新颖的创业创意，能够较大可能地把市场的需求与产品的生产结合起来，从而形成一项新事业的生长点和扩展基础。

6. 组织创业团队

要创业成功，常常需要一个团队的共同努力。在组建一个创业团队时，应该把团队精神或合作意识放在至关重要的位置上。

7. 选择风险投资者

首先，要选择能够同甘共苦的风险投资者，以便在创业不顺利的时候，还能够继续得到支持；其次，要寻找具有较大影响力的风险投资者，他的经验和力量本身就是一种重要资源。

（四）实施计划

在确定了职业生涯目标后，行动便成了关键的环节。没有达成目标的行动，目标就难以实现，也就谈不上事业的成功。这里所指的行动，是指落实目标的具体措施，主要包括工作、训练、教育、轮岗等方面的措施。例如，为达成目标，在工作方面，你计划采取什么措施，提高你的工作效率？在业务素质方面，你计划学习哪些知识，掌握哪些技能，提高你的业务能力？在潜能开发方面，采取什么措施开发你的潜能？等等，都要有具体的计划与明确的措施。并且，这些计划应特别具体，以便于定时检查。

（五）反馈与修正

俗话说："计划赶不上变化。"职业生涯规划不等于人生理想，和人生期望也有不同，人生成长的过程就是一个理想实现和空想破灭的过程。影响职业生涯规划的因素很多。有的变化因素是可以预测的，而有的变化因素难以预测。在人生的发展阶段，由于社会环境的巨大变化和一些不确定因素的存在，会使现实与原来制订的职业生涯目标与规划有所偏差。这时，创业者需要对职业生涯目标与规划进行评估和做出适当的调整，以更好地符合自身发展和社会发展的需要。职业生涯规划的评估与反馈过程是个人对自己的不断认识过程，也是对社会的不断认识过程，是使职业生涯规划更加有效的有力手段。

每过一段时间，创业者要审视内在和外在环境的变化，并且及时调整自己既定的生涯规划。其修订的内容包括：职业的重新选择；职业生涯路线的选择；人生目标的修正；实施措施与计划的变更等。

案例启示

对话张泉灵：人生不断变化　试着理解变化

"42 岁虽然没有了 25 岁的优势，可是再不开始就 43 了。其实，只要好奇和勇气还在那里，什么时候开始都来得及。"距离张泉灵在微博上发出这段话，已经过去了一千零七个日夜，在这段日子里，张泉灵摘去了央视主持人的标签，以投资人的身份活跃在创投圈。她曾经自嘲"投资人活得像狗"，却依然喜欢这次转身。

转身后的张泉灵，总是在不断接受变化中。她是投资人，是《奇葩说》的导师，是

《吐槽大会》的嘉宾，还会去看《创造101》，研究王菊爆火的原理。2018年6月12日，小饭桌记者见到了张泉灵，交谈中，“变化”是她一直提及的一个词。她说，人生原本处于不断的变化中，试图去理解变化，让她走上了投资人的道路。

不华丽的转身

2015年7月，张泉灵选择离开央视，带着大众的猜疑，领导的挽留，同事和家人的忧虑。同月，她以顾问形式加盟傅盛战队，进入了投资圈。对张泉灵而言，这是真正的归零，毕竟在此之前，她还是“只会在银行买理财的人”。

42岁，从零开始，日新月异的创投领域，听起来就很不容易。

人生原本处于不断的变化之中。张泉灵告诉小饭桌记者，对她而言，当时离开(央视)是一件很明确的事。

彼时，张泉灵正处在焦虑中。“当你已经站到比较高的位置上时，其实是蛮恐慌的，因为到头就意味着下坡。”

在演讲《时代抛弃你时，连一声再见都不会跟你说》中，张泉灵开过一个玩笑。在央视，一开始的时候会有人说：泉灵姐，我特别喜欢你。后来有人说：泉灵姐，我妈特别喜欢你。再后来有人说：泉灵姐，我奶奶特别喜欢你。“我特别担心很快就没有人喜欢我了，我就离开了。”张泉灵说。

外部环境不断发生着巨大变化，通过传统媒体已经无法理解这些变化，这让张泉灵感到恐惧和焦虑。这时候，她遇见了傅盛，傅盛对她说，这(投资)可能是最快理解变化的地方。

这场义无反顾的跨界，外界喜欢用“华丽的转身”来形容。但对于张泉灵而言，一点也不华丽。她在一次公开演讲中，用“第一批从海洋走向陆地的动物”类比这次转身。

张泉灵好奇心太强。即便痛苦，她还是离开了自己的舒适区，带着“更大的焦虑和不安全感”。

从紫牛基金的“顾问”做起，后担任创始管理合伙人，在近三年的时间里，管理紫牛的两期基金，投出了年糕妈妈、编程猫、UFACTORY、张怡筠情商教育等在内的明星项目。张泉灵坦言：“这是一个不断被迫学习的过程。”

在央视工作了18年，采访、组稿、直播，这些早已经得心应手，即使偶感焦虑，也能快速找到应对方案。转身进入投资圈后，“备感压力”成了常态。在媒体只需要专心做好内容，但是成为投资人管理一个基金，要个人承担成本，要不断去想怎么维持品牌，怎么让合伙人始终信任，怎么投出明星企业。张泉灵告诉小饭桌记者，她不是刚进入这个圈子的时候有压力，压力一直存在。

在被逼得不行的时候，张泉灵会回到办公室偷偷哭，悄悄哭过的时间，比前十年加起来还多。即便如此，张泉灵并没有后悔这次转身，在有限的人生里，可以体验两种不同的生活方式，并不是谁都有机会，她愿意为此而冒险。“做出一种选择，就要接受相应的代价。”她说。

用户思维押中宝

2018年5月25日，编程猫完成金额3亿人民币的战略投资。这是张泉灵刚跨入投资圈不到半年，就相中的项目。2015年年底，创始人李天驰参加《你就是奇迹》，张泉灵为编程猫全力背书；2016年4月，编程猫完成天使轮投资，紫牛基金毫无悬念地成为投资方。

谈及对编程猫的果断注资，张泉灵提到了“用户思维”。投资人经常会扮演很多角色，其中一个角色就是用户。“当你本人是他们的用户，比较过同类产品，就能判断出哪一个比较好。”张泉灵的儿子正在使用编程猫学习，成为用户的过程中，她看到了编程猫的未来市场。“如果说未来是人工智能的时代，那么与机器交流就成了面对未来的一种技能。”

张泉灵的判断是正确的。虽然国内这种概念尚未普及，但在国际上，编程教育早就从娃娃抓起了。在法国，编程被列入初等教育选修范围；英国规定5岁以上学龄儿童必须学习编程；美国总统奥巴马更成为美国历史上首位懂编程的总统，并呼吁所有人学习编程。曾经编程是科班人士的专利，在未来可能会像英语一样，成为一种交流的基本能力，编程猫的稳步发展似乎也在印证着这种可能性。

张泉灵与傅盛

同样的“用户思维”让张泉灵选择了张怡筠情商教育。“从我做记者的经验来看，情商是一个人获取成就和幸福的基本能力。”张泉灵认为，情商教育不能扔给学校，尤其在低幼阶段，家庭才是教育的主体。

在投资这两个项目时，张泉灵并没有从一个投资人的角度来讨论问题，而是作为一个用户来讨论问题。“我会反思，这对我来说是不是特别有用，再继续反问我是不是个例。”张泉灵是一名投资人，同时也是一位母亲。从年糕妈妈到编程猫、张怡筠情商教育，张泉灵的早期投资项目都和孩子有关。

“教育是刚刚受惠于互联网红利的一个领域。”许多人都说互联网红利结束了，但张泉灵认为这要“分领域”。青少年教育，仍会是未来她投资的“偏爱”。

二期投资轮次后延

紫牛基金是一支名副其实的“明星”基金。除了张泉灵、傅盛坐镇，逻辑思维的罗振宇、经纬的张颖、多玩游戏的李学凌、58同城的姚劲波、真格基金的徐小平、时尚集团的苏芒均是紫牛基金合伙人，各行业大佬齐聚，为创业者带来了资源、人脉和花钱买不到的视野，张泉灵常说这是“更聪明的钱”。

一入行，张泉灵便站在了更高的起点上。2017年，她被评为“2017中国新锐投资人”。在发表获奖感言时，她说，感谢所有第一批搭台的合伙人们，你们太有公益心了。

开始，可以抱着学习的心态，但最后终究还是要以业绩说话。

如今，紫牛的二期基金已经募集完毕，在市场收紧的前提下，张泉灵在不断思考如何管理好二期基金。

今年的投资市场不好找钱，张泉灵庆幸紫牛的二期已经募集完毕。“可能接下去一两年，日子都不是特别好过，投资机构会更加头部化。”张泉灵说，“市场不会影响紫牛的大方向，但在节奏上会有把控。也不会仅局限在早期项目，轮次会相对后延。”

成立以来，紫牛基金投资偏好初创期和扩张期，投资领域集中在电子商务和移动互联网，截至目前，已经投资了22个项目。小饭桌记者调查发现，2017年以前，紫牛基金投资的17个项目，均在A轮以前，其中12个为天使轮。2017年以后，紫牛基金的投资轮次已经开始涉及A+和B轮。

在投后管理上，紫牛也与传统风险投资略有不同。传统的风险投资有专门的团队帮助创业公司承担一部分管理和行政职能，如财务，税务等。紫牛基金投后管理则更集中在业务层面，帮助公司业务连接或品牌管理。张泉灵还喜欢帮助创业者“跳出来看一看”，将行业新趋势持续输送给被投公司。

好奇流行文化

采访张泉灵，略显匆忙，抓住了她开会前的碎片化时间，因为错过这个机会就不知何时再能约到。在这之前，小饭桌记者了解到，她一直处于出差中。

成为投资人后的生活很忙碌，张泉灵依旧拿出时间，去了解新兴文化。

离开央视以后，她参加了《奇葩说》第四季、《吐槽大会》等新兴综艺节目。上一次，张泉灵密集地出现在屏幕前，还是央视的主持人，而现在已经成了“多面女神”，尤其在《奇葩说》中的表现，让年轻人重新认识了张泉灵。很多年轻的创业者都认识了张泉灵，在一定程度上降低了她和创业者首次接触的门槛。

采访中，张泉灵和记者聊到了《创造101》、谈到了王菊现象。张泉灵说，她正在看《创造101》，她好奇于现在爆火的流行文化，认为值得看一看。

在社交媒体爆发的时代，社团化运营或者共同的价值观链接，能迅速地捧红一个人或者网剧，这样的方式也许同时适应于商业中的产品。“从这个意义上来说，我会参加一些比较先锋的综艺节目，本质上是在对最流行端用户的理解。”

张泉灵对新潮流始终持有开放的心态，她认为，如果不去理解这种改变，就可能沦落为上一个时代的人。“这个时代扔掉你的时候，都不会跟你说一声再见。”

资料来源：

对话张泉灵：人生不断变化　试着理解变化[EB/OL].(2018-06-21)[2018-10-16]http://www.sohu.com/a/236987993_649045.

思考与讨论：

张泉灵的成功自然不仅仅是幸运，她在规划自己的职业生涯方面，有哪些值得我们借鉴的地方？我们应该如何从现在开始规划自己的生涯发展？

拓展活动

失败简历

这个游戏取材于百森商学院海迪·内克(Heidi Neck)教授的教材。在这个练习中，你的任务是制作一个“失败简历”。“失败简历”包括你所经历过的失败！这些失败可能来自学习、工作，甚至是人脉关系。

对于你列出的每一个失败经历，你必须描述从中学到了什么。如果适用的话，其他人能从中学到什么。

通过制作一份失败简历，你不得不花时间反思：这些失败教会了你什么？尽管这听起来很难，但却是一次有益的体验。

想更进一步吗？与同学分享你的失败简历，并进行比较。记住不要把注意力集中在失败上，而是关注对比每次失败经历所带来的学习心得。

批判性思考问题：

1. 列出你经历过的失败，是比你想象得更容易还是更难？
2. 写“失败简历”时，你经历了怎样的情绪起伏？
3. 你认为你将如何从失败中吸取教训，并在未来获得更大成功？

第二章 创业者与创业团队

第一节 创业者

【学习提要】

大量有关创业者心理和社会构成要素的研究表明，创业者在遗传上并非异于其他人。没有人天生是创业者，每个人都有成为创业者的潜力。某个人是否成为创业者，是环境、生活经历和个人选择的结果。即使创业者天生就具备了特定的才智、创造力和充沛的精力，这些品质本身也不过是未被塑形的泥巴和未经涂抹的画布。创业者是通过多年积累相关技术、技能、经历和关系网才被塑造出来的，这当中包含着许多自我发展历程。

【学习目标】

1. 了解创业者的基本含义。
2. 学习如何成为一名创业者。

活动导入

创业者画像

1. 请给出你心目中的创业者画像。
2. 将创业者画像中典型的创业者特征标示出来。

学习任务

一、创业者的概念

创业者的概念经历了一个演变的过程，1755 年，法国经济学家坎蒂隆首次将“创业者”的概念引入经济学领域。1880 年，法国经济学家萨伊将创业者描述为将经济资源从生产率较低的区域转移到生产率较高区域的人，并认为创业者是经济活动过程中的代理人，首次给“创业者”做出定义。熊皮特认为创业者应该是创新者，具有发现和引入新的、更好的能赚钱的产品、服务和过程的能力。

创业者的概念分为狭义和广义两种。狭义的创业者是指参与创业活动的核心人员；广义的创业者是指参与创业活动的全部人员。一般情况下，在创业过程中，狭义的创业者会比广义的创业者承担更大的风险，也会获得更多的收益。

创业者一般被界定为具有以下几点能力的人：创业者是一种主导劳动方式的领导人；创业者是具有使命、荣誉和责任能力的人；创业者是组织、运用服务、技术和物器作业的人；创业者是具有思考、推理和判断能力的人；创业者是能使人追随并在追随过程中获得利益的人；创业者是具有完全权利能力和行为能力的人。

二、创业者的类型

按照创业者创业目标的不同，大致可以将创业者分为以下三种类型。

（一）谋生型创业者

谋生型创业者往往是因为迫于生活的压力，或是为了使自己的生活条件有所改善才决定创业的。这种创业者绝大部分都是以较少的资金起步，创业范围一般局限于商业贸易领域，也有少数从事实业，但基本上是规模较小的加工业。据调查，目前这类创业者约占中国创业者总数的 90%，多属于白手起家型。

（二）投资型创业者

投资型创业者是在已经拥有一定的经济基础与实力的基础上进行创业。这类创业者的创业目标主要为了获取更大的经济回报。这一类创业者并不计较自己能做什么，会做什么，他们就是喜欢创业，喜欢做老板的感觉。

（三）事业型创业者

事业型创业者把实现自己的人生理想作为创业目标，把创办的企业当作自己毕生的事业。这类创业者往往是自我意识很强，不甘于为别人打工，愿意为理想放弃一份稳定的职业。他们之所以选择自主创业是为了通过这一途径来证明自己的能力，实现自我价值，得到社会的认可。这类创业者绝大部分是在有了一定的经济基础，在经历了市场和社会的磨炼之后，更加明确自己的人生追求而做出创业的选择。

三、创业者的素质

对于创业者而言，具备优秀的素质，就为开创自己的事业打下了良好的基础。创业者的素质是创业行动和创业者所需要的主体要素，包括知识、能力和人格特质等。

（一）创业者需要掌握的知识

创业成功需要创业者具备必要的知识，如行业知识、法律知识、经济和管理知识等。

1. 行业知识

俗话说隔行如隔山，创业者如果没有相关行业的经验，肯定会走弯路。“不熟悉的不做”，就是说创业者应尽可能在自己熟悉的行业领域内进行创业，以提高创业成功的可能性。康佳的创始人陈伟荣、创维的创始人黄宏生、TCL 的创始人李东生都是华南工学院(1998 年更名为华南理工大学)恢复高考后无线电班的第一批学生，他们正是凭借丰富的专业知识和行业内的资源，创办的企业取得了极大成功，极盛之时，这三家公司的彩电产量几乎占到全国彩电产量的 40%。

2. 法律知识

创业成功的基础之一是创业者要守法经营，在国家法律法规允许的范围内从事创业活动，这就要求创业者一定要了解相关的法律知识。例如，了解《中华人民共和国个人独资企业法》《中华人民共和国合伙企业法》和《中华人民共和国公司法》的相关规定，正确选择合适的企业法律形式；了解《中华人民共和国知识产权法》的内容，更好地保护企业的知识产权；了解《中华人民共和国合同法》和《中华人民共和国劳动合同法》的知识，及时签订劳动合同，保护企业和劳动者的合法权益；了解《中华人民共和国个人所得税法》《中华人民共和国企业所得税法》和《中华人民共和国税收征收管理法》的内容，及时足额纳税。

3. 经济和管理知识

创业是一种商业行为，因此，需要创业者了解一定的商业知识，包括经济方面的知识和管理方面的知识。经济和管理知识可以帮助创业者更好地识别商业机会，计算和筹集创业所需资金，进行盈亏平衡分析，更好地分析和把握市场，做好市场营销工作，并做好创业企业的人力资源管理、财务管理、企业管理等工作。

（二）创业者应具备的能力

要成为一个成功的创业者，必须具备以下几种能力。

1. 创新能力

创新能力是白手起家的创业者的生命源泉。创新不仅仅指从无到有地创造某种事物或某个东西，更多的情况是指在以往的基础上对原有方式与方法进行改进。创新能力是公平竞争环境下最有力的武器。从某种意义上来讲，创新能力就是不断反思追问的能力。创业本身是一项创新活动，很多未知的或不可预料的因素掺杂其间。一个新的管理理念或新开发的产品，往往会给创业者带来惊人的回报。

2. 学习能力

随着科技的进步与发展、日益复杂的市场竞争和合作关系、日新月异的科学技术手段、不断更新的管理理念和各种管理手段，创业者只有不断学习才能应对时代潮流的冲击。

学习能力主要是指自学能力，具体包括制订学习目标和计划的能力、阅读能力、分析归纳能力、检索能力等。创业者培养自己的学习能力就是学会学习，注意学习方法和策略的掌握，并拓宽学习渠道，不仅要多看书报，还要懂得利用网络资源和社会大课堂。

3. 合作能力

每个人的能力都有限度，善于与别人合作的人，能够弥补自己能力的不足，达到原本达不到的目的。创业者之所以需要与他人合作，首先源于个人的能力有限，同时也源于自己的能力与素质，往往和他人具有互补性。创业者要想与他人合作并有所作为，首先要做到知己，清楚自己的性格类型、素质特点、能力专长，选定一个适合自己的工作目标。其次要注意分析别人的特点，找到互补性和差异性。只有这样才能真正找到合作伙伴，并与其一道为共同的创业理想携手合作。

4. 经营管理能力

创业活动的实践性很大程度上体现在经营和管理之中。经营管理能力在较高层次上决定了创业实践活动的效率和成败。要成为一个合格的创业者，必须掌握现代的科学管理知识，提高综合经营能力，并在实践中不断积累经营管理经验。

经营管理能力是对人员、资金的管理能力。它涉及人员的选择、使用、组合和优化，也涉及资金筹集、核算、分配、使用和流动。它是一种较高层次的综合能力，是创业者应当具备的基本能力之一。经营管理能力的形成要从学会经营、学会管理、学会用人、学会理财几个方面去努力。

5. 分析决策能力

丰富的知识、先进的经营理念和完善的管理制度是创业者立于不败之地的法宝。面对纷繁复杂的社会，面对形形色色的商业机遇，创业者需要有强大的分析能力。只有在进行科学分析的基础上，才能做出正确的创业决定。分析问题的能力主要有三点：第一要做个有心人，平时多进行市场调查，在调查的基础上，用数据说话进行科学决策；第二要养成一个多思考的习惯，对可能出现的结果进行分析，同时准备好应对措施，做到理智决策；第三要向同行学习，通过和同行之间的沟通，增加对行业及竞争对手的了解，做到理性决策。

要在瞬息万变、动荡不定的市场上求生存，谋发展，创业者就必须做出精明、恰当、高效的决策。

6. 人际社交能力

人脉是创业的重要资源要素。人际社交能力是创业者发展和巩固其人脉资源的重要保障。一般而言人际交往能力主要表现在表达能力和反应能力两个方面。

表达能力是充分、有效地将自己的观点阐释给对方的能力。例如，对客户充分有效的表达能够使客户理解企业的产品情况和企业文化，有利于推销自己；对团队成员充分有效的表达能够使大家领悟企业的目标、面临的环境和拟采取的对策，能够使大家更加有效地为完成共同的目标而努力。

反应能力是交际能力的另一个方面，是表达能力的有效补充。在交际过程中，良好的反应能力能够帮助表达者随时领会和把握表达对象的需求和对表达内容的理解，有效调整表达的方式和内容。

（三）创业者的人格特质

对于创业者而言，具备优秀的素质，就为开创自己的事业打下了良好的基础。创业者应具备以下基本素质。

1. 诚信为本

诚信就是“诚实无欺，信守承诺，言行相符，表里如一”。诚信不仅是为人处世的基本准则，更是经商之魂。在创业经商过程中，诚信是第一品质，是创业者的“金质名片”，也是参与各种商业活动的最佳竞争武器。

2. 直觉敏锐

灵活敏锐的商业意识是企业兴旺之源，创业者需要具备敏锐的直觉。在资源条件和市场条件相同或相近的情况下，为什么有些创业者能取得较大的成就，有些创业者以较大投入获得的却是较小的收益甚至是铩羽而归，造成这种差别的一个重要因素就是创业者是否具备对商机和市场的敏锐直觉。

3. 把握机遇

机遇往往是留给那些有准备的人，当机遇来临时，能够把握机遇的人往往能拔得头筹。对创业者来说，机遇稍纵即逝，因此需要创业者在磨砺中把握住机会。

4. 追求创新

创业者应该具备不断追求创新的素质，要有不满足于维持现状的意识，要有不断推陈出新的精神。创新是推动经济和社会发展的主导力量，是一个民族兴旺发达、长盛不衰的动力源泉。创新是立业之本，创业是更高水平的创新。

5. 敢于竞争

创业者需要具备敢于竞争的素质，在市场的浪潮中拼搏前进。经济领域的竞争是市场主体为了追求自身利益而力图胜过其他市场主体的行为和过程。竞争促进经济发展和社会进步，但创业者要遵循自愿、平等、公平和诚实守信原则，要遵守公认的商业道德，不能滥用竞争权利。

案例启示

案例一　伏牛堂张天一

在中关村创业大街，有一家名叫伏牛堂的米粉铺。该餐饮企业主要经营湖南常德牛肉米粉，在短短的半年时间内，便被外界视为与雕爷牛腩、黄太吉等齐名的互联网餐饮品牌。公司也获得了一批顶级投资机构的投资。目前，伏牛堂的估值已达数千万。创立伏牛堂这个品牌的是北京大学创业训练营的青年代表、“米粉硕士”常德小伙张天一。李克强总理来到北京中关村创业大街考察时，看到张天一的衣服上印有“霸蛮”两字，就问：“‘霸蛮’是什么意思?”张天一解释：“霸蛮”是湖南方言，拼命三郎的意思。有一句俗语叫“吃得苦、耐得烦、霸得蛮”，印在衣服上做品牌口号是希望自己的创业团队也有这样的精神。总理听完之后微笑着表示肯定，还说创业者就应该这样。

资料来源：

伏牛堂张天一[EB/OL].(2015-05-22)[2018-10-17]http://www.takefoto.cn/viewnews—408937.html.

思考与讨论：

1. 你如何思考伏牛堂米粉铺的成功?
2. 你如何看待张天一的做法?
3. 张天一成功的主要原因是什么?
4. 如果你是张天一，接下来你将如何发展企业?

案例二　任正非的成功，靠的不是运气

在华为工作11年的邓斌，在《华为成长之路》一书中说，华为人多年来始终坚守把客户放在首位，这一理念深入所有华为人的心，创始人任正非更是其中的典范。所以，回顾30多年华为的发展，我们发现，华为能成功，任正非靠的不是运气，而是他的深谋远虑和出色的能力。

一、知行合一

中国有句老话叫：“想得太多，做得太少。”也有句流行鸡汤是这样说的：“道理你都懂，却依旧过不好这一生。”这句话之所以流行到现在，是因为用来形容生活中的大多数人再贴切不过了，每个人知道的、想的都很多，行动却跟不上，而这恰恰是一个

人甚至一个企业发展的致命弱点。

有个人却恰恰相反，他在创造企业的过程中把知行合一发挥到了极致，所以他创造了独一无二的华为企业，这个人就是任正非。

在华为创建的最初，到后来发展的过程中，任正非都深知“客户”才是最重要的，服务好客户，创造出客户需要的产品，才能让自己被客户记住，才能在激烈的市场中脱颖而出，企业才能有更好的发展，所以，他一直坚持“以客户为中心”这一理念。而他自己也做到了，所以他才在发现问题后，立马以自我批判的方式，警醒所有的华为人，更是将“以客户为中心”这一理念让所有华为人铭记于心。

我们都深知，知道什么是最重要的并坚持下去，个人做起来并不容易，何况是要求一个大企业里面的所有人都做到，但任正非做到了，所以他成功了。

坚持做到知行合一，让自己的行动跟得上自己的思想，未来才有更多的可能，就像我们想要成为更好的自己，就要去努力学习、提升自己的能力，而不是天天说我要变好，却什么都不想做。只有把思想落实到行动上，坚持并努力，才能让事情朝着自己想要的方向发展。

二、知人善用

我听过很多企业招募人才的方法，用高薪吸引、好发展诱惑，华为招募人才的方法却让人耳目一新。华为没有采用“筑巢引凤”的方式吸引人才，而是在有凤的地方筑巢，从而最大限度地网罗技术人才。

在人才的所在地“筑巢”是很多企业很难想象的，也很难做到的，因为需要一定的资本，更重要的是用心，但任正非在华为做到了，他明白人才对于企业的重要性。1%的人才是很难通过“培养”得来的，只能通过“发现”。人才可遇不可求，遇到了便想尽办法招揽，这是任正非的魄力，亦是格局。

所以，为了招揽一位顶尖的科学家，他愿意在科学家的家乡建立一个研究所。

比如，隆巴迪先生是全球著名的微波研究专家，为了他，华为将微波研究中心设在他的家乡意大利米兰；克里纳先生是全球知名商业架构师，华为为他在爱尔兰科克市设立了研究所。

看到任正非对人才的态度，我不得不感慨，任正非将知人善用发挥到了极致，他对人才的珍惜和尊重，值得每一个企业家学习。他洞察人心，他明白如何才能让科学家安心搞研究，让人才在最佳状态下发挥其价值，实现人才和公司的共赢。

一个成功的企业家身上我们总能看到他别于其他企业家的品质，他深谋远虑，他在为自己着想的同时更懂得为他人着想，所以大家心甘情愿地为他做事，他才是中国企业真正优秀的管理者。

三、创始人不掉队，企业才能笑到最后

如今华为已经是中国高新科技企业的佼佼者，但实际上在它发展的过程中也曾遇到很多困境，但是任正非都在关键时期引领华为人抗了下来。

“紧盯目标，忍辱负重，耐摔打”，这是华为骨子里的坚韧，他亦是个中表率。因为他知道每个企业发展的关键时期，只有创始人自己不掉队，企业才笑到最后，否则就会被周边盯着他们的狼群所取代。

企业创始人，是荣耀，亦背负着无数的责任，他们是企业的标杆，他们的思想更是决定了企业的未来。所以，所有人都有走错的机会，都有回头的可能，都有慢下来的机会，只有他们没有，因为背后有无数双眼睛迫使你前进，丝毫不敢停下来。

他明白，所以他一直在学习，一直把属于自己的责任牢记在心，即便到了安享晚年的年纪，需要他的时刻，他也丝毫不退缩。

任正非的行事和为人让我看到了一个优秀的企业家和管理者该具备的品格，所以华为的成功不是运气，而是必然。

有人说：“人生没有白走的路，每一步都算数。”

企业也是如此，一家企业从开始创业到后面经营发展，每一步都是创始人经过精密的考量所作出的决定。我们看一家企业的发展，更要了解创始人的故事，这样才能更好地了解整个事情的脉络，我们才能真正了解背后的本质意义。

资料来源：

40 岁+被迫创业，现成通讯业老大，任正非的成功，靠的不是运气[EB/OL]https://new.qq.com/omn/20210320/20210320A05OAL00.html.

思考与讨论：

1. 你认为任正非个人成功的关键是什么？
2. 你认为任正非的成功对你有什么启发？
3. 你认为优秀的创业者需要什么样的创业精神？

拓展活动

头脑风暴

1. 运用头脑风暴的方法和学生一起讨论、分析什么样的人适合创业。
2. 对头脑风暴中形成的观点进行梳理，并分组进行总结。

鲜活愿景清单

这个游戏取材于百森商学院海迪·内克(Heidi Neck)教授的教材。借助鲜活愿景清单，你可以尝试想象你的业务或新的创业想法三年后的样子。

当你完成了自己的鲜活愿景清单，请与你的朋友、家人以及任何感兴趣的人分享它。通过公开分享这个清单，你的愿景更加真实，并促使你采取行动以实现你的目标。

此外，周围越多的朋友清楚知道你创办的公司将来长成什么样，他们就越有可能会来帮助你。

假设你乘坐时间机器，穿越到了三年后的12月31日。你手里拿着记事本，在公司的办公室里走来走去。现在来逐一回答下面的问题清单吧。

- 你看到了什么？
- 你听到了什么？
- 客户怎么说？
- 媒体是怎么报道你的？
- 你的员工在饮水机旁会说些什么？
- 你的用户社群里有什么关于你的传闻？
- 你的市场营销是什么样的？
- 你现在是否在全球范围内销售你的产品或服务？
- 你正在推出新的在线广告吗？社交媒体上都在说些什么？
- 公司是否组织有序并且像时钟一样运转？
- 办公室里有什么图景？人们是坐着、站着，还是在说话？当他们离开他们的工作区，他们会去哪里？
- 你每天都做些什么？你是否专注于战略、团队建设或客户关系？
- 公司的财务状况如何？
- 你现在的资金来源是什么？
- 你的核心价值观是如何在员工中体现的？

批判性思考问题：

1. 展望你公司的未来图景，三年是一个有用且合理的时间长度吗？如果你认为三年太长或太短，请解释原因。

2. 在鲜活愿景清单中，你觉得哪些问题最有用？哪些最具挑战性？请解释你的回答。

3. 在你的商业计划中，是否还有在鲜活愿景清单之外的内容？这些内容与你的业务是什么关系？

第二节　创业团队

【学习提要】

一个好的创业团队对新创企业的成功起着举足轻重的作用。新创企业的发展潜力以及其打破创始人的自有资源限制，从私人投资者和风险资本支持者手中吸引资本的能力与创业团队的素质之间有着十分紧密的联系。一个喜欢独立奋斗的创业者固然可以谋生，然而一个团队的营造者却能够创建出一个组织或一个公司，而且是一个能够创造重要价值并有收益选择权的公司。创业团队的凝聚力、合作精神、立足长远目标的敬业精神会帮助新创企业度过危难时刻，加快新创企业的成长步伐。另外，创业团队成员之间的互补、协调以及与创业者之间的补充和平衡，对新创企业起到了降低管理风险、提高管理水平的作用。

【学习目标】

1. 了解创业团队的含义及创业团队对创业成功的帮助。
2. 学习如何创建创业团队。
3. 思考创业团队的管理策略。

活动导入

主题游戏——造雨游戏

上课前教师先带领大家做主题游戏，具体方法如下：伸出左手、掌心向上，先用右手的 1 个手指去击打左手掌心，接着用 2 个手指击打，依此类推，一直到 5 个手指，乃至整个右手手掌去击打伸开的左手掌心，以此来说明团队的力量。

击打完毕之后，教师带着学生一起分析总结：一根手指击打到左手掌只能发出轻微的声响，就像初春时的毛毛细雨，不能形成较大影响；两根手指时声音稍大，已经变成了小雨，可以发出唰唰的响声；三根手指击打时声音就像中雨，哗哗的意思开始流露；四根手指则像大雨，可以造成不小的影响；如果用五根手指，乃至用整个右手掌去击打左手掌时，则像暴雨，可以撼天动地。同样道理，一个人的力量可能很弱小，但团队的力量则不能被小觑。

学习任务

一、创业团队的含义

一般说来，创业者将创意转变成真正意义上的产品，并且使其进入市场并获得盈利，要从人、财、物等角度考虑公司的建设。人才的支持对于创业者来说不仅仅是创业资源，而且是创业成功的助推器。创业者在创业之初，就需要建设一支有凝聚力、有工作效率的团队来为自己的新企业服务。据美国一项关于"128 号公路 100 强"(指波士顿郊区沿着 128 号公路上的企业)的调查得出下列统计结果：这些企业中成立 5 年的平均销售额达到 1600 万美元，6～10 年的平均销售额达到 4900 万美元，而那些更为成熟的企业则可达到几亿美元，数量十分可观。这 1000 家企业中 70%的企业有数位创始人。由此可见，在创业过程中，团队创业的成功率会更高一些。

关于团队的定义，就是合理利用每一个成员的知识和技能协同工作，以解决问题、达到共同目标的共同体。而创业团队就是由少数具有技能互补的创业者组成的群体，他们为了实现共同的创业目标，在一个共同认同的、能使彼此担负责任的程序规范下，为达成高品质的创业结果而共同努力。

二、创业团队的组成要素

创业团队需具备目标(purpose)、人(people)、定位(place)、权限(power)和计划(plan)5 个重要的组成要素，简称 5P。

(一) 目标

目标是指团队应该有一个共同的既定目标，为团队成员导航，知道要向何处去，没有目标，这个团队就没有存在的价值。作为创业团队，应将目标分为长期与短期，长期目标即公司的远景，短期目标则是长期目标的分解。目标在创业企业的管理中以创业企业的远景、战略等形式体现。

(二) 人

人是构成团队最核心的力量。两个及以上的人就可以构成团队。目标是通过人员具体实现的，所以人员的选择是团队中非常重要的一部分。在一个团队中可能需要有人出主意，有人定计划，有人实施，有人协调不同的人一起去工作，还有人去监督创业团队工作的进展，评价创业团队各人员的最终贡献，不同的人通过分工来共同完成创业团队的目标。在一个创业团队中，人力资源是所有创业资源中最活跃、最重要的资源，应充分调动创业者的各种资源和能力，将人力资源进一步转化为人力资本。

(三) 定位

定位通常包含两个层次：团队在企业中的定位，是指团队在企业中所扮演的角色以及团队内部的决策力和执行力；成员在团队中的定位，是指团队成员在团队中扮演的角色及团队内部决策的制定和执行。

（四）权限

权限是指新企业中职、责、权的划分与管理。创业团队中领导人的权力大小与其团队的发展阶段和创业企业所在行业相关。一般来说，创业团队越成熟，领导者所拥有的权力相应越小；在创业团队发展的初期，领导权相对比较集中。

（五）计划

计划有两层含义：一方面是为保证目标的实现而制定的具体实施方案；另一方面计划在实施中又会分解出细节性的计划，需要团队共同努力完成。

以上是团队构成的要素，但是创业之初，创业者往往会面临很多困难，团队的建设并不像想象中的那样简单，这需要创业者有心理准备。有时创业过程会与团队组建一起完成。由于创业活动的特殊性，创业团队不必具备每一个因素。随着企业发展逐步成熟，团队建设也应该逐步完善，创业者应当时刻记得一句俗语“三个臭皮匠，顶个诸葛亮”，这正说明创业团队在创业过程中的重要性。

创业团队通常是在创业初期通过不断地寻找得到的，团队成员共同参与从新企业的创建到发展的整个过程并作出贡献。作为创业团队成员，共同参与创业过程，他们的思路会影响创业者的战略决策，在经济上占有一定的股权，因此也承担一定的风险。虽然每个创业者的创业过程各不相同且具有不可复制性，但是据研究仍然可以得出以下结论：一个人单打独斗的创业要比团队创业的成功率低得多。

三、优秀创业团队的特征

由于组建创业团队的基石在于创业远景与共同信念，因此创业者需要提出一套能够凝聚人心的远景与经营理念，从而形成共同的目标与企业文化。一般而言，一支优秀的创业团队一般具有下面四个特征。

（一）知己知彼

一支优秀创业团队的所有成员都应该相互非常熟悉、知根知底。在优秀的创业团队中，团队成员能非常清醒地认识到自身的优劣势，同时对其他成员的长处和短处也一清二楚，这样才能很好地避免团队成员之间因为相互不熟悉而造成的各种矛盾，从而迅速提高团队的向心力和凝聚力。同时，团队成员的熟悉更有利于成员之间工作的合理分配，最大可能地发挥各自优势。

需要注意的是，我们这里所说的了解是真正了解，而不是表面上的了解。例如，尽管许多大学生创业时选择的合作伙伴都是亲戚、同学、朋友、校友等，但还是很快就失败了。其根本原因在于：虽然他们选择的合作伙伴都是“熟人”，但是他们对这些“熟人”并没有真正了解。

（二）才华各异

从人力资源管理的角度来看，建立优势互补的创业团队是保持创业团队稳定的关键。研究表明，大多数创业团队组成时，并未考虑到成员专业能力的多样性，大多是因为有相同的技术能力或兴趣，至于管理、营销、财务等能力则较为缺乏。

因此，要使创业团队发挥最大的能量，在创建团队时不仅仅要考虑成员之间的关系，更重要的是考虑成员特点之间的互补性，如彼此之间性格、经验、专长、技术等的互补，以此来达到团队的平衡。

创业团队虽小，但是应该“五脏俱全”，团队成员应该各有所长、相互补充、相得益彰。一般而言，一支优秀的创业团队必须包括以下几种人：一个创新意识强的人，这个人可以决定公司未来发展的方向，相当于公司的战略决策者；一个策划能力强的人，这个人能够全面周到地分析整个公司面临的机遇与风险，考虑成本、投资、收益的来源和预期收益以及公司管理规范、章程、长远规划设计等工作；一个执行能力较强的人，这个人具体负责执行过程，包括联系客户、接触终端消费者、拓展市场等；同时，在一个技术类的创业团队中还应该至少有一个研究开发型人才；当然，创业团队还需要有掌握必要财务、法律、审计等方面专业知识的人才。

（三）目标一致

拥有共同的目标是团队区别于群体的重要特征。大学生创业初期，困难和失败不可避免，因此目标一致就显得尤为重要。共同的创业目标将彼此紧紧连在一起，将分散的个体，凝聚成为一股强劲的力量。一致的目标，有利于在创业遇到困难时，团队成员能够志同道合，积极地为实现目标而奋斗。

首先，所有团队成员都必须认同大家共同确定的创业目标、分配制度、管理制度、企业发展战略、经营理念、企业文化等，都必须保持对企业长期经营的信心。

其次，所有团队成员都必须认识到团队是一体的，所有成败都是整体而非个人。大家必须能够同甘共苦，必须将团队利益置于个人利益之上。团队中没有个人英雄主义，每位成员的价值表现为其对团队的贡献。大家愿意牺牲短期利益来换取长期的成功果实，而不计较短期的薪资、福利、津贴等。

再次，所有团队成员都必须对工作抱有满腔激情，必须要有每天长时间工作的准备。任何人不管其专业水平多么高，如果没有激情，将无法适应艰苦的创业生活。

最后，所有团队成员均应了解企业在成功之前将会面临的挑战，并承诺不会因为一时困难而退出。如确有特殊原因需提前退出团队，必须将股权优先转让给团队成员。当企业面临困难时，大家必须齐心协力，共同面对，共同解决。

（四）彼此信任

信任是解决分歧、达成一致的最佳途径，相互信任有助于形成良好和高效的工作氛围，实现团队目标。大学生创业团队不仅要志同道合，更需彼此信任。最初创业时，要把最基本的责、权、利说得明白透彻，尤其股权、利益分配，包括增资、扩股、融资、撤资、人事安排及解散等。这样在企业发展壮大后，才不会出现因利益、股权等的分配分歧产生矛盾，导致创业团队的解体。

四、组建创业团队的策略

组建一支高效的创业团队，除了要努力做到使团队具备优秀创业团队的特征外，还应该人数合理，并设置均衡的利益分配机制。

（一）人数合理

一般而言，一个大学生创业团队的人数应控制在 3～5 人为宜。刚开始创业的时候，会碰到很多意料不到的问题，人少了，团队的群体效应发挥不出来；人多了，团队思想不容易统一，碰到困难容易散伙。人数合理，以便领导工作与任务分工协调有效地开展，保证各项工作完成的速度和质量，提高办事效率，使团队的创业计划能先发制人，占据有利的市场地位。

（二）设置合理的利益分配机制

以自我为圆心，以个人利益为半径画圈，画不大；以团队为圆心，以众人利益为半径画圈可画得无限大。如何设置一个好的利益分配机制，使团队成员围绕着共同的志向将企业的圆画得无限大，是值得每一个创业者深思的话题，也是极其重要的话题。

利益分配机制包含两层含义：第一，在创业团队成员之间形成合理的利益分配机制，这种分配机制最好在创业开始时就予以明确；第二，在初始创业团队和其他团队成员之间制定一种均衡的利益分配机制，创业企业的全部股份最好不要在初始创业团队中全部分配完毕，给日后加入的关键团队成员，或企业急需的技术骨干等预留部分股份。很多创业企业的普遍做法是，给予特殊人才干股或期权，以较低的成本，获得最忠实的员工，把员工变成主人，推动创业成功。

利益分配机制意味着创业者在进行利益分配时，应坚持“有利于凝结创业团队，有利于获取创业需要但自己未直接掌握的关键资源，有利于关键人员掌握企业剩余的控制权和索取权，有利于提高创业活动的效率”的理念。

五、创业团队的管理策略

新创企业的管理，实际包含公司组织、生产服务、市场营销等几个方面。新企业的管理重点一般会落在生产管理、市场、服务等环节上，会忽视团队的建设与管理。这种做法是不科学的。如何管理创业团队呢？主要有以下几点。

第一，注重团队凝聚力。团队的凝聚力是指群体成员之间为实现共同目标而实施团结协作的程度，凝聚力表现在人们的个体动机行为对群体目标任务所具有的信赖性、依从性乃至服从性上。在创业过程中，团队所有成员都认同整个团队是一股密切联系而又缺一不可的力量。团队的利益高于团队每一位成员的利益，如果团队成员能够为团队的利益而舍弃自己的小利时，团队的凝聚力极强。

第二，合作第一。虽然创业团队中，每一位成员都可以独当一面，但是合作仍然是团队成员首先要学会的东西。成功的创业公司中，团队的成功远远高于个人的成功，创业者与团队核心成员相互配合，共同激励。

第三，致力于价值创造。团队的每一位成员都致力于价值的创造，大家想尽办法解决问题，一旦决策方案提出，大家都会执行，并尽力做好。各成员在公司的成长期发展到成熟期的过程中，不但能获得丰厚的物质回报，同时个人的技能也能得到提升。

第四，分享成果。在新创企业中，一般的做法是将公司的股份预留出10%～20%，作为吸引新的团队成员的股份，团队中不仅要有资金的分享，还要有理念、观点、解决方案的分享。

第五，重视绩效考核。绩效考核的目的是给评估者和被评估者提供所需要的评价标准，以便客观地讨论、监督、衡量绩效。绩效管理可以使团队成员明确自己的职、责、权与团队的目标和计划，明确自己的角色与承担的工作，同时也可以根据自己的价值对自己的薪资产生期待。

关于团队中的角色扮演，一般是指在团队中承担的不同责任，根据职、责、权来划分不同的角色。在团队中，扮演好自己的角色至关重要，这涉及团队的运作效率以及核心凝聚力。

第六，充分发挥决策者的作用。决策者的角色一般由企业的拥有者承担，他们不但对问题进行决策，而且承担决策产生的后果，所以在公司做出每一项重要的决策时，决策者通常都会在决策前召集团队成员讨论解决方案。作为团队中的决策者，如果大家的意见与决策者相左，就应该重新分析方案的可行性，并对方案进行修改。决策的主要内容是公司发展的长期目标与一定阶段的计划，还有一些是与公司发展相关的重大决策。

第七，明确执行者的任务。执行者是根据公司制订的业务计划和目标，从职能领域安排自己的工作和计划，细化量化自己的工作，具体执行决策者的决策。

在新创企业中有时会遇到团队成员职、责、权混淆的情况，这时就需要制定出规范化的企业制度保证团队成员的工作，而且企业的拥有者也应该时刻记得自己的角色。需要明确的是，决策者的角色并不是一成不变的，决策者应首先从一个执行者的角度要求自己，只有当自己完成方案时，才能将方案交给其他执行者去执行。

案例启示

雷军：找人是创始人最重要的工作

小米的成功，离不开创始人雷军敏锐的市场嗅觉和创新思路，离不开好的商业模式和企业管理。回顾小米的历程，雷军喜欢分享的不是成功的喜悦，而是切身感受到的经验与教训。以下是雷军对他自己常说的几句话的深度解析，这几句话既是雷军实战经验的提炼，也是小米的成功之道。

团队第一，产品第二

创业成功最重要的因素是什么？最重要的是团队，其次才是产品，有好的团队才有可能做出好产品。几年前，面对我们这家刚起步的创业公司，很多人才加盟我们都会犹豫，这个时候我们是怎么集聚人气的呢？主要靠创始人团队，轮番上阵和应聘者面谈，有时一聊就近10小时，直到我们认为的优秀人员答应加盟小米为止。

找人是创始人最重要的工作

在小米成立的第一年，我们花费绝大多数时间做的事情就是找人，其中搭建硬件团队花费时间最多。我们几个创始人都来自互联网行业，不懂硬件也没有硬件方面足够的人脉。在第一次见到现在负责硬件的联合创始人周光平博士之前，我们已经和几个候选人谈了两个多月，进展很慢，有的人还找了“经纪人”来和我们谈条件，不仅要高期权而且还要比现在的大公司还好的福利待遇。

合伙人各挡一面

创业其实是个高危选择，不少今天很成功的企业，当初都经过九死一生。小米的团队现在是各管一块，如果没有什么事情的话，基本上都不知道彼此在干什么，也不会管彼此。大家都是自己的事情自己说了算，这样可以保证决策被快速执行。

用最好、最合适的人

在员工招聘上，我们的做法是，要用最好、最合适的人。研发工作需要研发人员的创造性，如果没有用对人这件事很难被做好。

尽管现在业界把小米看作创业的明星公司，但在这种前提下，我们依然需要花费巨大的精力去找人。主要因为我们想找的人才要最专业，也要最合适。最合适，指的是要有创业心态，对所做的事情极度喜欢。

创业心态激发团队热情

员工有创业心态就会自我激励，就会更具主动性。相比结果，小米更关注过程。员工只要把过程做好，好结果是自然的。

解放团队，组织结构扁平化

有玩者之心的团队，才会真正爱自己的产品，爱自己的用户，这才是解放团队真正的核心。对互联网时代的公司来讲，要走群众路线。如果是那种层层汇报的架构，比如有五六层、七八层的层级架构，大家很难有创新。小米研发层级结构基本为三级，一层是员工，一层是核心主管，一层是合伙人。

资料来源：

雷军：找人是创始人最重要的工作[EB/OL].（2018-06-08）[2018-10-19]http：//www. sohu. com/a/234536353_99899095.（节选）

思考与讨论：

1. 如何看待雷军与小米创业团队的关系？

2. 从这个案例来看，什么样的团队是有利于创业的团队？

拓展活动

棉花糖塔

活动类型：团队建设。

活动时间：40 分钟。

活动道具：放在牛皮纸袋中的 20 根未经煮熟的意大利面条、胶带、1 米长的用手易弄断的细绳、标准尺寸的棉花糖。

教师工具：测量尺、码表或倒数计时设备(最好投射在屏幕上，以便学生及时看到倒数计时，也可以在计算机上使用在线码表)。

活动目的：通过具体活动来说明熟练运用团队分工协作的方法可以使创业活动达到更好的效果。

游戏描述：小组竞争(建议 4～6 人一组)，看哪一组能运用现有材料建造最高的独立结构来支撑顶端的棉花糖。所搭建的棉花糖从课桌表面到棉花糖顶部距离最长的小组为获胜小组(注：不能从更高结构上悬挂，如椅子、房顶或吊灯)。通过此活动例证，在不确定环境中创业者采用试验和迭代学习的方法，发现有关环境的信息及进入新的未知环境时市场测试和实验的重要性。

注意事项：

1. 整个棉花糖需位于结构的顶部，切除或吃掉部分棉花糖意味着该小组比赛资格被取消。

2. 按照自己的选择使用工具中的材料，但是不能使用纸袋作为结构的一部分。可以全部使用 20 根意大利面条，也可以不全部使用，细绳或胶带也是如此。

3. 依据自己的选择，可自由折断意大利面条、细绳或胶带来创造新结构。

4. 挑战时长为 18 分钟，当时间截止后，继续搭建的小组将被取消比赛资格。

5. 一定要确保每个人都了解规则，至少要重复 3 次，正式挑战活动开始前询问是否有人不明白规则。

游戏步骤：

第一步(5 分钟)

将工具箱分发给每个组，介绍任务挑战，解释清楚棉花糖挑战的目标和规则，告诉学生们在全球范围内已经有好几万人完成过这个挑战，人群分布从儿童到公司总裁。

第二步(18 分钟)

1. 启动计时设备并让学生开始挑战，并在教室内走动观察不同小组采用的流程。

2. 提醒各小组时间，当时间变短后，提高提醒频率(如可在距离最终时间 9 分钟、5 分钟、3 分钟、2 分钟、1 分钟、30 秒和之后每隔 10 秒提醒一次)。

3. 大声说出各小组是如何做的，让各小组知道其余小组的进展，建立一种友好的竞争氛围，并鼓励人们环视四周。

4. 提醒各小组若对塔结构采用人工支撑的话将被取消比赛资格，获胜的塔结构必须是稳定的。

第三步(2 分钟)

1. 计时结束后，要求所有成员在各自位置上坐好，停止挑战活动。

2. 按照从最矮到最高的顺序测量各组棉花糖塔的站立结构，大声喊出其高度并记录高度数据。

3. 确定获胜小组。

第四步(15 分钟)

教师基于在挑战过程中观察到的小组活动情况，询问某些小组搭建结构的流程，努力捕捉各小组之间的差异和共性。

注：通常会发现有些小组花费大量时间计划最终反而失败，而那些通过试错进行试验和学习的小组一般会做得更好，即首先从结构坍塌的小组开始，课堂效果会更好。

该挑战的创造者汤姆·伍捷克(Tom Wujec)对不同类型小组展开的多次挑战的观察发现：

1. 最佳执行者一般是工程师，他们理解结构和压力，因此对他们而言，这是一种更为确定的环境。

2. 最差执行者一般是刚毕业的商学院学生，他们往往考虑到有限的关于结构的知识，并处于极不确定的环境中。

3. 排在工程师之后的最佳执行者是刚毕业的幼儿园学生，他们也处于不确定的环境中，但他们更倾向于通过试验得出起作用的因素，从中学习并在原有基础上创建更有趣的结构。

关键要点：

1. 在不可知的环境中，采取行动要胜于制订计划。

2. 在小规模试验和试错中学习，可以产生更独特的方案(特别是当未来不能预测时)。

3. 失败可以为改进产品或服务提供重要的信息。

拓展活动

团队建设游戏

这个游戏取材于美国SBE体验式创业游戏资料库。尽管有时候人们认为是创业者一个人运用自己的能力和资源取得了创业成功。但是大部分情况下，完成复杂和高压力的挑战，需要团队中每一个人投入知识、技能、经验和多视角思考，协作共赢。

在高校的创业课程中，我们常把学生分成不同的团队，由团队一起来进行创业项目实践和最终的项目评审路演。但学生有时候会反馈不良的团队体验，比如团队中可能有搭便车的人、忙于社交的游手好闲的人等等。

这些对产出没有贡献的团队成员，不仅浪费了整个团队成员宝贵的时间和精力，而且对努力投入的队员来说是一种士气上的打击。因此，如果不改变这种团队功能失灵的情况，学生在创业实践中获得的只有负面体验，也不利于他们将来在真实世界中处理类似的问题。

因此，推荐大家用下面三个步骤来做团建游戏。

第一步，每个成员都要写个人宣言。个人宣言包括为什么我来参加这个课程、我擅长什么、联系我的最佳方式、我在哪里生活和工作、什么时候我最方便参加团队会议，以及有什么问题或障碍可能会降低我在团队协作中的效率。

第二步，团队一起编写团队宣言。团队宣言包括团队的使命和目标是什么、什么活动将在什么时候进行、需要什么权限和资源、团队成员都是谁以及他们将各自扮演什么角色(领导者、记录员、协调员等)、我们将如何考核。

在课堂教学的时候，我会采用类似拓展活动的做法，要求每个团队在短时间内给自己团队起一个名字，设计一个口号和一个集体亮相的队姿。然后每个小组，需要站到白板前，大声汇报队名、共同喊口号和表演队姿，并且拍照留念。

一个好的团队必须要有三个特征：像军队一样有执行力，像学校一样有成长力，像家庭一样有温暖。所以在队长的带领下，团队需要设定三个角色：军事委员负责抓执行力、学习委员负责抓成长力、生活委员负责送温暖。这种一个好汉(队长)三个(委员)帮的方式，可以让团队的战斗力大大增强，不再是一个队长拉动多个不情愿、不投入的队员来参加活动，而是各自有分工地去拉动团队各方面达到优秀。

经过一段时期的发展之后，团队内部便会不可避免地出现各种抱怨、队员间的不理解与投诉等。因此，这时就要走第三步，也就是在中期进行团队建设会议，开展批评与自我批评。经过中期团队建设会议，团队战斗力往往会有显著提升。

这个会议对于团队排毒很有价值。首先每个人都要参加，先各自在一张纸上写下团队中价值输出能力最强、价值输出最弱的人的名字，然后进行得票统计。不管是价值输出能力最强还是最弱的人，都要做批评与自我批评。

首先是批评自己在过去的团队工作中做得好的方面、做得不好的方面，下一步准备如何改进，再接着逐个批评队友，说出来自己有什么不满、期待对方改进的地方等。这种方式每个人都要进行一遍。最后，团队建设会议形成结论，进行会议记录和签字。

通过个人宣言、团队宣言、批评与自我批评这三个环节，一般来说团队的建设就比较到位了。中期会议后，团队战斗力会有明显提升，但如果过了一段时间又出现问题，可以再次召开批评与自我批评的团建会议。

第三章　创业机会与创业风险

第一节　创业机会识别

【学习提要】

创业是一种伴随着风险的勇敢者游戏，有的人成功了，但更多的人失败了。那么，成功的人是如何创业的呢？成功的途径和项目各不相同，但是成功的创业者往往都是在创业之初找到了一个好的创业机会。好的创业机会是创业的第一步，是奠基石。

【学习目标】

1. 了解什么是创业机会。
2. 掌握创业机会的来源并识别创业机会。
3. 掌握创业机会识别的过程及影响因素。

活动导入

概念扇

概念扇采取回溯的方法，按照后退一步的原则从更宽泛的范围寻找解题思路，通过构造由目标、方向、概念和主意四元素组成的方案树来解决问题，如图 3-1 所示。

目标	需要解决的问题。
方向	解决问题的基本思路，是一个范围极宽的“概念”。（宽泛）
概念	事情的基本方法或方式。（具体）
主意	解决问题的直接手段：一个主意必须是具体的，可以直接付诸实践。

图 3-1

例如，如何在房间的天花板上贴上一个标签的概念扇如图 3-2 所示。

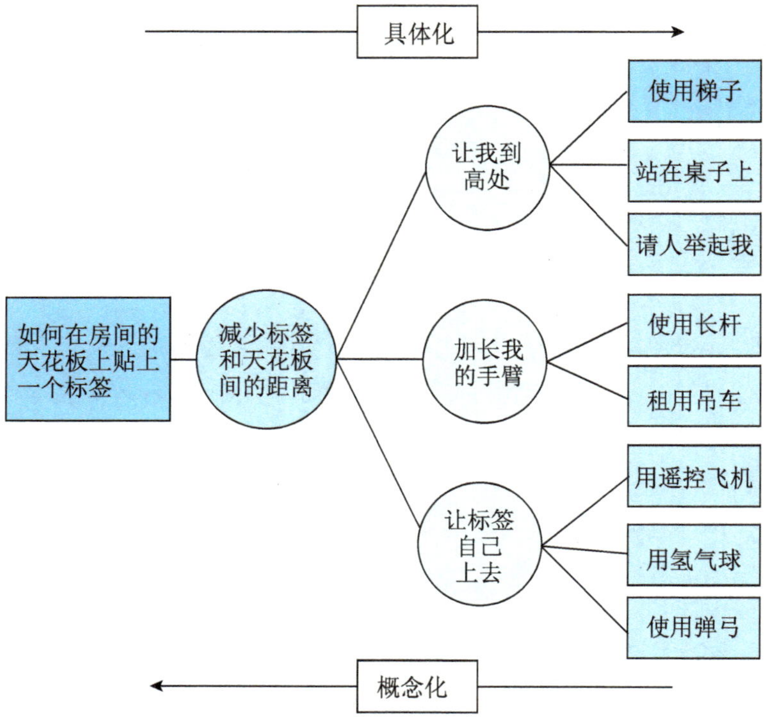

图 3-2

依照图 3-2 建立一个概念扇(30 分钟)，通过概念扇找出问题的各种解决办法。

学习任务

一、创业机会的定义及类型

（一）创业机会的定义

虽然创业机会的鉴别和后续开发在相当程度上需要依赖于创业者的主观价值判断，但创业机会实际上是客观存在的。创业机会的甄别难以通过简单的非此即彼的逻辑进行，也不能采用片面的财务或是技术指标加以筛选，所以给创业机会下一个简单明了的定义并不容易。

在现有的研究中，部分学者主要是从机会的产出角度出发来定义创业机会的。例如，有学者认为，创业机会代表着一种通过资源整合、满足市场需求以实现市场价值的可能性。有学者认为创业机会实际上是一种亟待满足的市场需求，这种潜在的市场需求如此旺盛，因而对于创业者来说，实现该需求的商业活动相当有利可图。也有学者认为，从获取预期消费者的角度来看，创业机会事实上意味着创业者探寻到的潜在价值。

另外一些学者对于创业机会的定义则是从创业机会的来源这一角度入手。例如，有学者对创业机会做了较为全面的总结，指出创业机会实际上是新产品、新服务、新材料，甚至是一种新的组织形式，能够被引入生产并且以高于成本的方式实现销售。特别地，他们指出创业机会不同于一般的盈利机会，特别是那些仅仅是改善现有产品及服务、原材料和组织方式、运营效率的机会。因为他们认为，前者需要技术或是组织结构的创新，而后者只是在现有的组织框架中进行调整。

（二）创业机会的类型

阿尔迪斯维利（Ardichvili）等根据创业机会的来源和发展情况对创业机会进行了分类。如图 3-3 所示，在他的创业机会矩阵中有两个维度：横轴以探寻到的价值（即机会的潜在市场价值）为坐标，这一维度代表着创业机会的潜在价值是否已经较为明确；纵轴以创业者的创造价值能力为坐标，这里的创造价值能力包括通常的人力资本、财务能力以及各种必要的有形资产等，代表着创业者是否能够有效开发并利用这一创业机会。按照这两个维度，他们把不同的创业机会划分成四个类型。

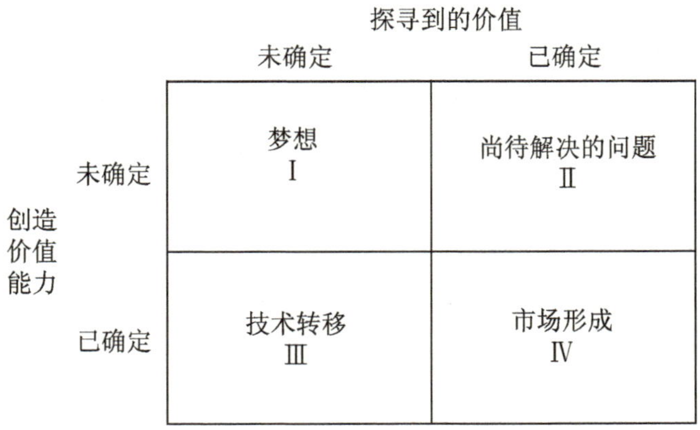

图 3-3　创业机会的四个类型①

① Ardichvili A，Cardozo R，Ray S. *A Theory of Entrepreneurial Opportunity Identification and Development*. Journal of Business Venturing，2003，18(1).

左上角的第一象限中，机会的价值并不确定，创业者是否拥有实现这一价值的能力也不确定，阿尔迪斯维利称这种机会为“梦想”。右上角的第二象限中，机会的价值已经较为明确，但如何实现这种价值的能力尚未确定。阿尔迪斯维利认为这种机会是一种“尚待解决的问题”。对于左下角的第三象限，机会的价值尚未明确，而创造价值的能力已经较为确定，这一机会实际上是一种“技术转移”(创业者或者技术的开发者的目的是为手头的技术寻找一个合适的应用点)。右下角的第四象限中，机会的价值和创造价值的能力都已确定，这一机会可称为“市场形成”。阿尔迪斯维利认为，比起右下角的创业机会，右上角的创业机会其成功的可能性不大。

二、创业机会的来源与时机

（一）创业机会的来源

创业机会的出现往往是因为环境的变动、市场的不协调或混乱、信息的滞后、领先或缺口，以及各种各样的其他影响因素。也就是说，在一个自由的企业系统中，当行业和市场中存在变化着的环境、混乱、混沌、矛盾、落后与领先、知识和信息的鸿沟，以及各种各样的其他真空时，创业机会就产生了，如技术革新，消费者偏好的变化，法律政策的调整等。因此，以上几种因素可归纳为技术机会、市场机会和政策机会三类创业机会。

1. 技术机会

技术机会即技术变化带来的创业机会，主要源于新的科技突破和社会的科技进步。通常，技术上的任何变化，或多种技术的组合，都可能给创业者带来某种商业机会，具体表现在以下三方面。①新技术替代旧技术。当在某一领域出现了新的科技突破和技术，并且它们足以替代某些旧技术时，创业的机会就来了。②实现新功能、创造新产品的新技术的出现。这无疑会给创业者带来新的商机。③新技术带来的新问题。多数技术的出现对人类都有其既利又弊的两面性，即在给人类带来新的利益的同时，也会给人类带来某些新的灾难。这就会迫使人们为了消除新技术的某些弊端，再去开发新的技术并使其商业化，这就会带来新的创业机会。

2. 市场机会

市场机会即市场变化产生的创业机会。一般来看，主要有以下四类。①市场上出现了与经济发展阶段有关的新需求。相应地，就需要有企业去满足这些新的需求，这同样是创业者可资利用的商业机会。②当期市场供给缺陷产生的新的商业机会。非均衡经济学认为，市场是不可能真正供求平衡的，总有一些供给不能实现其价值。因此，创业者如果能发现这些供给结构性缺陷，同样可以找到可资利用并创业机会。③先进国家(或地区)产业转移带来的市场机会。从历史上看，世界各国各地的发展进程是有快有慢的，即便在同一国家，不同区域的发展进程也不尽相同。这样，在先进国家或地区与落后国家或地区之间，就有一个发展的“势差”。当这“势差”大到一定程度，由于国家或地区之间存在“成本差异”，再加上经济发展到一定程度时，环保问题往往会被先进国家或地区率先提到议事日程，所以，先进国家或地区就会将某些产业向外转移，这就可能为落后国家或地区的创业者提供创业机会。④从中外比较中寻找差距，差距中往往隐含着某种商机。通过与先进国家或地区比较，看看别人已有的哪些东西我们还没有，这“没有的”就是差距，其中即可能发现某种商业机会。

3. 政策机会

政策机会即政府政策变化所赐予创业者的商业机会。随着经济发展、科技变革等，政府必然也要不断调整自己的政策，而政府政策的某些变化，就可能给创业者带来新的商业机会。

（二）创业机会的时机

创业机会存在于或产生于现实中。一个好的机会是诱人的、持久的、适时的，它被固化在一种产品或服务中，这种产品或服务为它的买主或最终用户创造或添加了价值。

在创业的过程中可能存在这样的问题：如果真的有一个创业机会，是否有抓住这个机会的足够时间呢？这取决于技术的动作和竞争对手的动向等因素。所以说，一个市场机会通常也是一个不断移动的目标。因此，在此意义上，存在着一个“机会窗口”。

所谓机会窗口，就是指市场存在的发展空间有一定的时间长度，使得创业者能够在这一时段中创立自己的企业，并获得相应的盈利与投资回报。图 3-4 给出了一个一般化市场上的机会窗口。

图 3-4 中曲线描述的是典型新兴行业的快速生长模式与生命周期，如微型计算机、软件、生物工程等产业。在成熟的行业，曲线的坡度平缓，商机出现的概率则要小一些。一般来说，市场随着时间的变化以不同的速度增长，并且随着市场的迅速扩大，往往会出现越来越多的机会。但当市场变得更大并稳定下来时，市场条件就不那么有利了。因此，在市场扩展到足够大的程度，形成一定结构时(如图 3-4 中显示的第 5 年)，机会窗口就打开了；而当市场成熟了之后(如图 3-4 中显示的第 15 年)，机会窗口就开始关闭。

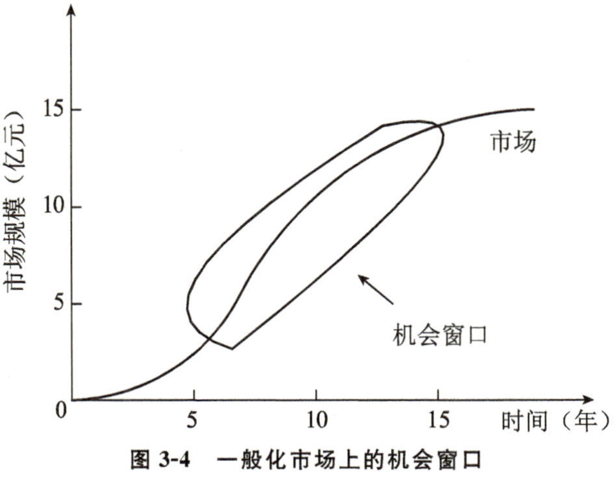

图 3-4　一般化市场上的机会窗口

由此可见，一个创业者要抓住某一市场机会，其机会窗口应是敞开的而不是关闭的，并且它必须保持敞开足够长的时间以便被加以利用。因为，如果等到机会窗口接近关闭的时候再来创业，留给创业者的余地将十分有限，新创企业也就很难盈利，从而导致创业夭折。创业机会的四大本质特征如图 3-5 所示。

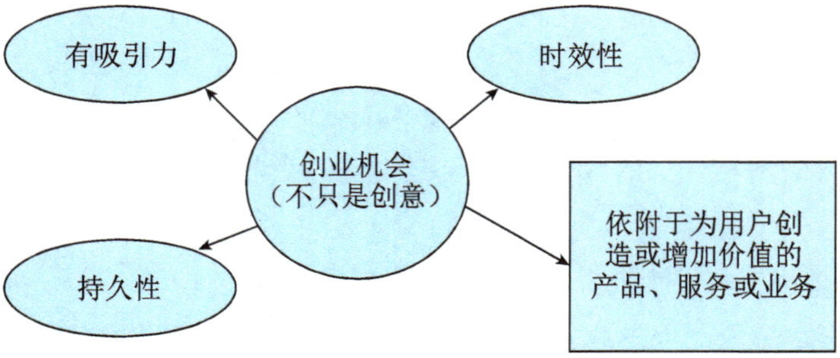

图 3-5 创业机会的四大本质特征

投资创业要善于抓住好的机会，把握住了每个稍纵即逝的投资创业机会，就等于成功了一半。发现创业机会的方法，具体有以下几点。

第一，变化就是机会。

环境的变化，会给各行各业带来良机。人们透过这些变化，就会发现新的前景。变化可以包括：产业结构的变化；科技进步；通信革新；政府放松管制；经济信息化、服务化；价值观与生活形态的变化；人口结构变化。

第二，从“低科技”中发现机会。

随着科技的发展，开发高科技领域是时下热门的课题，但机会并不只属于高科技领域。在运输、金融、保健、饮食、流通这些低科技领域也有机会，关键在于开发。

第三，集中盯住某些顾客的需要就会有机会。

机会不能从全部顾客身上去找，因为共同需要容易认识，基本上已很难再找到突破口。而实际上每个人的需求都是有差异的，如果我们时常关注某些人的日常生活和工作，就会从中发现某些机会。因此，在寻找机会时，应习惯把顾客分类，认真研究各类人员的需求特点，机会自见。

第四，追求“负面”就会找到机会。

追求“负面”，就是着眼于那些大家“苦恼的事”和“困扰的事”。因为是苦恼，是困扰，人们总是迫切希望解决，如果创业者能提供解决的办法，实际上就是找到了机会。

三、创业机会识别的过程

创业过程开始于创业者对创业机会的把握。创业者从成千上万繁杂的创意中选择他心目中的创业机会，随之不断持续开发这一机会，使之成为真正的企业直至最终收获成功。这一过程中，创业者反复权衡机会的潜在预期价值以及自身的创业能力，创业者对创业机会的战略定位也越来越明确，这一过程称为机会的识别过程。这一机会识别过程实际上是一种广义的识别过程，因为它囊括了大部分研究中提到的机会发现、机会鉴别、机会评价等创业活动。林赛(Lindsay)和克雷格(Craig)将这一过程分成三个阶段，并且给出了一个简单的框架，如图 3-6 所示。

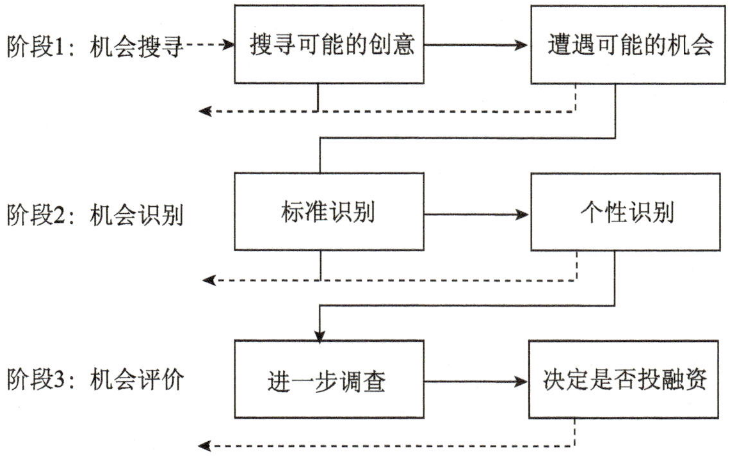

图 3-6　机会识别过程的三阶段模型①

阶段 1：机会搜寻。这一阶段创业者对整个经济系统中可能的创意展开搜索。如果创业者意识到某一创意可能是潜在的商业机会，具有潜在的发展价值，就进入机会识别的下一阶段。

阶段 2：机会识别。相对整体意义上的机会识别过程，这里的机会识别应当是狭义上的识别，即从创意中筛选合适的机会。这一过程包括两个步骤：第一步是通过对整体的市场环境，以及一般的行业分析来判断该机会是否在广泛意义上属于有利的商业机会，林赛和克雷格称之为机会的标准化识别阶段；第二步是考察对于特定的创业者和投资者来说，这一机会是否有价值，也就是个性化的机会识别阶段。

阶段 3：机会评价。实际上这里的机会评价已经带有调查的含义，相对比较正式，考察的内容主要是各项财务指标、创业团队的构成等。通过机会的评价，创业者决定是否正式组建企业吸引投资。

事实上，在一些研究中，机会识别和机会评价是共同存在的。创业者在对创业机会识别时也有意无意地进行评价活动。在他们的分析框架中，机会识别和机会评价并非是完全割裂的两个概念。创业者在机会开发中的每一步，都需要进行评估。也就是说，机会评价伴随于整个机会识别的过程中。在机会识别的初始阶段，创业者可以非正式地调查市场的需求及所需的资源，直到断定这个机会值得考虑或是进一步深入开发。在机会开发的后期，这种评价变得较为规范，并且主要集中于考察这些资源的特

---

① Lindsay N J，Craig J. *A Framework for Understanding Opportunity Recognition：Entrepreneurs versus Private Equity Financiers*. Journal of Private Equity，2002，6(1).

定组合是否能够创造出足够的商业价值。

四、影响创业机会识别过程的因素

创业机会识别过程是一个不断调整反复均衡的过程。不同的创业者可能关注不同的创业机会，即使是同一个创业机会，不同的人对其评价也往往不同。因此，机会开发的影响因素也成为研究重点之一。在影响机会识别和开发的各项因素中，有学者认为主要可以分为两个方面，即机会的自然属性和创业者的个人特性。

机会的自然属性：机会的特征是影响人们是否对之进行评价的基本因素。创业者选择这个机会是因为相信其能够产生足够的价值来弥补投入的成本。创业机会的自然属性很大程度上决定了创业者对其未来价值的预期，因而对创业者的机会评价产生重大影响。

创业者的个人特征：对于机会识别来说，更重要的因素应当来自创业者的个人因素。这是因为，从本质上说，机会识别是一种主观色彩相当浓厚的行为，即使某一机会已经表现出较好的预期价值，但是并非每个人都能从事这一机会的开发工作并且坚持到最后的成功。因此，创业者的个人特征对于机会识别来说更为重要。

现有的研究中提到了一些创业者与机会识别相关的个人特性，包括风险感知、自信、已有的知识、社会网络。

①风险感知。有关研究认为机会评价与创业者的风险感知显著相关，而创业者的风险感知又取决于创业者的自信心、不依赖计划、渴求控制等因素。

②自信。成功的创业者需要有执着的信念，并且能够坚持他们的事业直至最后成功。创业者的自信能够增强他们对机会的感知。

③已有的知识。创业者更加关注与他们已经拥有的信息、知识相关的机会，并且创业者拥有的知识将在技术开发、机会识别、机会开发三个方面影响机会的发现。

④社会网络。创业者的网络对机会识别相当重要，拥有大量社会网络的创业者与单独行动的创业者在机会识别上有显著的差异。

值得注意的是，这些个人因素并非彼此独立存在，在某种程度上，它们彼此之间也存在一定的相关性。这种交互作用使得单纯研究某一因素和机会识别之间的关系存在着一定的缺陷，需要我们考虑所有因素和机会识别之间的关系。

五、创业机会的把握

创业者不仅要善于发现机会，更需要正确把握机会并果断行动，将机会变成现实的结果，这样才有可能在最恰当的时候出击，获得成功。把握创业机会，应注意以下几点。

（一）着眼于问题把握机会

机会并不意味着无需代价就能获得，许多成功的企业都是从解决问题起步的。问题，就是现实与理想的差距。顾客需求在没有被满足之前就是问题，而设法满足这一需求，就抓住了市场机会。

（二）利用变化把握机会

变化中常常蕴藏着无限商机，许多创业机会产生于不断变化的市场环境。环境变化将带来产业结构的调整、消费结构的升级、思想观念的转变、政府政策的变化、居民收入水平的变化。人们透过这些变化，就会发现新的机会。

（三）跟踪技术创新把握机会

世界产业发展的历史告诉我们，几乎每一个新兴产业的形成和发展，都是技术创新的结果。产业的变更或产品的替代，既满足了顾客需求，同时也带来了前所未有的创业机会。

案例启示

“非常小器”——指甲钳中的大商机

梁伯强聚龙集团旗下的中山圣雅伦有限公司卖的产品为指甲钳，并且该公司只卖指甲钳。他的指甲钳有个别致的名字，叫“非常小器”。梁伯强说，他要当一个给全世界剪指甲的“小器王”。在做指甲钳之前，他的“聚龙集团”是排行全国第一位的人造首饰生产集团，当时他的产品行销 60 多个国家和地区，产值最多时年逾 6000 万，在小五金行业处于龙头地位。然而，梁伯强与同时代的创业者比还相差很远，这让他耿耿于怀。树立一个响亮的品牌一直是他的梦想，但从什么地方突破他一直没有找到答案，直到看到一张报纸上的朱镕基总理的一句话，彻底改变了梁伯强后半生的命运，他从那时起决心专注做指甲钳。他是如何从便宜的指甲钳中创造了巨大的财富的？他的传奇致富经历或许可以给许多中小企业带来经验。

背景介绍

梁伯强，现任中山圣雅伦有限公司董事长。高中学历，1962 年出生于广东小榄镇，1987 年，梁伯强在香港注册了聚龙有限公司，将中山小榄作为生产基地，不断扩大生产，产品也由单一的人造首饰扩展到旅游纪念品系列。到 1996 年，梁伯强已经在世界各地开了 6 家公司，资产增值到上亿元。虽然已成为当地人眼中数一数二的成功者，但是梁伯强却并不满足于此。

1998 年起，梁伯强看到指甲钳这一行业的巨大利润后，开始专一生产指甲钳。

总理的批评中寻觅商机

1998 年，梁伯强在报纸上读到一篇文章，在文章中，时任总理朱镕基在一个关于轻工业的会上说他从来没用过一个好的指甲钳，要求轻工企业努力提高产品的质量，开发新产品。梁伯强看了这则“过时”的新闻以后，非常兴奋。凭自己做了十多年五金制品的经验，他认为这其中一定有文章。国家总理日理万机，一个小小的指甲钳能够引起他那么大的关注，这说明指甲钳并不小，其中有无限空间。

他马上搜集了一大堆国内和国外生产的指甲钳来研究，结果发现国货造型单一，生产粗糙，而韩国人、日本人、德国人的产品精致、实用而且款式新颖。市场经济以后，国内生产廉价日用消费品的企业几乎是最早出局的。于是，这个市场就基本上被家庭作坊式的个体户占领了，产品通过义乌这样的小商品集散地流入各种低端的渠道。大家忙于价格战，结果就是偷工减料，质量始终处于低水平。他得出一个结论：这个行当大有可为，因为这个产业的全球市场容量高达60亿元，而且利润远比外人想象的要丰厚。但问题是世界上还没有一家企业真正“看得起”这个行当。由此，他开始了他的“小器王”创造之路。

精益求精铸“小器”

“做品牌就要有打持久战的准备。”梁伯强说。从产品而言，款式要贴近时代，要有时尚感，产品外观要不断更新。

1998年，梁伯强投资1000万元，请来了一批行内的技术精英，引进了一批加工设备，在借鉴国外的生产工艺和设计的基础上进行革新，尤其是对刃口进行了技术改进，将传统的挤压型改为剪刀型，从而提高了锋利度。11个月之后，第一批“非常小器·圣雅伦”指甲钳问世。1999年的全国百货订货会上力压韩国产品，一炮走红。

产品的内在品质要满足消费者需求，产品的品质要有绝对的保证。为了做到这一点，梁伯强在企业内部制定了一套比“国标”还要严格的内控标准。2000年3月15日，重达35吨、价值200多万元的“非常小器”被梁伯强亲手销毁。这批产品质量符合国家1992年颁布的标准。但是，它不符合“非常小器”的内控标准。“非常小器”内控标准的15项技术指标是要达到或超过国外著名品牌。

做品牌必须增加产品的附加值，他认定指甲钳就像女孩子的挎包或者发夹一样，只要注入文化含量，完全可能提升附加值并引起消费冲动。梁伯强就在产品的细节和文化含量上下功夫，强调产品的个性化和环保概念。比如“非常小器”就有专门的婴儿指甲钳，指甲钳面是平的，比成人的要短一半，这样的设计充分考虑到婴儿指甲的特点，避免剪到婴儿的肉，产品一推出就成了妈妈们的爱物。

从产品的外观上，满足消费者不同的个性需要。小孩的指甲钳用活泼的卡通设计，女士的护理指甲钳用时尚的浪漫色彩。在指甲钳上加一个小套子，避免了指甲壳溅到眼睛里，既方便，又环保。

虽然“圣雅伦”已是国内指甲钳第一品牌，但大众的认知度似乎还不够。梁伯强认为，渠道建设是个难题，如果去一家家大商场进行推广，不是很容易。为了进入义乌、汉正街这样的小商品批发市场，“圣雅伦”将广告语“非常小器”剥离出来，发展成为一个子品牌，专门指代中低端产品，而高端产品仍然沿用“圣雅伦”。

让指甲钳成为第二名片

指甲钳“非常小器”虽是国内指甲钳第一大品牌，但仅仅只是行业品牌，作为大众消费品，没有大众的认知，产品很难推广。而指甲钳的单位价格低，如果像其他商品那样采取广告轰炸的形式，虽然能在短时间内迅速提高知名度，但产品的成本也会随之提高，从而在价格上失去优势。

刚开始，梁伯强也采取和传统厂家一样的渠道模式，走全国批发的道路，卖产品，卖功能，但是效果不是很理想，市场开拓非常艰难。人家只认韩国货才是高档货，把“非常小器”归为低档货的范畴，导致“非常小器”的日子还不如那些国产货。因为成本比其他国产货高，梁伯强的产品处在尴尬的地位。

梁伯强后来认识到了问题所在。“如果仅仅只是把指甲钳当成一个个人护理的工具，那要是想卖出10万个指甲钳，即使是放在北京王府井生意最好的商场里，也需要买很多天。从某个角度来说，产品的质量越好，寿命越长，销售越不乐观，对企业也越不利。可见，按照传统方法，这市场根本没得做。”梁伯强说。

由于经常出席各种公众场合，梁伯强总结了一个事实：一个人每天可能会收到大量名片，也会发出大量名片，名片的目的就是让人知道你，记住你，但这其中很少会有被拿出来看第二次的。在梁伯强脑海中又闪现出一个念头——让指甲钳成为人们的第二名片。梁伯强将想法付诸实践，对于第一次使用这个产品的人，梁伯强几乎都是免费奉送。

圣雅伦的业绩证明了梁伯强策略的正确性。在名片指甲钳投产之前，圣雅伦的年销售额是8000多万元，而生产名片指甲钳4个月后，就使年销售额达到了1.5亿元。从接到订单的第一天起，工厂每天要生产5万个名片指甲钳。

塑造自主品牌

只有塑造出自己的品牌，才能得到长远品牌利益。

和很多国内企业一样，“非常小器”这几年依靠生产成本低的优势，以优质的产品打入国际市场。然而，“非常小器”在同行同等低价的国内却没有什么市场。由于劳动力成本同样低廉，加之消费者心理不成熟，见便宜就买便宜的，导致企业大打价格战。而指甲钳在功能上的差别并不大，品质上的差别也不是很容易辨别。一些国内厂家起步低，高品质的做不出来，只能降低价格。这些企业没有明确的产品定位，也没有长远的品牌意识，为了抢占更多的市场份额，不惜以牺牲产品的品质为代价，采用劣质原料，减少生产环节，以降低生产成本。如此急功近利，实在不行了干脆就不做这个市场，结果毁了一个产业。

梁伯强认为解决问题的方法还是品牌的塑造。如何进行品牌推广？如何解决品牌与成本之间的矛盾？圣雅伦公司总经理陈卫建提出了“造血工程”和“品牌工程”同步走的设想。“造血工程”是将“非常小器”二百多个品种中附加值相对较少的产品走低端批发市场，通过减少中间环节，将其中的利润还给消费者。一方面大大提高受众面，另一方面销量的增加会带来丰厚的利润。而“品牌工程”则是从指甲钳延伸出来的个人护理用品走高端路线，继续在宾馆、大商场销售，塑造“非常小器”的品牌形象。

资料来源：

“非常小器”——指甲钳中的大商机[EB/OL].(2004-09-04)[2018-10-19]. http://finance. sina. com. cn/roll/20040904/16291000608. shtml.

思考与讨论：

1. 梁伯强为何决心专注于指甲钳？
2. 梁伯强从哪些角度提升其产品的价值？
3. 为了推广自己的产品，梁伯强用了哪些战略？
4. 回答上述问题，对你创新创业有哪些启示？

拓展活动

头脑风暴

一枚回形针可以做什么？

课后调查活动

各小组根据表 3-1 的要求完成课后调查活动。

表 3-1　课后调查活动表

评价指标(分值)	标准	小组自评	小组互评
调查企业表现(20)	调查两家企业，调查四位营销人员(每调查一位给 5 分，最多 20 分)		
调查市场(上述两家企业的细分市场)表现(30)	市场细分表设计；顾客需求；市场细分标准；市场细分过程；企业选择细分市场说明(每小项 6 分)		
市场细分课业报告(30)	格式规范；内容完整；细分标准明确；过程说明清晰；成果展示有特色(每小项 6 分)		
市场细分体验活动中的表现(20)	从活动准备、与人交流、与人合作、问题解决、信息处理方面进行评价(每小项 4 分)		
合计			

第二节　创业机会评估

【学习提要】

尽管发现了创业机会，但这并不意味着要创业，更不意味着成功就在眼前。创业活动是创业者与创业机会的结合，并非所有的创业机会都有足够大的价值潜力来填补为把握机会所付出的成本，并非所有机会都适合每个人。尽管在整个创业过程中，评估创业机会非常短暂，但它非常重要，是创业者发现创业机会之后做出创业决策的重要依据。

【学习目标】

能够运用评估准则来评估创业机会。

活动导入

创业机会的评估准则

分小组学习创业机会的评估准则(表 3-2)，并进行多方位讨论，每组派代表分享讨论结果，力求做到学以致用。分小组学习后，根据识别创业机会的方法与创业机会的评估准则(表 3-2)对你的“创业想法”进行识别和评估，确定可能的创业机会。

表 3-2　创业机会的评估准则

类别	指标	最有利标准 A	最不利标准 E	A	B	C	D	E
行业和市场	市场需求	产品有市场需求	顾客群的品牌忠诚度已经很高					
		能够形成特定的顾客群	无特定的顾客群					
		产品的顾客利益点突显	产品顾客利益点不显著					
	市场结构	销售者数目少	销售者数目多					
		销售者规模小	销售者规模大					
		买卖双方信息不对等	买卖双方信息对等					

续表

类别	指标	最有利标准 A	最不利标准 E	A	B	C	D	E
行业和市场	市场规模	大，占份额很小就能收益很高	小，即使占较大份额收益也很低					
		新兴、不稳定、多变	稳定、机会少					
	市场份额	占市场份额20%以上	占市场份额小于5%					
	成本结构	不依赖于规模经济	依赖于规模经济					
资本和获利能力	税后利润	10%～20%	低于5%					
	盈亏平衡	1年开始盈利	3年开始盈利					
	资本要求	中低水平资本	大量资本					
	退出机制	能够拥有或者想象一种获利和退出机制	没有一种退出机制					
竞争优势	成本	成本最低地位	成本较高地位					
	控制程度	对价格、成本、分销渠道具有中等或较强的控制力	对价格、成本、分销渠道无控制力					
	进入壁垒	拥有所有权、法规优势等壁垒	无法把其他竞争者阻挡在行业外					
管理团队	人员	囊括业内明星的团队	缺乏业内专家					
	团队	创业团队团结互补	有过不团结记录					
个人标准	成功标准	创业项目符合创业者个人成功标准，创业动机强烈	创业项目不符合创业者个人成功标准，创业动机不强					
	愿望	是自己的爱好	不是自己的爱好					
	机会成本	项目价值大于其他工作	项目价值等于或小于其他工作					
	压力承受	创业者能够接受高成长、高收益项目压力	对高成长、高收益的项目压力感到恐慌					
必需资源	资源的拥有	拥有可用的资金、技术和其他必需的资源	缺乏资金、技术和其他必需的资源					
环境	环境作用	处于有利的环境中	环境不稳定					
缺陷	致命缺陷	没有致命缺陷	有一个或两个致命缺陷					
合计								

学习任务

所有的创业行为都来自绝佳的创业机会。创业团队与投资者均对创业前景寄予极高的期待，创业家更是对创业机会在未来所能带来的丰厚利润满怀信心。

不过我们都知道，几乎九成以上的创业梦想最后都落空。事实上，创业获得高度成功的概率大约不到1%。

成功与失败之间，除了不可控制的机运因素之外，显然一定有许多创业机会在开始的时候，就已经注定未来可能失败的命运。创业本身是一种“做中学”的高风险行为，而且失败也可能是奠定下一次创业成功的基础。

不过这些先天体质不良，市场进入时机不对，或者具有瑕疵的创业构想，如果创业者能先以比较客观的方式进行评估，那么许多悲剧结局就不至于一再发生，创业成功的概率也可以因此而大幅提升。

针对创业机会，以下是机会评价的评估准则，并说明各准则因素的内涵，目的是为创业者提供评估是否投入创业的决策参考。

一、市场面的评估准则

（一）市场基础

一个好的创业机会，必然具有特定市场基础，专注于满足顾客需求，同时能为顾客带来更大的利益。因此，评估创业机会的时候，可由市场定位是否明确、顾客需求分析是否清晰、顾客接触途径是否流畅、产品线是否可以持续衍生等，来判断创业机会可能创造的市场价值。若能带给顾客越高的价值，则创业成功的机会也会越高。

（二）市场结构

针对创业机会的市场结构进行分析，包括进入障碍、上游厂商、顾客、渠道商的谈判力量、替代性竞争产品的威胁以及市场内部竞争的激烈程度。由市场结构分析可以得知新企业未来在市场中的地位，以及可能遭遇竞争对手反击的程度。

（三）市场规模

市场规模大小与成长速度，也是影响创业成败的重要因素。一般而言，市场规模大者，进入障碍相对较低，市场竞争激烈程度也会略微下降。如果要进入的是一个十分成熟的市场，那么纵然市场规模很大，由于已经不再成长，利润空间必然很小，因此这项创业恐怕就不值得投入。反之，一个正在成长中的市场，通常也会是一个充满商机的市场，所谓水涨船高，只要进入的时机正确，必然会有获利的空间。

（四）市场渗透力

对于一个具有庞大市场潜力的创业机会，市场渗透力（市场机会实现的过程）评估将会是一项非常重要的影响因素。聪明的创业家知道选择在最适宜时机进入市场，也就是当市场需求正要大幅成长之际，你已经将产能备好，等着接单。

（五）市场占有率

由创业机会预期可达成的市场占有率目标，可以显示这家新企业未来的市场竞争力。一般而言，要成为市场的领导厂商，最少需要拥有20%的市场占有率。但如果低于5%的市场占有率，则这项创业的市场竞争力显然不高，自然也会影响未来企业上市的价值。尤其处在具有“赢家通吃”特质的高科技产业，新企业必须要拥有能够成为市场前几名的能力，才比较具有被投资的价值。

（六）产品的成本结构

由产品的成本结构，也可以反映该项创业的前景是否光明。例如，由物料与人工成本所占比重高低、变动成本与固定成本的比重，以及经济规模产量大小，可以判断这项创业能够创造附加价值的幅度以及未来可能的获利空间。

二、效益面的评估准则

（一）合理的税后净利

一般而言，具有吸引力的创业机会，至少能够创造15%的税后净利。如果创业预期的税后净利是在5%以下，那么这就不是一个好的投资机会。

（二）达到损益平衡所需的时间

合理的损益平衡应该能在两年以内达成，但如果三年还达不到，则恐怕就不是一个值得投入的创业机会。不过有的创业机会确实需要经过比较长的耕耘时间，并经由这些前期投入，创造进入障碍，并因此保证后期的持续获利。在这种情况下，可以将前期投入视为一种投资，而较长的损益平衡时间，就可以容忍。

（三）投资报酬率

考虑到创业开发可能面临的各项风险，合理的投资报酬率应该在25%以上。一般而言，15%以下的投资报酬率，将不是一个值得考虑的创业机会。

（四）资本需求

资金需求量较低的创业机会，一般会比较受投资者的欢迎。事实上，许多个案显示，资本额过高其实并不利于创业成功，有时还会带来稀释投资报酬率的负面效果。通常，越是知识密集的创业机会，对于资金的需求量越低，投资报酬反而会越高。因此，在创业开始的时候，不要募集太多的资金，最好通过盈余积累的方式来创造资金。而比较低的资本额，将有利于拉高每股盈余，并且还可以进一步提高未来上市的价格。

（五）毛利率

毛利率高的创业机会，相对风险较低，也比较容易达成损益平衡。反之，毛利率低的创业机会，风险则较高，遇到决策失误或市场产生较大变化的时候，企业很容易遭受损失。一般而言，理想的毛利率是40%。当毛利率低于20%的时候，这个创业机会就不值得再予以考虑。

（六）策略性价值

能否创造新企业在市场上的策略性价值，也是一项重要的评价指标。一般而言，策略性价值与产业网络规模、利益机制、竞争程度密切相关，而创业机会对于产业价值链所能创造的价值效果，也与所采用的经营策略与经营模式密切相关。

（七）资本市场活力

当新企业处于一个具有高度活力的资本市场时，它的获利回收机会相对也会比较高。不过资本市场的变化幅度极大，因此在市场高点时投入，资金成本较低，筹资相对容易。但在资本市场低点时，投资新企业开发的诱因则较低，好的创业机会也相对较少。不过对投资者而言，市场低点的取得成本较低，有的时候投资报酬反而会更高。一般而言，新企业在活络的资本市场比较容易创造增值效果，因此资本市场活力也是一项可以被用来评价创业机会的外部环境指标。

（八）退出机制与策略

所有投资的目的都在于回收，因此退出机制与策略就成为一项评估创业机会的重要指标。企业的价值一般也要由具有客观鉴价能力的交易市场来决定，而这种交易机制的完善程度也会影响创业退出机制的弹性。由于退出的困难度普遍要高于进入，所以一个具有吸引力的创业机会，应该要为所有投资者考虑退出机制以及退出的策略规划。

三、创业团队面的评估准则

（一）最佳团队组合

由声誉卓著的创业家领军，结合一群各具专业背景的成员所组成的创业团队，再加上紧密的组织内聚力与共同的价值观分享，这种所谓最佳团队组合可以被视为创业成功的最佳保证。因此，评价创业机会，绝对不可忽视创业团队组合的成分以及团队整体能够对外发挥的程度。

（二）产业经验与专业背景

创业者与他的团队成员对于所要投入产业的相关经验与了解程度多寡，也会影响创业的成败。一般可以经由产业内专家对于创业团队成员的背景经验与专业能力的评价，来获得这项信息。再好的创业机会，如果创业团队不具备相关产业经验或专业背景，则对于投资者恐怕就不会具有任何吸引力。

（三）诚信正直的人格

创业者的人格特质也是一项会影响创业成败的关键因素，尤其是创业者的人品与道德观。在业界具有良好声誉，重视诚信、正直、无私、公平等基本做人处事原则的创业者，对于评价创业机会通常都具有显著的加分效果。许多绝佳的创业机会，最后都是因为内部争权夺利而导致功败垂成的，这也凸显了领导者人格特质对于创业成功的重要性。

（四）专业坦诚

一个好的创业者与他的团队成员，在各项经营管理与技术专业工作上，通常能够以理性客观的态度，坦诚面对各项问题，不刻意欺骗客户与投资者，不逃避事实，不否认自己的不足，并且创业团队成员也知道应该如何去做，才能克服自己的缺失。在许多创业失败的个案中，都可以看到创业团队生怕别人看穿自己的缺失，因此强烈防御他人质疑，一味掩饰问题，以及推诿责任，不但没有面对缺失的勇气，也没有解决问题的能力。精明的投资者经常可由访谈的过程，来判断创业团队的专业坦诚度，并作为是否支持该项创业的重要决策参考。

四、个人面的评估准则

（一）与个人目标契合程度

创业过程中遭遇的困难与风险极大，因此有必要了解创业者的创业动机，以利于判断他愿意为创业活动付出的代价程度。一般认为，创业机会与个人目标的契合程度越高，则创业者投入意愿与风险承受意愿自然也会越大，创业目标最后获得实现的概率也相对较高。因此，一个具有吸引力的创业机会，一定是一个能充分与创业者个人目标相契合的创业计划。

（二）机会成本

一个人一生的黄金时间大约有 30 年光景，其间可分为学习、发展与收获等不同阶段，而为了这个创业机会，你将需要放弃什么？可以由其中获得什么？得失的评价如何？在决定进行创业之前，所有参与创业的成员都需要仔细思考创业所要付出的机会成本。必须经由机会成本的客观判断，才可以得知创业机会是否真的对于个人生涯发展具有吸引力。

（三）对于失败的底线

古人说，留得青山在，不怕没柴烧。创业必然需要面对可能失败的风险，但创业者也不宜将个人声誉与全部资源都压在一次的创业活动上。理性的创业者必须要自己设定承受失败的底线，以便保留下次可以东山再起的机会。因此，在评估创业机会的时候，也需要了解有关创业团队对于失败底线的看法。通常铤而走险与成王败寇的创业构想，也不会被投资者视为是一个好的创业机会。

（四）个人偏好

评估创业机会的时候，也需要考虑创业的内容与进行方式是否能够符合创业者个人的偏好，包括工作地点、生活习惯、个人嗜好等。

（五）风险承受度

由于每个人的风险承受度都不一样，因此这也将成为影响创业机会评估的重要因素。一般而言，风险承受度太高或太低均不利于新企业的发展。风险承受度太高的创业家，也会因为孤注一掷的举动，而常将企业陷入险境。但风险承受度太低的创业家，由于决策过于保守，相对拥有的创新机会也会比较少。一个能以理性分析面对风险的人，才是比较理想的创业家，由他来执行的创业机会相对才会比较具有吸引力。

（六）负荷承受度

创业团队的负荷承受度，也是评量创业机会的一项重要指标。负荷承受度与创业团队成员愿意为创业投入工作量的多寡，以及愿意忍受的辛苦程度密切相关。一般来说，由负荷承受度较低的创业团队所提出的创业构想，成功的概率也会较低。

五、竞争优势面的评估准则

（一）成本竞争力

一个好的创业开发案，通常都具有可以经由持续降低成本来创造竞争优势的能力。除了以发挥经济规模来降低成本之外，良好的品质管理、高效率的生产管理、优越的采购能力、快速的产品设计、比较高的自制率等，也都是有助于降低成本的有效手段。因此，一个具有吸引力的创业机会，应该能够对物料成本、制造成本、营销成本等拥有掌控与持续降低成本的能力。总之，创业机会所呈现的成本竞争力，将是评价这项创业最后能否获得成功的重要指标。

（二）市场控制力

企业对于市场的产品价格、客户、渠道、零件价格的控制力，攸关企业的竞争能力。因此，一个缺乏市场控制力的新创业机会，它的投资吸引力也会比较低。如果一个新企业对于关键零件来源与价格缺乏控制力，对于经销渠道与经销商也缺乏控制力，同时订单几乎完全依赖少数一两个客户，那么这项创业面临的经营风险一定很高，要想持续获利也会非常困难。不过，如果创业机会具有持续推进产品创新的能力，那么就比较有机会摆脱这种为他人所控制的市场困局。

（三）进入障碍

高进入障碍的市场，对于创业开发不具有吸引力。同样地，新企业如果无法制造进入障碍，这项创业也不是一个好的投资机会。制造进入障碍的方式，包括专利、核心能力、规模经济、商誉、高品质低成本、掌握稀有资源、掌握通路、快速创新缩短生命周期等。在一个处处存在障碍的市场中，发掘好的创业机会通常比较困难。不过缺乏进入障碍的新市场，却往往容易吸引大量的竞争者，而使毛利快速下降。因此所谓具有吸引力的创业机会，进入的应该是一个障碍还不太高的新市场，但进去以后就需要具备制造进入障碍的能力，以用来保护自身的市场利益。

六、策略特色面的评估准则

一个具有吸引力的创业机会，通常都需要具有某些特色，而这些特色往往能够成为新企业未来成功的策略性影响因子。以下我们列举可能影响新企业成功的十点策略，而发掘创业是否具有这些特色，也是创业机会评估不可或缺的工作。

（一）创业模式组合

创业模式组合主要评量新企业在创业者、创业团队、创业机会、创业资源四者间是否能够形成良好的搭配组合，也就是说这项创业活动是否在因缘际会与天时地利人和的情况下形成，并且将人、资源与机会之间做最佳的结合。

（二）团队优势

团队优势主要评量创业团队的专业能力、产业经验、道德意识、管理能力、决策能力等的组合，也就是发掘创业团队组成与运作是否能够为新企业带来特定的优势。

（三）服务品质

由于顾客服务品质攸关企业的市场竞争力，因此新企业的经营模式是否能在服务品质方面具有差异化特色，并且能够创造明显的竞争优势，也是创业机会评价时的重要考量指标。

（四）定价策略

一个好的定价策略是采取略低于市场领导厂商产品的价格，而不是以过低的价格进行市场竞争。以低价位低毛利抢占市场，通常不是一种可取的竞争策略。因此，在进行创业机会评估时，也需要评量定价策略是否具有能够创造优势的特色。

（五）策略弹性

成熟大型企业的最大弱点就是决策缓慢，尤其在需要调整策略方向的时候，往往要经过长期的内部折冲。反之，新企业组织的包袱较少，决策速度相对较快，因此策略弹性将成为新企业发展的竞争优势。对于一项新创业机会的评估，我们当然也要看其在面临经营环境变化之际，其经营决策方面能做出怎样快速弹性的应对。

（六）技术优势

新企业拥有的技术领先程度、技术专利、技术授权、技术联盟关系等，都可能成为一种可以创造优势的策略特色。

（七）进入时机

能掌握市场机会窗口打开的时机，采取适当的进入策略，这项创业成功的概率自然也将会大幅提升。因此，新企业对于市场进入时机的判断水准，也将成为一项重要的策略特色。

（八）机会导向

一般而言，自动上门的机会，品质通常不高，而自己主动发掘的机会，比较可能带来好的收益。因此，凡是能够密切注意市场变化，主动发掘并实时掌握创业机会的创业团队，他们创业成功的概率相对也会比较高。

（九）销售渠道

渠道经常是一个被忽略的议题，但渠道却可能是对新企业发展产生致命影响的因素之一。技术背景创业者通常会有一种错误的认知，他们以为只要产品精良，顾客自然就会上门。但实际上，许多优秀的产品却没有接触消费者的机会，原因就是它们缺乏适当的销售渠道。所以新企业是否在销售渠道规划方面具有一定程度的创新优势与策略特色，也应该是评估创业机会不可忽视的重点。

（十）误差承受力

由于所有的创业规划都属于预估，因此未来的实况必定与假设情境有极大的出入。所谓误差承受力，是指在实现创业目标的前提下，执行创业计划的弹性，以及创业团队与创业资源能够承受变动的程度。一项创业如果对于未来情境预测误差能有比较高的承受力，则也应该被视为是一项具有策略特色的创业机会。

虽然前述针对创业机会提出许多的评估准则，但由于创业本身就是一件具有高度风险特质的活动，没有一个创业机会是完美的，因此是否决定投入创业，仍然还是一件比较主观的决策。我们看到许多后来获得重大成功的创业机会，都曾历经无数次的闭门羹。显然伯乐相千里马，也是一种主观性的决策。

纵然创业决策是主观的，但创业机会评估仍然应该是一种理性与客观的行为，除了要经由体检创业机会的缺失，来寻求改进之道，进而提升新创业开发的成功概率，同时也希望避免投入具有瑕疵的创业机会。因此，我们可以说，发掘创业机会所隐藏的瑕疵，并因此能够聪明地拒绝这种注定失败的创业，也是创业机会评估的主要目的之一。

所谓瑕疵，一般会因创业机会的内涵与创业者风险承担能力高低而有所差异。不过当我们在评估一个创业机会的时候，如果发现以下八点瑕疵之一，则创业者与投资家都必须谨慎，因为这项创业未来极有可能面临失败的后果。

①创业者的动机不良，尤其在人格特质上具有明显的瑕疵。

②创业团队缺乏相关产业经验与企业管理能力，创业试误期长，导致风险成本太高。

③看不到新企业的市场基础，无法显示创造顾客价值的能力，在市场竞争中也不具有明显优势。

④新企业的市场机会不明显，市场规模不大或市场实现时间还遥遥无期。

⑤新企业的资源能力有限，无法达到可以形成竞争优势的经济规模。

⑥看不出来能够获得显著利润的机会，包括毛利率、投资报酬率、损益平衡时间等指标，都无法达到合理的底线目标。

⑦新企业无法具备市场控制能力，关键资源与通路均掌握在他人手中，随时都有陷入经营危机的风险。

⑧新企业缺乏策略特色与竞争优势，几乎不可能获得显著的成功，也不具备创造显著价值的条件，因此根本不值得投入。

案例启示

铜师傅创始人俞光

人称“铜鱼头”的铜师傅创始人俞光，这个追求完美到了极致地步，无法忍受任何瑕疵、敷衍、粗制滥造的“70后”老爹，给铜工艺品开辟出了很大的市场。

极致的品质，为一张小板凳逼疯自己

俞光有时候去父母家吃饭，会坐在茶几前的小板凳上抽烟，可这个板凳俞光坐得很不舒服，面积小，做工糙，手一摸有油漆掉下来，木屑还会刺破手。

他心里盘算着：是不是现在家家户户都要用到小板凳？大人洗脚换鞋，厨房择菜，孩子坐在茶几前玩，登个高拿点东西，都需要板凳。

回到公司，俞光立刻做了个用户调查，调查结果跟俞光预想的一样：每个有孩子的家庭，都至少有一张，但板凳糟糕的质量和平庸的设计让这帮父母简直能说个三天三夜。

家具巨头不屑于做，小厂商不用心做。

俞光心里有数了，小板凳可能就是撕开家具市场的突破口。

俞光下的第一道死命令就是，板凳必须做到零甲醛。

零甲醛，这个对孩子来说太重要了。要做到零甲醛，意味着从木材原材料开始一直到表面涂装，都要足够优秀。千挑万选，他选中了美国黑胡桃，这种被称为“西方黄花梨”的珍贵木材。

并且规定，板凳所有看得见和看不见的部位都必须使用质地密实，纹理漂亮，完全是零甲醛的天然原木，再加上用植物中提取的木蜡油做表面涂装，最后请国家权威机构测试，的确做到了零甲醛。

接着，对枪钉深恶痛绝的俞光，又提出第二个想法：绝对不使用一枚钉子。

他想到了老祖宗流传下来的木工技艺的好东西——榫卯。古代没有钉子，照样用各种各样复杂的榫卯结构做出了牢固无比、屹立千年的建筑。榫卯连房子都搞得定，也一定能搞定家具。

结果，这款没做什么广告，没请一个明星代言的小板凳一上线就火了，最终以81603人的支持人数，11570597元的众筹额，让小板凳在当期众筹的所有项目里(包括电子科技类目)一骑绝尘。

完美主义的颜值，为齐天大圣睡不着觉

学美术出身的俞光，身上自带异于常人的绘画与审美天赋，他毫不避讳自己是个十足的颜值控，他更愿意把每件产品都当成艺术品来打磨。

2017年的农历六月初六，俞光扛着自己创作的孙悟空，从浙江来到北京，见到了六小龄童。

这次，俞光要根据六小龄童在西游记中的形象，创造一款齐天大圣。

说服六小龄童的除了俞光千里迢迢扛过去的作品，还有只有这个“疯子”才敢同意加在合同里的那句话：只要六小龄童不满意，最后创作出来的作品，就一件也不卖!

三个月里，仅仅是创意草图，俞光就改了十几次。雕塑师做出的泥坯原型也被他没完没了地改了很多次，大圣飘带也被改来改去，力求做到最佳。

铸造大圣的铜坯，俞光用掉了整整26千克的黄铜，最后切削、打磨后的成品，净重仍然达到了15千克。

“每天晚上做梦，我都会被噩梦惊醒，梦里总会出现六小龄童老师在我面前讲这个花翎太长了，短一点，这个金箍棒太短了，长一点。”俞光干脆在枕头旁边摆上一支笔、一张纸，半夜醒来，只要有灵感就立刻记下来。

拍宣传片那天，俞光心里很紧张，他知道，如果作品有一丁点让六小龄童不满意，别说宣传片拍不了，三个月投入的所有心血也将付之一炬。

可事实证明，俞光快把自己逼疯的那股子劲儿，保证了作品所有细节的创作都趋于完美，的确成就了高颜值的作品。

六小龄童端详着眼前的大圣，缓缓地说了一句：“演了一辈子的孙悟空，看他就像在看自己。俞先生，这个大圣已经远超我的预期了。”

让人心动的性价比，为一支笔连续登了一周道歉信

传统得不能再传统的铜工艺品，能得到人们如此的喜爱，除了高品质和高颜值，还有一个更重要的原因：宁可逼疯自己，也要把价格做到最低。

俞光曾经为一支包邮只卖19.8元的铜木笔，连续一周在网页上登了公开道歉信。

整支铜木笔笔杆是真正的红木做的，两头都是黄铜，而笔芯，俞光选择了全球最好的笔芯。可结果，居然有5%的笔芯漏墨，用户拿到笔一拧开墨水全流出来了。

最后，俞光一咬牙，直接报废了所有已经采购回来的笔芯，全部换成了德国施奈德原装进口的更高级的笔芯。

紧接着，俞光又收到用户的反馈：这个笔的螺纹太锋利，手捏着的时候虽然不会被割破，但是会很痛。为此，俞光加了一道工序，把所有螺纹再打磨一遍，让它更圆润。螺纹一改好，老款的三万支笔全部被报废。

增加了很多工序和成本，但是，俞光并没有往上提一分钱。事实上铜师傅有些产品是要亏点钱的。

有品质，高颜值，价格还便宜，这样带来的流量才是持续的。而事实证明，买过笔买过板凳的人，80%回头来买别的产品。

俞光把铜师傅推到了用户面前，用户也把铜师傅推给了雷军。做感动人心的产品，定诚实厚道的价格，让俞光不仅拿到了顺为资本和小米生态链的A轮融资，雷军还给了俞光很高的评价，“我认为铜师傅是我们整个小米体系之外，最像小米的创业企业”。

现在，俞光依旧每天16小时泡在工厂里，亲自设计每一件产品，亲自检验打样新品的品质和结构。有人问他怎么会如此执着于这些事，他很朴实地回答：自己都不愿意琢磨自己的产品，怎么让用户来琢磨你的产品？

资料来源：

三次逼疯自己，创业“疯子”把一张木板凳30天卖出1000万！[EB/OL].(2018-05-28)[2018-10-19]http://dy.163.com/v2/article/detail/DIU4U2JP051487C6.html.(节选)

思考与讨论：

如何评价铜师傅创始人俞光的创业机会？

拓展活动

寻求潜力大的创业点子

根据图3-7所示的方法，寻求潜力大的创业点子，即可行性高、影响力大的点子。具体操作流程如下。

1. 思考你们的创业点子，回答表3-3中的六个问题，把答案写在便利贴上，贴到1～6相应的框里。
2. 把你们组的创业点子模型表和另一个组交换，根据创业点子评估表3-4逐项打分。
3. 使用打分尺，根据所给的分数，得出影响力和可行性的百分比。
4. 对同学的创业点子进行点评，给出三条肯定意见，三条改进意见。
5. 把创业点子模型表、创业点子评估表返还给同学。
6. 根据同学给的反馈，想想如何改进。

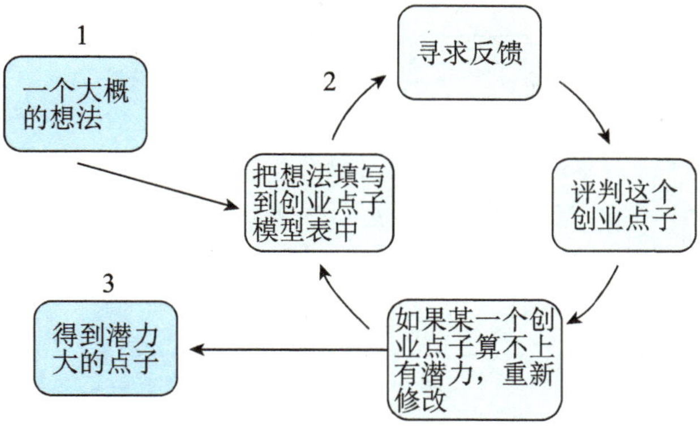

图 3-7　创业点子模型过程

表 3-3　创业点子模型表

创业点子模型表

创业点子名称____________________

小组一起想个创业计划，把答案写在便利贴上，贴到相应的格子里。在这个阶段，计划不一定要很大，计划的发展是活动延续的一部分。

1. 核心成员所具备的相关经验和技能。	2. 您的创业点子是什么？	3. 客户是谁？
1	**2**	**3**
4. 为什么人家要在意你的产品或服务？	5. 市场上有哪些替代品？	6. 产品的核心竞争力是什么？
4	**5**	**6**

表 3-4　创业点子评估表

创业点子评估表

这张表的设计是帮助同行给你提出的创业点子提供反馈的，指出哪里好，还有哪里需要改进。他们给你的分数并不是你的得分，而是给你提出来哪些概念可以进一步开发或改进。请同行按照下面的指南，给问题 1～5 的答案打分，最高 10 分，问题 6 需按表中提示选择相应的类别。

创业点子名称____________________

所设想的创业点子的可行性

	答案	得分	评分的时候需考虑
问题 1：核心成员所具备的相关经验和技能。		____/10	核心成员是否具备相关的经验和技能？
问题 2：您的创业点子是什么？		____/10	创业点子的内容清楚吗？技术(如果有的话)和产品，服务和经验之间的差别清楚吗？
问题 6：产品的核心竞争力是什么？		____/1，2，3	产品的核心竞争力突出吗？产品比竞争者有优势吗？模仿的代价高吗？ 3=很有特色，2=有些特色，1=普通

可行性百分比得分：

所设想的创业点子的影响力

	答案	得分	评分的时候需考虑
问题 3：客户是谁？		____/10	客户定位清晰吗？对客户了解吗？
问题 4：为什么人家要在意你的产品或服务？		____/10	清楚客户会如何使用你的产品或服务吗？给潜在客户带来的价值清晰吗？
问题 5：市场上有哪些替代品？		____/10	价值主张和现有替代品有多大的不同？

影响力百分比得分：

对创业点子的三点肯定意见和三点改进意见

对创业点子的三点肯定意见：	对创业点子的三点改进意见：
1 ____________________。	1 ____________________。
2 ____________________。	2 ____________________。
3 ____________________。	3 ____________________。

第三节　创业风险识别

【学习提要】

有价值的创业机会也是有风险的。创业风险分为系统风险与非系统风险。系统风险主要是创业环境中的风险，诸如商品市场风险、资本市场风险等；非系统风险是指创业者自身的风险，诸如技术风险、财务风险等。这些风险中，一些是可以预测的，一些是不可预测的。创业者需要结合对风险的评估，努力防范和降低风险。

【学习目标】

对风险的掌控能力关系到一个大学生创业者创业活动的成败，因而通过本章学习，学生需要掌握创业风险的主要类型与风险的管理。

活动导入

风险掷球游戏

活动形式：分成若干组，每组5～6人。

活动类型：提高风险承担的技能游戏。

活动时间：30分钟。

活动道具：篮子，三个弹力球。

活动目的：通过掷球游戏让团队队员体验和承担风险，并了解如何去评估和预防风险。

游戏步骤：

(1)游戏第一部分：个人赛。

第一步，在教室里放个篮子并准备三个弹力球(或有一定质量的纸球)作投掷物。或在地上立个柱子，并准备三个可作掷环用的塑料杯。

第二步，确定篮子(柱子)所对应的投掷位。最远投掷位和篮子(柱子)之间的距离约为三米。在最远投掷位和篮子(柱子)之间分10个等距。每个等距为一个投掷位(共

10个投掷位)，用粉笔在地面上用横线来表示每个投掷位，并标出分数(从篮子或柱子最近的投掷位开始依次从1到10)。

第三步，游戏开始前教师宣布游戏规则。

第四步，每个学生可以投掷三次，可以自行选择距目标不同距离的投掷位。请两个学生作为助手(捡球和记分)，记下投掷者成功投掷(球进篮中)相应的投掷分数。失败投掷不计。

第五步，记录员把每个学生成功投掷的分数相加，即为该学生的得分。

讨论：

那些得分最高的学生是怎样确定他们的投掷位的？在三次投掷中，他们的投掷距离有几次改变？

那些得分较低的学生的问题出在什么地方？他们在玩游戏的时候做过什么调整或改变？

那些得分居中的学生对游戏中的风险采用了什么方法应对？

如果再次进行这个游戏，学生们会做出怎样的调整和改变来提高得分呢？

(2)游戏的第二部分：团体赛。

首先把全班学生分组，每组5～6人。

告诉学生，每组有三分钟的准备时间，然后每个组的每个学生都有三次投掷机会，每组所有组员的成绩相加为小组成绩。仔细观察学生们在三分钟的准备时间里所做的事情(不要告诉他们该做什么)。有些组可能会练习投掷，有些组可能是坐在那儿讨论。游戏结束后让学生解释一下他们这样做的原因。

给每个人三次投掷的机会，然后计算小组成绩。

讨论：

在这部分活动中学生们使用了哪些其他资源？(如之前得分的大致范围、每个人之前的成绩、群体的意见等。)

第二次游戏和第一次游戏有哪些不同？(参与者有了更多的资源，同时可能要服从群众，这可能会使个人目标和群体目标发生冲突。)

第二次游戏中小组的成绩总和是否高于第一次游戏中所有学生的成绩总和？如何解释这种差异？(从团队合作、对技巧的改进、团队成员间的讨论、得分范围、群众压力等方面解释。)

学习任务

一、大学生创业面对的主要风险及成因分析

风险是指在一定条件下和一定时期内，由于各种结果发生的不确定性而导致行为

主体遭受损失的大小以及这种损失发生可能性的大小。风险是客观存在的；风险是相对的、变化着的；风险是可以识别的，因而也是可以控制的；风险与收益是对等的。

（一）大学生创业面对的主要风险

创业风险是指在企业创业过程中存在的风险，是指由于创业环境的不确定性、创业机会与创业企业的复杂性，创业者、创业团队与创业投资者的能力与实力的有限性而导致创业活动偏离预期目标的可能性。

大学生创业存在很多风险，其中最主要的有以下几种。

风险一：选择项目盲目。很多大学生创业时只是凭自己的兴趣和想象来决定投资方向，甚至仅凭一时心血来潮做决定，没有做好市场调研，在了解市场的基础上创业。

风险二：创业技能缺乏。很多大学生创业者眼高手低，当创业计划转变为实际操作时，才发现自己根本不具备解决问题的能力。

风险三：单一的融资渠道。在融资渠道上基本是银行贷款、自筹资金、民间借贷等传统方式。

风险四：贫乏的社会资源。很多大学生平时很少参加社会实践活动，人际交往的范围小。

风险五：过于随意的管理。一些大学生创业者虽然技术出类拔萃，但理财、营销、沟通、管理方面的能力普遍不足。

风险六：法律意识淡薄。很多大学生在创业前很少认真了解与创业相关的法律内容，或者虽有所了解，在实践中的众多环节上却忽视法律，在风险和利益同时存在的情况下，以赌博意识、投机心理和冒险行为替代理性的法律思维，以致造成一些惨痛的教训。

（二）创业风险的成因分析

从外部环境来看，职业精神和道德秩序的缺失是形成创业风险的前提。一个成熟的、健康的竞争生态圈，不是简单地在政府所提供的若干法律、法规的框架内追求利益，它更应该体现为法律与道义传统、社会行为规范的整体协调。目前，对中国的创业者们来讲，要想事业成功并成为这个社会和时代的主流，最重要的工作是塑造中国企业家的职业精神和重建中国企业的道德秩序。从内部环境来看，创业者决策的独断和无制约、企业盲目的扩张和多元化、创业者一夜暴富的投机性，以及内部管理不善，创办人缺少必要的经营企业的经验，财务上没有遵循审慎原则等一系列的问题，使得创业者时时有风险、处处有风险。

从大学生创业者自身来看，大学生创业中容易出现以下情况。

第一，眼高手低。比尔·盖茨的神话，使 IT 业、高科技业成为大学生眼中的创业金矿，以至于不少学生不屑于从事服务业或技术含量较低的行业。其实，高科技创业项目往往需要一大笔启动资金，创业风险和压力都非常大，大学生如果对自身经验和能力认识不足，对创业的期望值又过高，一开始就起点较高，很容易失败。

第二，纸上谈兵。缺乏经验是目前大学生创业中普遍存在的问题，不少大学生创业者不习惯对其产品或项目做市场调查，而是进行理想化的推断，例如，“如果有3亿人需要我们的产品，每件售价100元，我们就有300亿元的销售市场”，这种推断方法是站不住脚的，而且常常起着误导作用。

第三，单打独斗。在强调团队合作的今天，创业者想靠单打独斗获得成功的概率正大大降低。团队精神已成为不可或缺的创业素质，风险投资商在投资时更看重有合作能力的创业团队。如今大学生一般都有个性，自信心较强，在创业中常常自以为是、刚愎自用，这些都影响了创业的成功率。

二、风险评估和预防对策

（一）风险评估

1. 政策风险

例如，国家对专利代理行业政策导向的不确定性。

2. 行业风险

①市场上的现有竞争公司对于本公司的反应和市场行为。

②国外跨国巨头的进入和国内大型企业向这一领域的转型。

3. 市场及技术风险

①经销商对于所操作市场的开发不能达到预期效果，对于专利发明的忠诚度不能保证。

②直接目标企业客户市场购买决策过程复杂，开发难度较高，对专利产品细分和后续服务保障提出更高要求。

③目标企业客户对于新进入市场的专利产品的接受能力和反应不确定。

④同类产品的模仿和客户对技术更新速度的要求提高导致专利产品生命周期缩短。

4. 管理风险

①专利品供应链条不能满足目标客户紧急生产的风险。

②融资能力不能跟上企业发展形势，导致现金流紧张，出现成长性破产。

③营销策略的不连续性造成市场布局和营销结构的混乱。

④对于竞争对手策略的反应和处理水平较低。

（二）预防对策

①把握专利代理市场的政策走向和最新动态。

②建立一支熟悉专利审核知识与营销专业知识的销售工程师队伍，逐步建立完善的市场网络和针对市场形势有策略的调整；加强分销渠道管理。

③加大研发投入，了解行业需求，有针对性地开发创新型的专利代理并加强同行业企业的优势互补和技术吸收。

④形成以专利代理新技术为主的同心多元化产业链，分散经营风险，加强市场

渗透。

⑤内部管理柔性化、扁平化，加强内部决策的专业化和科学化，加强财务管理和供应链建设。

案例启示

案例一：四位梦想创业的大学生

四位梦想创业的大学生，每人凑齐 4000 元，准备在校园附近开一间精品店。当他们和房屋转租者签好转让协议，对店面进行装修时，房东突然出现并进行阻挠。16000 元创业资金已经花光，却无法开张。

小王是中南大学铁道校区大三学生，大二时他就忙着在学校做市场调查，他认为定位中高档的男士精品店会很受学生欢迎。这学期开学不久，他和另外三位有创业想法的同学一拍即合，每人投资 4000 元准备开店。

校园附近的孙老板有三间紧挨着的店面，其中一个门面闲置着。孙老板同意以 12000 元转让这个门面两年的使用权。小王告诉记者，当时孙老板说她有这个门面三年的使用权，但不要让房东知道房子已经转租给他们，就说几个大学生是帮她打工的，以此避免房东找麻烦。"我们虽然知道孙老板不是房东，只是租用了房东的房子，但我们不知道一定要经过房东的同意才能租房。"2011 年 9 月 10 日，涉世未深的几名大学生和孙老板签下了门面转让协议书，并支付了 7000 元钱。

当他们开始对门面进行装修时，房东闻讯赶来。房东表示，他和孙老板签订的合同上明确写了该房子只允许做理发店，并且不允许转租。房东阻止他们装修，并和孙老板发生了冲突。在店面前透过玻璃门看到，几个玻璃柜凌乱地摆放着，地上刨花满地。前不久，小王和另外三个同学还在一边贴墙纸，一边憧憬着美好前景。当时为了不影响上课，他们利用晚上装修，忙到深夜两三点是常事。

现在门上已经挂了三把锁。9 月份房东将第一把锁挂了上去，接着孙老板也挂了一把锁。小王等人的玻璃货架等物品都被锁在里面，无奈之下他们也挂了一把锁。现在要进入这个门面，要过三道关。几把锁锁死了他们的创业之路。孙老板从 9 月 20 日起就无影无踪，手机也不开机，不做任何解释。房东也不愿意和他们协商，反正房租已经收到了年底。这可苦了几个大学生，交给孙老板的 7000 元房租，加上门面装修的 5000 多元，以及进货花去的钱，四人凑的 16000 元已经所剩无几。近日，孙老板终于出现，她提出，几个大学生将剩下的 5000 元交上，再想办法和房东协商。如果要退还 7000 元的房租，必须把已经装修的门面恢复原状并补偿她两个月的误工费。这些钱来之不易，其中两个家庭条件并不是很好的学生拿出的是自己的学费，他们希望通过创业缓解家庭的经济压力。黄同学告诉记者，他的4000元钱是软磨硬泡才从父亲那里借来的。

资料来源：

四位梦想创业的大学生[EB/OL].(2011-03-17)[2018-10-19]http://cydiy.hao315.cn/article/aishangxiu_14654.html.

思考与讨论：

案例一对你有什么启示？大学生在进行创业时如何预防风险？

案例二：大学生办电影网站遭60万元索赔

毕业于某高校的小捷(化名)郁闷至极。其在校期间创办的一家免费电影网站被杭州某影视公司以“版权侵权”起诉，对方索赔60万元。

2009年5月，临近毕业的小捷和几名低年级同学共同投资2万元创办了一家免费电影网站。然而，他怎么也想不到等待他的竟是一场官司。“我们网站上的电影都是通过迅雷下载过来的，但并不知道其中几部电影是杭州那家公司代理的，60万元的赔偿对我们刚创业的大学生是一个沉重的打击。”小捷说，目前他们已收到法院的传票，6月初开庭。小捷说，大学生创业既缺乏经验又缺创业资本，无意中触碰到法律高压线往往也难以避免，但这样的索赔数额对于他们来说无疑是个天价。

资料来源：

大学生办电影网站遭60万元索赔[EB/OL].(2009-11-20)[2018-10-19]http://news.66wz.com/system/2009/11/20/101517119.shtml.

思考与讨论：

案例二对你有什么启示？大学生在进行创业时如何预防风险？

拓展活动

糖果生存记

活动说明如下。

1. 每组分得一袋糖果和四个杯子。
2. 回答一系列问题，每题30秒，你觉得哪个答案对，就将糖果放入A、B、C、D相应的杯子里。
3. 放错杯子的糖果，以及吹哨后仍然放在外面的糖果将被拿走。
4. 谁的糖果多，谁就是赢家。奖品就是杯子里的糖果。

第四节　商业模式开发

【学习提要】

据统计，企业失败可能会涉及许多因素，而因为没有找到正确的商业模式走上绝路的却高达49%。因此，企业的竞争其本质意义上是商业模式的竞争，创业者成功设计适合企业的商业模式，是企业能在激烈的商业竞争中立于不败之地的关键。

【学习目标】

1. 了解商业模式的基本概念。
2. 理解商业模式四个视角下的九个要素。
3. 掌握商业模式九个要素涉及的内容。

案例导入

黄太吉煎饼

在北京建外SOHO西区的10号楼，有一家叫黄太吉的煎饼铺，在这个只有16个座位，面积不超过20平方米的店铺外面经常排起长队。有不少人是从微博、媒体上听说了黄太吉煎饼，特意赶过来尝尝到底是什么味，为什么这么受欢迎。

原本周末就冷清的国贸大厦，也因为来买煎饼的人热闹了起来！创始人赫畅调侃说，来他这边买煎饼排队，感觉跟春运买火车票一样。就是这样一个不起眼的煎饼铺，估值达到了4000万。赫畅的目标是，2015年下半年开到20家店。

当不少互联网公司还在思考O2O怎么做、怎么布局的时候，黄太吉已经开始行动了。赫畅说黄太吉还有一些不足，希望人们可以卸下黄太吉身上的光环。也许黄太吉还远远没有达到赫畅心中的目标，但它却让我们眼前一亮。我试图去探究黄太吉经营的一些理念、方法，或许可以给互联网公司的产品经理们、电商O2O从业者以及将面临互联网变革的传统行业一些启迪。

超出用户预期

为什么大家喜欢到黄太吉买煎饼？因为这里的煎饼是用心做的。煎饼哪里都有卖，黄太吉的味道也不会比其他地方的好吃太多。但是，这不重要，重要的是这里的服务很棒，这里很好玩，经常会有一些新鲜有趣的玩意儿，消费者都是奔着黄太吉的用户体验来的，愿意为超出自己预期的体验买单。

黄太吉哪些事情超出了用户预期？比如黄太吉门前不允许停车，赫畅就做了个停车攻略。你走进店里的收银台，第一眼看到的不是菜单而是如何停车不会被罚款。如果不幸被罚老板会送上南瓜羹以表安慰。“六一”儿童节，会有“超人”“蜘蛛侠”给大家送煎饼。

在这里，黄太吉希望你买到的不仅仅是好吃的煎饼，还能享受整个买煎饼的体验，让你觉得很好玩，满足你的好奇心，这些体验是其他煎饼店没有的。

产品标准化

赫畅仔细研究了麦当劳、肯德基，发现其在全世界流行的一个重要原因就是其产品形态，汉堡就是两片面包，中间夹什么都行，但是口味千变万化。比萨只要做好面饼，上面撒什么都行。这样既能满足消费者的各种口味需要，又非常容易使产品标准化，有效降低了全球推广的门槛。中餐有其独特的口味，但包子、饺子、面条之类不容易标准化，因而很难竞争过肯德基。所以赫畅选择了中国的汉堡和比萨——煎饼果子和卷饼。为了扩充品类，满足消费者多样的需要，黄太吉还推出了卷饼系列、麻辣凉面等。

差异化营销

《孙子兵法》有云：“兵无常势，水无常形；能因敌变化而取胜者，谓之神。”找准台风口，猪也会飞起来！雷军的小米手机借助社交媒体营销和移动互联网的大势，2013年上半年业绩超去年全年，销售额达132.7亿。赫畅也是个善于借势的创业者。他看到了互联网社会化结构的趋势，借助新浪微博、消费者自身、名人效应之势，来传播黄太吉的品牌。

产品是1，口碑是0。产品是口碑的基础，卓越的产品可以通过口碑来快速传播，但产品本身不过关，再好的营销、砸再多的广告也没用。黄太吉的微博都是赫畅本人管理，通过微博来实现品牌与消费者的跨越时间和空间的直接沟通，正是这些互动让消费者更好地了解了黄太吉，由此带来了知名度、口碑和销售上的提升。

事实上，产品做得优秀，顾客愿意主动为其传播。关于如何做微博，如何与顾客互动，赫畅有着自己的一套理念。店门前放着一个木马，让大家去骑，还有各种有趣好玩的玩意，如纽约的玩偶，巴黎的雕塑。所有这些都是为用户创造一个分享的环境，这样顾客就会自发地创造内容，赫畅所需要做的就是转发互动，让消费者帮助传播。

讲煎饼最多讲几个月，但是讲自己的生活、爱好，讲心经，讲消费者生产的内容，这永远讲不完。当要表达自己的观点时，赫畅不会转发任何人的，都是自己原创。在微博上展示老板、员工真实的生活，创业的艰辛，半夜两点打烊，早上六点多就出门，创业三个月，赫畅瘦了将近 30 斤。

为了庆祝结婚五周年，赫畅邀请了微博粉丝、好友等穿正式礼服出席庆典，整个典礼看上去就像个小型电影发布会。甚至黄太吉的招聘广告要么是员工的角度来阐述，要么是老板娘亲自出马，从一个妻子的角度来阐述丈夫的辛苦，以情动人。所有海报的视觉效果很棒，但他们没有请专业的摄影团队拍摄，全部都是自己买一些道具完成的。

互联网思维

之前在百度、Google 等互联网公司从事设计、用户体验相关的工作对赫畅影响非常大，这些经历让他习惯用互联网的思维去思考问题，即使是做煎饼也一样。在互联网行业赫畅的用户体验工作肯定不是做得最好的，但在做煎饼上郝畅可以说把用户体验做到了极致。

黄太吉从不想去控制顾客，而是希望去引领顾客。赫畅会告诉别人黄太吉为什么这么做，他会思考怎么用互联网的思维做企业，做产品。

资料来源：

黄太吉煎饼[EB/OL].(2013-08-01)[2018-10-19]http：//www.linkshop.com.cn/web/ShopBell_Info.aspx?nbr=17237.(节选)

思考与讨论：

黄太吉煎饼铺是如何赚钱的?

学习任务

一、商业模式的定义

商业模式是创业者的创意，而商业创意来自机会的丰富和逻辑化，并有可能最终演变为商业模式。其形成的逻辑是：机会是经由创造性资源组合传递更明确的市场需求的可能性，是未明确的市场需求或者未被利用的资源或者能力。尽管它第一次出现在 20 世纪 50 年代，但直到 20 世纪 90 年代才开始被广泛使用和传播，现在已经成为挂在创业者和风险投资者嘴边的一个名词。

有一个好的商业模式，成功就有了一半的保证。商业模式就是公司通过什么途径或方式来赚钱。简言之，饮料公司通过卖饮料来赚钱；快递公司通过送快递来赚钱；网络公司通过点击率来赚钱；通信公司通过收话费赚钱；超市通过平台和仓储来赚钱等。只要有赚钱的地方，就有商业模式存在。

随着市场需求日益清晰以及资源日益得到准确界定，机会将超脱其基本形式，逐渐演变成创意(商业概念)，包括如何满足市场需求或者如何配置资源等核心计划。

随着商业概念的自身提升，它变得更加复杂，包括产品/服务概念，市场概念，供应链/营销/运作概念，进而这个准确并差异化的创意(商业概念)逐渐成熟最终演变为完善的商业模式，从而形成一个将市场需求与资源结合起来的系统。

商业模式是一种包含了一系列要素及其关系的概念性工具，用以阐明某个特定实体的商业逻辑。它描述了公司所能为客户提供的价值以及公司的内部结构、合作伙伴网络和关系资本等用以实现(创造、推销和交付)这一价值并产生可持续盈利收入的要素。

在文献中使用商业模式这一名词的时候，往往模糊了两种不同的含义：一类作者简单地用它来指公司从事商业的具体方法和途径，另一类作者则更强调模型方面的意义。这两者实质上是有所不同的：前者泛指一个公司从事商业的方式，而后者指的是这种方式的概念化。后一观点的支持者们提出了一些由要素及其之间关系构成的参考模型，用以描述公司的商业模式。

商业模式最新的解释是一个企业满足消费者需求的系统，这个系统组织管理企业的各种资源(资金、原材料、人力资源、作业方式、销售方式、信息、品牌和知识产权、企业所处的环境、创新力，又称输入变量)，形成能够提供消费者必须购买的产品和服务(输出变量)，因而具有自己能复制且别人不能复制，或者自己在复制中占据市场优势地位的特性。

商业模式往简单说，就是企业如何赚钱的一套模式；往复杂说，就是如何创造和传递客户价值和公司价值的系统，描述了企业如何创造价值、传递价值和获取价值的基本原理。

商业模式是指一个完整的商品流、服务流及信息流体系，包括每一个参与者和其在其中起到的作用，以及每一个参与者的潜在利益和相应的收益来源和方式。

二、商业模式包含的要素

商业模式包含以下九大构造要素。

（一）客户细分

客户细分：企业或机构所服务的一个或多个客户分类群体。对于面向企业用户的产品，此处需要注意的是不要混淆了用户和客户。举例来说，一款面向某集团公司的企业应用分析平台，目标客户可以是应用开发商及集团公司本身，但是用户则主要是产品设计、开发及运营人员，如产品经理等。

想精确地定义目标消费群体还必须从使用习惯、需求心理以及媒体接受习惯、接受态度、收入水平、消费能力以及对同类产品存在的不满等元素为标靶来进行目标消费者群体的定义。

（二）价值内涵

价值内涵：解决客户难题和满足客户需求。此构造块的内容最重要，需要精练地表述所提供的产品或服务，并且需要明确点出其目的、益处、价值等。例如，给用户提供一个网盘则务必描述“随时随地获取文件”等价值。价值内涵要素及具体描述见表 3-5。

表 3-5　价值内涵要素及具体描述

价值内涵要素	具体描述
新颖	产品或服务满足客户从未感受和体验过的全新需求
性能	改善产品和服务性能是传统意义上创造价值的普遍方法
定制化	以满足客户细分群体的特定需求来创造价值
把事情做好	可通过帮客户把某些事情做好而简单地创造价值
设计	产品因优秀的设计脱颖而出
品牌/身份地位	客户可以通过使用和显示某一特定品牌而发现价值
价格	以更低的价格提供同质化的价值，满足价格敏感客户细分群体
成本	帮助客户削减成本是创造价值的重要方法
风险抑制	帮助客户抑制风险也可以创造客户价值
可达性	把产品和服务提供给以前接触不到的客户
便利性/可用性	使事情更方便或易于使用可以创造可观的价值

（三）渠道通路

渠道通路：如何接触、沟通其细分客户而传递价值主张。这些渠道可以是自有的，也可以是合作伙伴的。对于企业应用，除网站、社交媒体等之外，还可以考虑实施团队、现金牛产品等现有资源。渠道类型及渠道阶段见表 3-6。

表 3-6　渠道类型及渠道阶段

<table>
<tr><th colspan="3">渠道类型</th><th colspan="5">渠道阶段</th></tr>
<tr><td rowspan="3">自有渠道</td><td rowspan="2">直接渠道</td><td>销售队伍</td><td rowspan="5">1. 认知：我们如何在客户中提升公司的产品和服务认知？</td><td rowspan="5">2. 评估：我们如何帮助客户评估公司的价值主张？</td><td rowspan="5">3. 购买：我们如何协助客户购买特定产品和服务？</td><td rowspan="5">4. 传递：我们如何把价值主张传递给客户？</td><td rowspan="5">5. 售后：我们如何提供售后支持？</td></tr>
<tr><td>在线销售</td></tr>
<tr><td rowspan="3">非直接渠道</td><td>自有店铺</td></tr>
<tr><td rowspan="2">合作伙伴渠道</td><td>合作伙伴店铺</td></tr>
<tr><td>批发商</td></tr>
</table>

（四）客户关系

客户关系：描绘与客户群体建立的关系类型。《商业模式新生代》一书中列举了几种常见的客户关系，如个人助理、自助服务、自动化服务、社区、共同创作等。小米所营造的“粉丝”，也是一种非常好的客户关系，通过强黏性的客户关系，为产品的持续改进等提供良好支撑(如在新产品的研发过程中，就可以让典型用户参与进来，优先体验功能，提出改进意见等)。客户关系类型及具体描述见表 3-7。

表 3-7 客户关系类型及具体描述

客户关系类型	具体描述
个人助理	基于人与人之间的互动，可以通过呼叫中心、电子邮件或其他销售方式等个人助理手段进行
自助服务	通过所需要的特定条件为客户提供自助服务
自动化服务	整合了更加精细的自动化过程，可以识别不同客户及其特点，并提供与客户订单或交易相关的自动化服务
社区	利用用户社区与客户或潜在客户建立更为深入的联系，如建立在线社区
共同创作	与客户共同创造价值，鼓励客户参与产品的设计或创新
专用个人助理	为单一客户安排专门的客户代表，通常是向高净值个人客户提供服务

（五）收入来源

收入来源：从客户群体中获取的扣除成本之后的现金收入。主要的现金收入类型有：产品销售、使用收费、订阅收费、租赁收费、授权收费以及广告收费等。每种收入都有不同的定价机制，一般来说有固定定价和动态定价两种类型。通常的，如果产品能通过运营来实现收入，则相比一锤子买卖形式的产品销售或项目实施，会更激动人心。另外，需要注意的小问题是，不要将产品为客户节省的费用填写到此处。例如，云盘可以节省存储资源采购费用，云盘可以节省存储资源是产品的价值，而不是产品本身能创造的收入。收入来源类型及具体描述见表 3-8。

表 3-8 收入来源类型及具体描述

收入来源类型	具体描述
资产销售	通过销售实体产品的所有权收费
使用收费	通过特定的服务收费
订阅收费	通过销售重复使用的服务收费
租赁收费	通过暂时性排他使用权的授权收费
授权收费	通过知识产权授权使用收费
经济收费	通过提供中介服务收费
广告收费	通过提供广告宣传服务收费

（六）关键资源

关键资源：让商业模式有效运转所必需的最重要因素。通常来说，企业的关键资源就是人、财、物，也即人力资源、金融资产、实体资产。除此之外，还需关注知识资产，因为对于某些专业系统或工具，领域专家的作用非常关键，对于数据分析类应用，基础数据库及数据模型等也是关键资源。关键资源类型及具体描述见表 3-9。

表 3-9　关键资源类型及具体描述

关键资源类型	具体描述
人力资源	在知识密集产业和创意产业中，人力资源至关重要
金融资产	金融资源或财务担保，如现金、信贷额度或股票期权池
实体资产	包括生产设施、不动产、系统、产品、服务、销售网点和分销网络等
知识资产	包括品牌、专有知识、专利和版权、合作关系和客户数据库等

（七）关键业务

关键业务：为了确保商业模式可行，企业必须做的最重要的事情。这个比较容易确定，列举关键事项即可。例如，数据分析类企业的关键业务是数据清洗、建模分析，应用类企业的关键业务是产品设计、产品运营等。用户体验设计等也可以适当考虑。关键业务类型及具体描述见表 3-10。

表 3-10　关键业务类型及具体描述

关键业务类型	具体描述
制造产品	与设计、制造及发送产品有关，是企业商业模式的核心
平台/网络	网络服务、交易平台、软件甚至品牌都可看成平台，与平台管理、服务提供和平台推广相关
问题解决	为客户提供新的解决方案，需要知识管理和持续培训等业务

（八）关键合作

企业经营及产品开发早已不是单打独斗的年代了，网络上有“不怕神一样的对手，就怕猪一样的队友”来形容优秀伙伴的重要性。例如，在开发一些专业系统时，通过和高校等研究机构或专业技术团队合作，能有效弥补企业在专业研究上的不足，短平快地推出产品占领市场。

一般来说，关键合作可以分为四种类型：在非竞争者之间的战略联盟关系；在竞争者之间的战略合作关系；为开发新业务而构建的合资关系；为确保可靠供应的购买方—供应商关系。

（九）成本结构

成本结构：运营商业模式所引发的所有成本，也即我们需要列举出来所有可能的成本开销。成本结构类型一般有成本驱动和价值驱动两种。成本驱动侧重于在每个地方尽可能降低成本，价值驱动则更专注于价值创造。对于软件企业，主要是人工成本。补充一点，产品可能会涉及关联系统的接口开发等工作，但不主张在此单列，可以考虑包含在“产品开发”中。

成本结构可以反映产品的生产特点，从各个费用所占比例看，有的大量耗费人工，有的大量耗用材料，有的大量耗费动力，有的大量占用设备引起折旧费用上升等。成本结构在很大程度上还受技术发展、生产类型和生产规模的影响。分析产品的成本结构，目的就是寻找可以进一步降低成本的途径。

一个有效的商业模式不是九大要素的简单罗列，要素之间存在着有机的联系。九大要素之间的关系如图 3-8 所示。

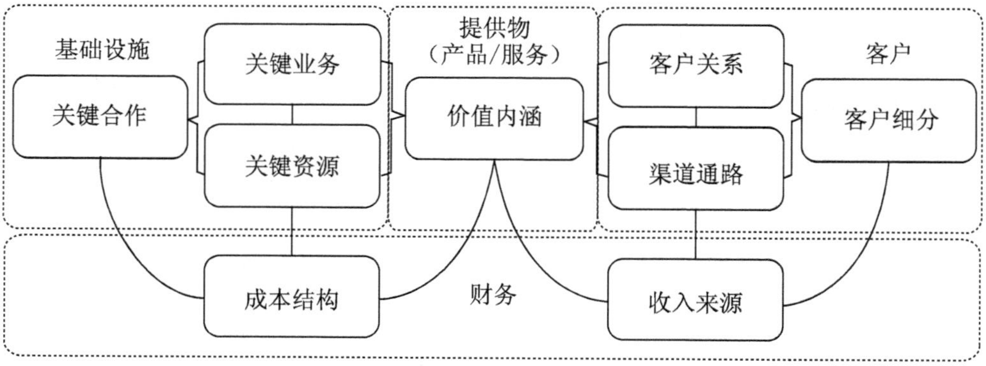

图 3-8　九大要素之间的关系

根据九大要素间的逻辑关系，商业模式的设计可以分四步进行。①价值创造收入：寻找价值内涵，寻找客户细分，打通渠道通路，建立客户关系。②价值创造需要基础设施：衡量关键资源，设计关键业务，寻找关键合作。③基础设施引发成本：确定成本结构。④差额即利润：根据成本结构，调整收入来源。值得注意的是，因为客户关系决定于价值内涵和渠道通路，关键资源和成本结构往往是关键业务确定后的结果，所以，九大要素中的客户关系、关键资源、成本结构三个要素难以形成商业模式创新。

三、商业模式的设计方法

商业模式的六大设计方法：客户洞察、创意构思、可视思考、原型制作、故事讲述和情景推测。

（一）客户洞察

企业在市场研究上投入了大量的精力，然而在设计产品、服务和商业模式上却往往忽略了客户的观点。我们要从客户的角度来看待商业模式，这样可以让我们找到全新的机会。这并不意味着要完全按照客户的思维来设计商业模式，但是在评估商业模式的时候需要把客户的思维融入进来。创新的成功需要依靠对客户的深入理解，包括环境、日常事务、客户关心的焦点及愿望。

苹果公司的 iPod 是一个很好的案例。苹果公司知道人们需要能够搜索、下载和收听数字内容，包括音乐，并且用户愿意为这种能成功解决这些问题的服务付费。苹果公司为客户建立了一种无缝音乐体验，将 iTunes 音乐与媒体软件、iTunes 在线商店和 iPod 媒体播放器整合在一起。以这种价值主张为核心的商业模式，使得苹果公司成为在线数字音乐市场的领导者。

我们可以使用移情图，这是一个可视思考工具。我们可以将其称为"超简客户分析器"，这个工具可以帮助你超越客户的人口学特征，更好地理解客户的环境、行为、关注点和愿望。

（二）创意构思

新的商业模式需要产生大量商业模式创意，并筛选出最好的创意，这是一个富有创造性的过程。这个收集和筛选的过程被称作创意构思。

创意构思的过程可以采取多种形式：团队构成的关键问题；全情投入的关键问题；扩展的关键问题；条件筛选的关键问题；"原型制作"的关键问题。

（三）可视思考

对于商业模式的相关工作来说，可视思考是必不可少的。我们所谓的可视思考，是指使用诸如图片、草图、图表和便利贴等可视化工具来构建和讨论事情。因为，商业模式是由各种构造块及其相互关系所组成的复杂概念，不把它描绘出来将很难真正理解一个模式。

有两种方便实用的可视化思考的技术：便利贴和结合商业模式画布略图描绘。便利贴的功能就像创意的容器，你可以增加、减少或在商业模式构造块之间进行调整移动。而绘图能比便利贴更加有效。草图和图画在许多方面都能发挥作用，最明显的作用是基于简单图画解释和交流商业模式。

（四）原型制作

原型制作来自设计和工程领域。在这些领域中，原型制作被广泛地用于产品设计、架构和交互设计。不必把商业模式原型看成像是某个商业模式草图。相反，原型是一个思维工具，可以帮助我们探索不同的方向，确定哪些是商业模式应该尝试选择的方向。

原型作为探索新可能性的思考辅助工具，可以帮助我们获得对商业模式本质更好的理解。同样的设计理念可以应用于商业模式创新，通过创造商业模式原型，我们可以探索创意的各方面，比如新的收入来源。

（五）故事讲述

讲故事的目的，是要把一种新的商业模式以形象具体的方式呈现出来。故事的内容一定要简单易懂，主人公也只需要一位。可以从公司、客户两种视角出发。讲故事可以采用谈话和图画、视频片段、角色扮演、文本和图画、连环图画等技巧。

（六）情景推测

在新商业模式的设计和原有模式的创新上，情景推测能起到很好的作用。情景推测把抽象的概念变成具体的模型。它的主要作用就是通过细化设计环境，帮助我们熟悉商业模型设计流程。两种常见的情景推测是：描述不同的客户背景；描述新商业模式可能会参与竞争的未来场景。客户情景推测可以在商业模式设计中引导我们做出正确的选择，而在未来商业模式的设计中，一般要比依靠头脑风暴更为方便和有效。

对于创业者来说，必须要理解设计新商业模式涉及的不同工具之间的区别。我们在思考方面确实需要非常多的顾虑，我们需要的是不断地测试创新，让想法不要过早地僵化，这一点非常重要。

四、商业模式的核心

商业模式的核心在于价值内涵，也就是你能给客户提供什么价值，客户为什么选择你而不是别人。如果一个企业的价值内涵不清楚，是无法建立合理的商业模式的。

比如，茅台的价值内涵：贮足陈酿，国酒永恒。茅台酒可以满足客户两种不同的需求：好酒＋国酒。前者是酒本身的品质与特色，满足客户的感官需求。后者是围绕着茅台作为一个国酒品牌的光环，满足客户的心理需求。

格力的价值内涵：性能＋质量。“好空调，格力造”这完美地体现了格力的价值内涵。“好”意味着性能好，质量好。而格力注重研发的商业模式也是与之相适应的。格力专注于空调领域的做法也让这种价值内涵得到了强化。而春兰盲目多元化则让其价值内涵逐渐淡化甚至消失。

总之，价值内涵是一个企业商业模式的核心。砸钱投入广告可以提高品牌知名度与形象，但是并不能真正提高企业的价值内涵。投资一个企业，如果说不清一个企业的价值内涵，要么你对这个企业的定性研究还不够，要么这个企业根本没什么价值内涵，不值得投资。

五、商业模式的关键

不同的行业，不同的价值内涵，商业模式的关键点也不一样。

互联网泡沫时期，众多中国的网络公司一直找不到盈利的商业模式，濒于死亡，直到短信救了大家。实际上，这就是这些公司在收入流方面的突破。这就是商业模式的关键点。

目前，互联网企业的关键活动主要有三种：门户(新浪、搜狐、腾讯、网易)，社交(微信、新浪微博)，销售(亚马逊、阿里巴巴、京东)。这三种活动对应的是三种不同的价值内涵：提供信息新闻、提供活动平台、提供产品与服务。正因为价值内涵与关键活动不同，其商业模式的关键也不同。对门户来说，新闻信息的合作伙伴至关重要，编辑人员也是重要的关键资源。而对社交平台来说，客户关系至关重要。对销售来说，传送渠道和供应链非常重要。

六、商业模式的开发和创新

并不是所有的新企业都是在商业模式创新的基础上建立的，但开发和创新商业模式是企业进行市场竞争的捷径。相对于现有企业而言，作为运用同样商业模式进行运营的后进者，新企业面临着竞争资源和能力方面的劣势。优秀的商业模式都具有一定的弹性，即存在对已有商业模式不断创新的空间。开发和创新商业模式蕴含着新的商机。

（一）商业模式的逻辑关系

价值发现──→价值匹配──→价值获得。

1. 价值发现

价值发现指的是通过种种不同的方法加以挖掘并且在未来某一时期为市场所认可的价值，或者说，就是通过调查、研究、分析等方式，找出投资工具市场价格所没有充分或完全反映出的潜在价值。因此，价值发现在国外也被称为“逆向投资”。

2. 价值匹配

明确合作伙伴，实现价值创造。新企业不可能拥有满足顾客需要的所有资源和能力，即便新企业愿意亲自去打造和构建需要的所有能力，也常常面临着很大的机会成本和风险。

3. 价值获得

制定竞争策略，占有创新价值。许多创业企业是创新技术或创新产品的开拓者，但却不是创新利益的占有者。这种现象发生的根本原因在于这些企业忽视了对创新价值的获取，最终使得创业企业“竹篮打水一场空”。

（二）商业模式开发和创新的方法

1. 价值链分析

创业者可以通过审视一个产品或服务的价值链，来发现价值链的哪个阶段能够以其他更有意义的方式增加价值。

这种分析可以集中于：价值链的某项基础活动(比如营销)；价值链某个部分与其他部分的结合处(如运营和外部后勤之间)；某项辅助活动(如人力资源管理)。

不管集中于价值链的哪一种活动，创业者都要确定自己在整个价值链中的地位和角色，并进一步明确合作伙伴以给新企业提供有效支持。

2. 设计框架

如图 3-9 所示，有效的商业模式必须包括四个关键要素和三个界面要素：顾客界面、核心战略、战略资源和伙伴网络，以及顾客利益、构造和企业边界。

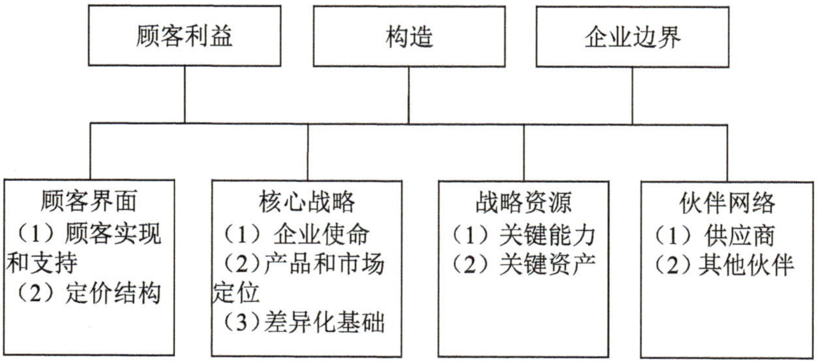

图 3-9　设计框架

案例启示

小米手机的成功之道

“认真做手机，拉着客户一起干，在网上卖，因为量不够，大家排队。”小米科技董事长兼 CEO 雷军用这样一句简单的话形容小米手机的研发与商业模式。

自从雷军召开小米手机发布会以来，小米手机能否成功就成为业界一大热点话题。小米手机的关键词一度成为百度十大热门关键词之一。

然而，业界绝大部分人士并不看好小米，特别是手机界专业人士。而形成反差的是，市场上小米的手机预订却异常火爆。

以前的两轮开放购买都在短时间内将备货销售一空。2011 年 12 月 18 日小米手机首轮备货 10 万台，但零点开放后三小时宣布售完。2012 年 1 月 4 日小米公司再次备货 10 万台，也很快在三个半小时内售完。1 月 11 日中午 12：50，小米公司开始的第三轮开放购买更是引发了抢购热潮，仅用了八个半小时便售出了 30 万台。截至 2012 年 1 月 12 日 23：00 官网停止预定，第三轮开放购买备货的 50 万部小米手机已经告罄。至此，小米手机开放购机数量已达到 70 万部，加上开放销售前的 30 万部订单，小米手机的销量已近百万。

刚出生几个月的小米为何销量已经能比肩国内一线品牌？小米到底有何独到之处？

有人说小米手机还算可以的硬件配置是现有技术的组合，称不上是重大技术创新。米柚(MIUI)操作系统是在安卓(Android)基础之上做出改进，也没有太大的新意。而米聊虽然号称有数百万用户，比起 QQ 来说就小巫见大巫了。

高规格的硬件配置、米柚操作系统、米聊，单个说来都谈不上什么重大创新。但当雷军将这些全都整合在一起的时候，就拥有了一种神奇的力量。

小米的成功源于营销模式、商业模式以及竞争战略上的创新。

营销模式创新

小米手机除了运营商的定制机外，只通过电子商务平台销售，最大限度地省去中间环节。通过互联网直销，市场营销采取按效果付费模式，这样的运营成本相比传统品牌能大大降低，从而最终降低终端的销售价格。

与其他电子商务企业不同的是小米从未做过广告。雷军说，保持产品的透明度和良好的口碑，是小米初步取胜的秘诀。从 MIUI 开始，小米就牢牢扎根于公众，让公众(尤其是发烧友)参与开发，每周五发布新版本供用户使用，开发团队根据反馈的意见不断改进，此后的米聊和小米手机皆如此，而且还鼓励用户、媒体拆解手机。

有人说发烧友是一个特定的用户群，不一定能代表广大用户，但这些人其实是最苛刻的用户，他们的反馈意见将推动小米手机不断的改进用户体验。而且数十万人的发烧友队伍将成为口碑营销的主要力量。小米的成功，在于依靠米柚和米聊用户，以及一批批用户的口口相传。

商业模式创新

目前，所有手机厂商的商业模式都是靠销售手机赚钱，包括苹果、三星以及国内的华为、联想甚至是深圳的山寨厂商。在商业模式上，小米也可以跟传统手机厂商一样靠硬件盈利，但雷军不，他选择把价格压到最低、配置做到最高。

作为一家互联网公司，小米更在意的是用户口碑，只要有足够多的用户，盈利自然不是问题，最后也许小米公司只卖出 100 万部手机，但是却吸引到了几千万的移动互联网用户。

谷歌(Google)免费提供安卓系统想的是通过搜索和广告赚钱。亚马逊(Amazon)的金读之光(Kindle Fire)低价亏本销售也是这个思路，只要用户量足够多，以后通过终端销售内容和服务就可以赚钱。

由于手机用户一升级换手机，这个用户可能就是别家的，所以大部分手机厂商没有经营用户的意识，特别是国产品牌。所以如果只是低价卖手机，用户又不是自己的，这就没有意义。

而小米是自己的手机品牌，并且自己有系统及产品服务，能让用户不仅是自己的手机用户，而且是自己的系统用户，这样发展起来的用户就有价值了。其实从这点上说小米与苹果已经很类似了，区别是苹果手机的利润主要来自硬件，而小米却不靠硬件赚钱。

竞争战略创新

一个小公司，当没有资源、没有品牌、没有用户，什么都没有的时候，就必须找到一块最适合的战场，让大公司看着眼馋，但就是不敢进来。

显然，小米找到了这样的一片蓝海，小米在不靠硬件赚钱的模式上发展手机品牌，软硬件一体化，定位中档机市场，价格不高不低，基本配置还往高端机上靠齐，甚至领先。在产品空间以及利润空间的考虑下，其他厂商不太好进入。

另外，手机与移动互联网混合的模式也使得小米没有竞争对手。小米所有安卓开发的竞争对手都不是其做手机的竞争对手，所有做手机的竞争对手又都不是其做安卓开发的竞争对手。而且就算是竞争对手模仿跟进，将遇到的困难和挑战也是一样的。

小米相对于一般的安卓厂商的优势是有多个差异化竞争手段(米柚、米聊等)。源于安卓的二次开发系统米柚是个优势，而雷军最大的优势是那些关联公司(金山软件、优视科技、多玩、拉卡拉、凡客诚品、乐淘等)。只要雷军让小米和这些公司进行服务对接，就有了其他手机厂商都不具有的优势——低成本，高效率，整合速度快和双向推动作用。

“高性价比”“秒杀”，甚至“饥饿营销”“期货手机”，小米科技成立以来一直话题不断。面对这些肯定与非议，雷军认为，从外界的“看不起”“看不懂”到“学不会”，说明“小米模式”的发展背后也有一定的成功经验。谈到品牌热度和发展速度，他直言：“若不是身在其中，我也觉得不可信。”究其原因，小米是站对了台风口、顺势而为，当然最重要的是坚持创新。

凭借对新鲜事物和数码产品的强烈兴趣，雷军对手机操作系统和硬件开发有着执着的追求。他喜欢把小米科技称为一家“铁人三项”公司，即硬件、软件、互联网服务。技术创新和商业模式创新是两把利剑。

他最津津乐道的当属自主开发的米柚操作系统。小米最早使用互联网研发模式，每周在线更新系统程序。虽然每周要花费两天做规划、两天写代码、两天做测试，难度系数很高，但他坚信这是一场“软件工程的革命”，为的就是提供更独特、更便捷的用户体验。“手机市场这么大，每个人都用手机，1%的需求量都是大需求。”

最初，米柚系统只有100个用户，是小米论坛上集结的一批“敢死队”，他们勇于在刷机中尝试新版本系统，不怕一不小心让手机死机。由于小米手机使用其他品牌手机做工程机，支撑其他机型，这一系统现在已拥有1000万用户。活跃的小米论坛是“米粉”的天下，其中不乏一些发烧友根据使用体验踊跃地为操作系统提建议。每次更新的四五十个，甚至上百个功能中，有三分之一是由“米粉”提供的。“我们愿意广泛听取大家的建议，有问题就改。”雷军认真地说。态度好是他认为互联网式服务的一大特点。通过在社区、微博、米聊等平台上与用户直接交流，把了解自己需求的用户吸纳过来一起做手机，关注细节，集思广益，这样才能获得良好的口碑。“米粉”渴望参与其中，每当看到系统版本更新采纳了自己的建议，就会心生成就感和认同感。

“粉丝经济”的创新改变了电商狂砸广告的固有模式。小米科技走的是网民最能接受的电子商务路线，不同的是，营销渠道移到了微博上，省下了广告费，也搭着我国微博用户数量急速攀升的便车，赚足了关注的目光。

小米科技与众不同，不能不提雷军冲击高端的决心。据介绍，小米手机采用的高新技术元件，几乎每个重要零部件都可以知道是哪家企业做的。尖端科技能否按时发布、上市后的问题如何解决，这些都是需要经常考虑的。“如果不应对风险，只选用成熟技术，那么只能做中低端产品。”雷军斩钉截铁地说。例如，单玻璃全贴合技术让屏幕透光率增强、色彩更加鲜明；全球首发的高通四核 1.5G 处理器让手机性能提高 45%、功耗降低 63%。在“米 2”手机的发布会上，小米科技一连提出了近百个技术新词。

竭尽成本的定价模式也是其独特之处。电子消费品达到一定的批量生产需要很长的时间，传统手机往往采取每过一段时间就降低价格的办法。而雷军则是利用摩尔定律赚钱，从一开始就极力压低价位，等到销售数量增加后开始获取正常的商业利润。正是这种高性价比，让很多“米粉”一次次地准时守在电脑前抢购。

在雷军看来，其核心竞争力还源于吸纳人才的能力。小米科技聚集了大规模的海归人员，还有 100 余人来自知名跨国企业。“创新是系统工程，在产品设计上下功夫才能持续前进。”他介绍，企业三分之一的员工是设计师，从图标、界面等屏幕的每个细节，到外放音响、内置天线面积，都需要设计师用心思考，精益求精。令他自豪的是，小米科技无论软件还是硬件部门，都拥有一支经验丰富、思想活跃的设计团队。

资料来源：

小米手机的成功之道[EB/OL]．(2015-12-10)[2018-10-19]https：//wenku. baidu. com/view/3583f5d625c52cc58ad6bebb. html.（节选）

思考与讨论：

小米手机成功的秘诀是什么？雷军在商业模式上有哪些创新？

拓展活动

用商业模式画布（如图 3-10 所示）的形式来纵观小米公司整个商业模式的组成。

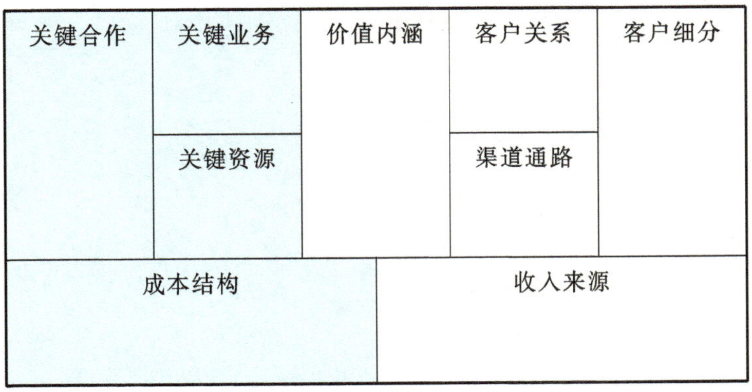

图 3-10　商业模式画布

第四章　创业资源

第一节　创业资源的内涵、类型及获取途径

【学习提要】

如何才能更容易地到达成功的彼岸，这是很多创业者终身都在思索的问题。在初次创业的时候，创业者的资源都是十分欠缺的。资源不足，使创业成功的概率降低。创业者要想创业能够更快速地成功，资源就尤为重要，只有掌握丰富而全面的创业资源，才能更加从容地抵御风险，从而更快地走向成功。

【学习目标】

1. 了解创业资源的内涵、类型。
2. 掌握创业资源的获取途径。

案例导入

一元钱打造一条街

他破产了，口袋里的一元钱及回家的一张车票是他那时全部的财产。“再见了！深圳……”一句告别的话还没说完，他就已泪流满面。“我不能就这样走。”在跨入车门的那一瞬间，他退了回来，并撕碎了车票。

在火车站，听着来往旅客天南地北的方言，他突发奇想，用一元钱在一家小店买了一支儿童彩笔和4个红塔山的包装盒。在火车站出口，他举起一张牌子，上书“出租接站牌(一元)”。当晚他不仅吃到了一碗加州牛肉面，而且口袋里还剩下18元。

5个月后，接站牌由4个包装盒发展成为40块锰钢做成的可调式“迎宾牌”，火车站附近有了他的一间工作室。

3月的深圳，春光明媚，各地的草莓纷纷上市。10元一斤的草莓，第一天卖不掉，第二天只能卖5元，第三天就没人要了。此时他来到近郊的一个农场，用出租“迎宾牌”挣来的1万元，购买了3万个花盆。

第二年春天，当别人把摘下的草莓运到城里时，他栽着草莓的花盆也进了城。不到半个月，3万盆草莓销售一空，深圳人第一次领略了由1万元变成30万元的滋味。

1995年，深圳海关拍卖一批无主货物，有1万只全是左脚的耐克皮鞋，无人竞标，他成了唯一的竞标人并以奇低的拍卖价买下了。1996年，在蛇口海关已存放了1年的无主货——1万只右脚的耐克皮鞋急着处理，他得到消息，以残次旧货价格拉出海关。

这次无关税贸易使他作为商业奇才跃上香港一商业杂志的封面。现在他已成为欧美13家服饰公司的亚洲总代理，正在力主把深圳的一条街变成步行街，因为在这条街上有他12个店铺。

资料来源：

一元钱打造一条街[EB/OL].(2015-11-05)[2018-10-20]http://paper.dzwww.com/xcb/data/20151105/html/20/content_1.html.

案例启发：

资源不在于拥有多少，关键在于能否用创新的思维方式，去整合和支配外部充裕的资源。一元钱能打造出一条街，可是很多人认为一元钱只能买一杯水。也许正是这种认识上的差别，使世界上产生了富翁和乞丐。

学习任务

一、创业资源的内涵和类型

(一) 创业资源的内涵

资源就是任何主体在向社会提供产品或服务的过程中，所拥有或所能支配的有助于实现自己目标的各种要素以及要素的组合。创业资源是指新企业创立以及成长过程中所需要的各种生产要素和支撑条件，是新企业在创造价值过程中所需要的特定资产，包括有形资源与无形资源，诸如创业人才、创业资本、创业机会、创业技术和创业管理等。

（二）创业资源的类型

创业资源是新企业成长过程中必需的资源。按照资源对企业成长的作用，我们将其分为两大类：对于直接参与企业日常生产、经营活动的资源，我们称之为要素资源；对于未直接参与企业生产，但其存在可以极大地提高企业运营的有效性的资源，则称为环境资源。

1. 要素资源

场地资源，包括场地内部完备的基础设施建设、便捷的计算机通信系统、良好的物业管理和商务中心，以及周边方便的交通和完善的生活配套设施等。

资金资源，包括及时的银行贷款和风险投资、各种政策性的低息或无偿扶持基金，以及写字楼或者孵化器所提供的租金优惠等。

人才资源，包括高科技人才和管理人才的引进、高水平专家顾问队伍的建设，以及合格员工的聘用等。

管理资源，包括企业诊断、市场营销策划、制度化和正规化企业管理的咨询等。

科技资源，包括对口的研究所和高校科研力量的帮助、与企业产品相关的科技成果及进行产品开发时所需要的专业化的科技试验平台。

2. 环境资源

政策资源，包括允许个人从事科技创业活动，允许技术入股，支持海外与国内的高科技合作，为留学生回国创业解决户口、子女入学等后顾之忧，简化政府的办事手续等。

信息资源，包括即时的展览会宣传和推介信息、丰富的中介合作信息及良好的采购和销售渠道信息等。

文化资源，包括高科技企业之间相互学习和交流的文化氛围、相互合作和支持的文化氛围，以及相互追赶和超越的文化氛围等。

品牌资源，包括借助大学或优秀企业的品牌、借助科技园或孵化园的品牌，以及借助社会上有影响力的人士对企业的认可等。

二、创业资源与一般商业资源的异同

（一）创业资源与一般商业资源的相同点

一般商业资源是指经济学意义上的资源，即具有经济价值或能够产生新的价值和使用价值的客观存在物。从这个意义上说，具有经济价值并能够创造新的价值，这是创业资源与一般商业资源的共同点。

但资源的通用性无法使企业获得高水平的绩效和持续的竞争优势，也无法实现创业企业的成长。

（二）创业资源与一般商业资源的不同点

1. 创业资源的外部性

创业资源大多为外部资源，新企业普遍资源短缺，创业者往往只拥有少量的资源，甚至两手空空。因此，创业者获取资源的有效途径就是使外部资源内部化，特别是对于关键性创业资源要能够有效地获取与整合。成功的创业者大多都是资源整合的高手，创造性地整合外部资源是他们成功的关键因素之一。

2. 创业资源的异质性

资源基础理论认为企业的竞争优势源于企业拥有的异质性资源。创业者就是为了协调稀缺资源而实施判断性决策的人。企业内部拥有的那些异质性资源和能力是新企业成长的重要原因。

所谓资源异质性，是指其具有价值性、稀缺性、难以模仿性和难以替代性，从而构成了企业竞争优势的内生来源。

创业者在创业过程中形成的有特色的创意、创业精神、愿景目标、创业动力、创业初始情境等，就是属于这类具有异质性和固定性的资源。

3. 创业资源使用价值的差异性

人类知识不仅总是对于具体事物而言，而且总是分属于不同的认识主体，相互之间难以完全统一，这就是所谓的知识分散性。分散性知识的存在，意味着对于同样的资源创业者会看到他人未能发现的不同效用，产生不同期望，做出不同的投入产出判断，从而产生超出一般商业资源的新价值，甚至是超额利润的效果。

4. 创业资源能实现新效用

资源价值来自资源属性的效用，而资源效用不是一成不变的东西，会在社会活动中不断被发现。创业者按自身发现的效用对所获资源进行开发利用，把发现的资源新效用变成产品或服务的新功能，以此获得价值增值甚至是超额利润。

三、创业资源获取的途径与技能

（一）创业资源获取的途径

创业资源获取来自两个方面：一是自有资源；二是外部资源。

自有资源主要指创业者或团队自身拥有的、可用于创业的资金、技术、创业机会信息、自建的营销网络、控制的物质资源或管理才能、管理组织等。自有资源可以通过内部培育和开发，企业通过一定的方式在内部开发无形资产、培训员工以及促进内部学习等获取有益的资源。

外部资源则包括亲朋好友、同学、同事、商务伙伴或其他投资者的社会关系及其资源，或者能够借用的人、财、空间、设备或其他原材料等。

应用型本科(独立院校)创业学生获取创业资源的途径有以下几种。

1. 获取创业计划的途径

①雇用一个咨询顾问在创业计划书的编制过程中提供帮助。

②吸引他人以创业计划作为知识产权资本，加入自己的创业团队，成为未来新企业的一个股东。

③购买他人已有的创业计划，但应注意要进行理性甄别，并借助专家力量对该计划进行完善。

④构思自己的创意，委托专业机构研究、编制创业计划。

2. 获取外部资金的途径

①依靠亲朋好友筹集资金，双方形成债权债务关系。

②抵押、银行贷款或企业贷款。

③争取政府某个计划的资金支持。

④所有权融资，包括吸引新的拥有资金的创业同盟者加入创业团队，吸引现有企业以股东身份向新企业投资、参与创业活动，以及吸引企业孵化器或企业投资者的股权资金投入等。

3. 获取起步项目所依赖技术的途径

①吸引技术持有者加入创业团体。

②购买他人的成熟技术，并进行技术市场寿命分析等。

③购买他人的前景型技术，再通过后续的完善开发，使之达到商业化要求。

④购买技术，吸引技术持有者。

⑤自己研发。

4. 获取人力资源的途径

①社会招聘。

②组织内部培训。

5. 获取技术、市场及政策等信息的途径

一般而言，获取技术、市场及政策信息的途径主要有：政府机构、同行创业者或同行企业、专业信息机构、图书馆、大学研究机构、新闻媒体、会议以及互联网，等等。

（二）创业资源的获取技能

1. 如何获得创业“人”资源

第一，要拥有可以得到很多人认可的人生观、价值观；第二，要有认识各行各业、各种背景的很多朋友的机会。

2. 如何获得创业“物”资源

“物”资源包括两个内容，其一是产品，其二是信息流、资金流和物流等“三流”渠道。“三流”渠道，往往是社会有什么，大家就能获得什么。信息流，是创业者将自己的产品信息告诉潜在顾客。由此可见，信息流渠道包括：一是潜在顾客，二是向他们传递信息和得到他们信息的方法。

3. 如何获得创业“财”资源

创业所需的“财”资源，往往是在确定项目和创业团队之后，可以得到父母、亲戚、朋友的帮助。除此之外，大学生创业者还可以向“中国青年创业国际计划”等公益机构申请创业启动资金，一般为 3 万～5 万元，有时候可以得到 10 万元。利用公益机构的资金创业成功以后，需要返还启动资金，这相当于无息贷款。不少地方政府为鼓励大学生创业提供启动资金。

四、创业资源整合的战略选择和实现手段

（一）创业资源整合的战略选择

创业者整合资源的根本目的在于创造经济租金。因此，租金创造机制将会影响资源整合战略的选择。

通常认为，有两种机制会影响企业创造经济租金：一种是资源获取机制，另一种是能力构建机制。

在创业者整合资源的过程中，资源获取机制和能力构建机制同样发挥作用，反映了资源整合活动中的开发性和探索性。创业者在创业之初并非一无所有，他可以以能力构建机制为导向，在资源整合过程中采用开发现有资源的战略；另一方面，随着创业的推进，现有的资源难以满足创业者需要，因此创业者需要做出资源选择判断，获取新的资源，即以资源获取机制为主导，在资源整合过程中采用探索潜在资源的战略。

根据经济租金创造机制可以归结两种不同的创业资源整合战略。

一是资源开发战略。开发战略是在能力构建机制的指导下，对现有资源的利用。

二是资源探索战略。探索战略是在资源获取机制的指导下，对潜在资源的利用。

（二）整合资源战略的具体实现手段

1. 资源开发战略：创造性拼凑

创造性拼凑指为解决新问题或利用新机会，整合手头现有的资源行事。

创造性拼凑是通过创新进行价值创造的活动。新的整合需要将资源从原有用途中撤出，整合带来的损失可能多于潜在价值。

但事实上，创作者拼凑的资源通常是被认为没有价值而闲置的冗余资源，或者是用于单一用途没有充分利用的资源，不会带来损失。不仅如此，合理利用创造性拼凑还会促进企业的成长。

研究表明：在资源约束的条件下，创业者可以通过创造性拼凑开发现有资源或者获取新的资源，创造性拼凑体现在物质、人力、技术(即创业投入)、制度规范和顾客五个领域，创业者可以采用平行拼凑和选择拼凑两种方式。平行拼凑是指创业者在每个领域都采用拼凑手段，久而久之容易被定位成标准低、质量次的“拼凑型企业”，丧失了广泛的顾客群，进而阻碍了企业成长。而采用选择拼凑方式的创业者只选择部分领域进行拼凑，随着企业的发展逐渐减少，最后放弃拼凑方式，使企业逐渐走向正规化，满足更广泛的市场需求，因而选择拼凑方式可以促进企业成长。

2. 资源探索战略：杠杆作用

杠杆资源是指创业者个人的人力资本和社会资本。而人力资本由一般人力资本与特殊人力资本构成。一般人力资本包括个体受教育背景、以往的工作经验及个性品质特征。特殊人力资本包括产业人力资本(与特定产业相关的知识、技能和经验)与创业人力资本(先前的创业经验或创业背景)。发挥资源杠杆效应，创业者能比别人更加延长资源使用时间，更充分地利用别人没有意识到的资源。利用他人或者别的企业的资源来完成自己创业的目的，将一种资源补足另一种资源产生更高的复合价值，利用一种资源获得其他资源。

创业资源整合战略的对比见表 4-1。

表 4-1　创业资源整合战略对比

	开发战略	探索战略
指导机制	能力构建机制	资源获取机制
资源来源	现有资源	潜在资源
整合手段	创造性拼凑	利用杠杆资源
关键特征	重新审视并定义现有的资源，开发闲置资源，考虑资源的多重用途	创造性、有选择地吸引新的资源
所整合资源的属性	人力资源、物质资源、技能资源、财务资源、社会资源	人力资源、社会资源
资源环境特点	资源约束性强，时限性强	资源约束性中等或偏弱，时限性偏弱

拓展活动

头脑风暴

如何利用资源，用别针换别墅？

第二节　创业融资

【学习提要】

对创业者来说，能否快速、高效地筹集资金，是创业企业能否站稳脚跟的关键，更是实现二次创业的动力。据了解，目前国内创业者的融资渠道较为单一，主要依靠银行等金融机构。而实际上，风险投资、民间资本、创业融资、融资租赁等都是不错的创业融资渠道。

【学习目标】

了解创业融资的概念，掌握创业融资的主要渠道。

案例导入

创业融资案例1：创业资金哪里来？

也许你有一项高科技的成果，正想创办企业，将成果转化为经济效益；也许你有一个高利的项目，打算兴办工厂，借机开创自己的事业；也许你正看好某一行业，而你又有着丰富的从业经验，很想自己单干；也许你是什么优势也不具备的下岗工人，只是想开个小店自己养活自己……但是，你们都面临着同样的一个问题，那就是创业资金哪里来？

银行提供的免担保创业信贷

事例：周某某大学毕业后回到老家上海后，一直没找到称心的工作，看到自己居住的小区内有一家小型超市生意非常红火，他想：不如开个超市自己给自己干，但是一打听，办个小超市投资起码得六七万元，只好作罢。

去年8月份，上海浦东发展银行与联华便利签约，推出了面向创业者的“投资七万元，做个小老板”的特许免担保贷款业务，由于联华便利为创业者提供了集体担保，创业者自己不必再提供担保，浦发银行可向每位通过资格审查的申请者提供七万元的创业贷款。周某某获悉立即递交了申请，两个月后，他顺利地从浦发银行领到了贷款，在控江路上如愿开起了自己的小超市。

以低代价转来亏损企业向银行抵押贷款

事例：杜某某做了几年的外贸服装，积累了一定的业务渠道，便打算自己办一家鞋厂。他仔细算了算，办个年产50万双皮鞋的中等规模的鞋厂需要100万元设备和周转资金，外加一处不小于200平米的厂房。

杜某某通过朋友在近郊某镇物色了一家负债累累、濒临倒闭的板箱厂，以“零转让”的形式接手了这家工厂，也就是该镇以资债相抵的办法，将工厂所有的动产不动产以及工厂的债务全部一起转让给了杜某某。

厂房的问题是解决了，但是100万元的投资从哪来呢？杜某某到银行去贷款，负责信贷的同志要他提供担保，可是上哪去找担保人呢？正在他着急万分的时候，他的一位朋友一语点醒了梦中人：板箱厂的厂房就是现成的抵押物。就这样，杜某某不花一分钱，就解决了资金和厂房的问题。当然，他因此也背上了较重的债务，这就要靠他通过今后的创业慢慢地偿还了。

创业融资案例2：真融资，莫心急

初次创业，融资问题是关键，也是极让人头疼的事情，下面和大家分享一个案例，因为一次“特别”的打击，雷先生和他的企业元气大伤。雷先生为此卖掉了几部爱车救急，可这点钱对于饥渴的企业来说，实在是杯水车薪，如同水滴入大海，连浪花都没溅起来。

雷先生的企业以技术研发见长，看着自己的几十项创新技术和产品一起堆积，雷先生心痛又心急。在此关头，有家据称是“外资”的咨询公司向雷先生伸出了“橄榄枝”，表示可以为企业融资解困。雷先生亲自考察了一番，眼见该公司是在一幢顶级商务楼里办公，于是，便放心地按对方的要求提供资料和样品。

可当雷先生提出想看之前融资成功的案例时，却遭到对方拒绝。起了疑心的雷先生派人打听其外资背景，发现纯属子虚乌有；网站、服务器，也都是假冒伪劣。回头再想找该公司，发现已人去楼空，雷先生的十几万元也打了水漂，只能自嘲：付学费买教训。

好在天无绝人之路。经朋友牵线搭桥，某律师事务所的一位咨询顾问约雷先生见了面。雷先生的要求也不高，只要能有800万投进来，企业就能走上正轨。咨询顾问则表示，无论什么企业，在引进投资方时，首先要想清楚融资目的、企业需要的是哪一类的投资者。

其次，任何投资者，它只关心三件事：企业的整体状况、产品及发展前景。不同的投资者关注点有所不同，一类财务投资者，像私募基金及投资银行，他们在乎的是股权，不太会过多干预企业的经营管理；另一类则是战略合作者，这类投资者囿于有钱无技术无场地等因素，所以更关注企业实体，一旦企业有所发展，便有可能找借口让管理层走人，而让“自己人”来替代。不过，两类投资者各有侧重点。

所以，咨询顾问建议雷先生，在融资前期不妨拿出几项技术注册几家空壳公司，一家公司便是一项技术、一个项目，分别写好商业计划书后，像撒网一样撒向那些财务投资者，如果感兴趣，这些嗅觉灵敏的投资者自会循着味儿找上门来。只要有一两个项目投资成功并能正常运作，便能贴补母公司的研发。如果空壳企业成长良好，也可剥离母公司上市。即便失败，倒闭的是空壳公司，而不会危及到母公司。至于战略投资者，目前可暂不考虑。如果雷先生哪天做腻了、做累了，那再找战略投资者，看价钱合适，直接拿到海外上市"卖"个好价钱。

资料来源：

创业融资案例［EB/OL］https：//wenku. baidu. com/view/b75cacf987254b35eefdc8d376eeaeaad1f3162a. html.

学习任务

一、创业融资和创业资本

（一）融资与创业融资

融资是指资金供应方通过借贷，购买有价证券等形式把资金使用权出让给资金需求方，并在出让的过程中取得相应的报酬。融资具有两个特点：资金的所有权与使用权分离；资金供应方要取得一定的利息、股息等，作为其出让资金使用权的报酬。

创业融资是指资金供应方将资金的使用权出让给创业者，用于创业活动的一种融资方式。

（二）创业资本

创业资本是由创业投资者（或其他出资人）出资，将其投入拟创立的新企业或刚刚诞生的新企业，并赋予极大的希望获取高回报，又要承担一定风险的股权资本。

创业资本的本质是为创业项目或新企业提供资本支持，通过资本经营帮助创业者创业，并获得资本增值。创业资本通常是没有担保的投资，高风险和高收益并存，是一种资金与管理相结合，金融与技术相结合，流动性很小的中长期的股权投资。

二、创业融资的渠道

新企业利用不同的融资工具，从多个渠道筹集到企业发展所需要的资金，这些融资渠道共同构成了企业的融资体系，为企业提供有力的资金支持。创业融资的渠道主要有以下几种。

（一）风险投资：创业者的"维生素C"

在英语中，风险投资的简称是VC，与维生素C的简称VC如出一辙，而从作用上来看，两者也有相同之处，都能提供必需的“营养”。广义的风险投资泛指一切具有高风险、高潜在收益的投资；狭义的风险投资是指以高新技术为基础，生产与经营技术密集型产品的投资。根据美国全美风险投资协会的定义，风险投资是由职业金融家投入新兴的、迅速发展的、具有巨大竞争潜力的企业中的一种权益资本。

（二）天使投资：创业者的“婴儿奶粉”

天使投资是自由投资者或非正式风险投资机构，对处于构思状态的原创项目或小型初创企业进行的一次性的前期投资。天使投资虽是风险投资的一种，但两者有着较大差别：天使投资是一种非组织化的创业投资形式，其资金来源大多是民间资本，而非专业的风险投资商；天使投资的门槛较低，有时即便是一个创业构思，只要有发展潜力，就能获得资金，而风险投资一般对这些尚未诞生或嗷嗷待哺的“婴儿”兴趣不大。

在风险投资领域，“天使”这个词指的是企业家的第一批投资人，这些投资人在公司产品和业务成型之前就把资金投入进来。天使投资人通常是创业企业家的朋友、亲戚或商业伙伴，由于他们对该企业家的能力和创意深信不疑，因而愿意在业务开展之前就向该企业家投入大笔资金，一笔典型的天使投资往往只是几十万美元，是风险资本家随后可能投入资金的零头。

对刚刚起步的创业者来说，既吃不了银行贷款的“大米饭”，又沾不了风险投资“维生素”的光，在这种情况下，企业只能靠天使投资的“婴儿奶粉”来吸收营养并茁壮成长。

（三）创新基金：创业者的“营养餐”

近年来，我国的科技型中小企业的发展势头迅猛，已经成为国家经济发展新的重要增长点。政府也越来越关注科技型中小企业的发展。同样，这些处于创业初期的企业在融资方面所面临的迫切要求和融资困难的矛盾，也成为政府致力解决的重要问题。

有鉴于此，结合我国科技型中小企业发展的特点和资本市场的现状，科技部、财政部联合建立并启动了政府支持为主的科技型中小企业技术创新基金，以帮助中小企业解决融资困境。创新基金已经越来越多地成为科技型中小企业融资可口的“营养餐”。

（四）中小企业担保贷款：创业者的“安神汤”

一方面中小企业融资难，大量企业嗷嗷待哺；另一方面银行资金缺乏出路，四处出击，却不愿意贷给中小企业。究其原因主要在于，银行认为为中小企业发放贷款，风险难以防范。然而，随着国家政策和有关部门的大力扶植以及担保贷款数量的激增，中小企业担保贷款必将成为中小企业另一条有效的融资之路，为创业者“安神补脑”。

（五）政府基金：创业者的“免费皇粮”

近年来，政府充分意识到中小企业在国民经济中的重要地位，尤其是各省市地方政府，为了增强自己的竞争力，不断采取各种方式扶持科技含量高的产业或者优势产业。为此，各级政府相继设立了一些政府基金予以支持。这对于拥有一技之长又有志于创业的诸多科技人员，特别是归国留学人员是一个很好的吃“免费皇粮”的机会。

（六）典当融资：创业者的“速泡面”

风险投资虽是天上掉馅饼的美事，但只是一小部分精英型创业者的“特权”；而银行的大门虽然敞开着，但有一定的门槛。“急事告贷，典当最快”，典当的主要作用就是救急。与作为主流融资渠道的银行贷款相比，典当融资虽只起着拾遗补阙、调余济需的作用，但由于能在短时间内为融资者争取到更多的资金，因而被形象地比喻为“速泡面”，正获得越来越多创业者的青睐。

案例启示

一元卖公司

小胡是某大学国际贸易专业的学生，2002 年 7 月，小胡陪当年毕业的一位学长参加大学生招聘会。那天，他和学长不停地奔走在各个招聘点，广泛散发应聘资料，然而，忙活了一整天，他的学长和其他大部分毕业生一样，最终没有找到合适的工作。这件事对小胡的触动很大，他由此想到了自己和同学，想到了 2003 年是高校扩招生毕业的第一年，届时大学生就业压力会更大。如果开办一家公司，帮助大学生找工作，然后收取一定的中介费，这既帮助了大学生就业，又为自己找到了工作，岂不是两全其美？

2003 年 7 月，小胡详细写了一份筹办公司的计划书，然而深谙市场风险的父母坚决反对。见过不了父母这一关，满腔热情的小胡找到姨父谈了自己的想法，思想开明的姨父被小胡创业的激情所感动，决定支援他 3 万元。在姨父的劝说下，小胡的父母终于松了口，给了他 5 万元的“创业基金”。

择址武汉

有了资金，公司设在哪儿呢？北京成本高，上海朋友少，西安位置偏。思来想去，小胡把创业的首选地定在了九省通衢之地——武汉。小胡的 6 位同学又凑了 4 万元，成了他公司的股东，加上他河南高中的同学，小胡的公司共有 8 名股东。2003 年 7 月，小胡来到武汉考察市场，把公司办公地点选在了高校林立的洪山区汇通大厦。

8 月 27 日，小胡正式注册成立了思迈人才顾问有限公司，任总经理，并建立了专业的人才网站——思迈人才网。思迈公司的主旨是为企业和个人提供人才评估、咨询、培训、交流、人事代理等服务，为高校毕业生就业开通“绿色通道”，提供求职培训、素质测评、推荐安置工作等服务。

开业之初，由于人才网络、企业网络没有运作起来，各种服务项目没法开展。于是，小胡决定从最基础的为大学生找家教和其他兼职做起。

经营失败

为便于工作，小胡在武汉各高校聘请了24名代理人。他们的主要任务是负责收集大学生寝室电话，散发公司传单，召集大学生参加求职聚会等。这些聘请的代理人作为公司的员工，由公司发工资。胡腾给他们开的工资是200元/月的底薪，外加0.1元/张的传单派送费，他是按北京的通行价格来实施的。在实际运作中，小胡发现，按武汉标准，这些工作仅需50元的底薪便足够了。

为了宣传公司，小胡决定散发一些广告来提高公司的知名度。设计好宣传单后，小胡分别给12家广告公司打了电话，让他们先报出价来。按照设想，思迈公司准备印制8种宣传品，预算资金是8000元。为赢得较低的价位，小胡决定采取竞标的方式进行。12家广告公司经过竞聘，小胡选中了一家报价较低的广告公司。但是，这家以低价位赢得了合同的公司在拿到合同后，又对小胡展开游说：如果按照小胡的设想，这样的广告是如何如何达不到宣传效果，必须怎样怎样印刷才行。小胡经不住业务员的游说，很快改变了原来的方案，结果8000元的预算仅印制了3种宣传品。

家教首先要联系学生，按事先的构想，9月至10月是思迈免费服务期，9月底前发出的2万张传单，预计会有2000～3000人成为思迈会员，公司将为成为会员的大学生免费服务。实际情况却不是这样，因怀疑思迈免费服务的真实性，很多学生不敢来。到9月底，仅有500名学生来报名，因仍有人持怀疑态度，150人在办卡时故意填错了身份证号，实际入会的仅有350人。会员卡做好后，又有150人因担心收费没来领卡。最后，2万张宣传单换来的仅是200名免费会员，大大低于原先的设想。

联系学生不太理想，家长方面也受到了挫折。为取得家长需求信息，小胡花了5000元在报纸上刊登了广告。最后，5000元广告换来的仅是35个客户，且多需美术、音乐等特殊家教，最终没有做成。

一元卖公司

截至2003年10月8日，公司12万元的创业资金已花去了5万多元，却没有任何收入。

在这种情况下，小胡开始意识到自己并不适合管理一个公司，决定聘请职业经理人来管理。10月10日，经理人正式接管思迈公司，但仅接手一个星期后，经理人便辞职不干了。

当初一起投资的6名同学见状，抽走了4万元的股份。最后仅剩下小胡高中的一个同学坚持着和他一起干。

“是该结束了!”小胡盘点发现，三个月的时间，公司净亏7.8万元。面对这种情况，小胡决定以一元的价格把公司卖给一个博士生。

创业初期启动资金很快就会用完，在无收入来源、无融资来源的情况下，关门停业是创业公司唯一的选择。

资料来源：

八万换一元都是盲目惹的祸[EB/OL].(2010-05-17)[2018-10-19]http://news.28.com/jingyanfenx/shibaijiaoxun/n—520257.html.(节选)

思考与讨论：

创业者在创业之初，由于融资能力与融资途径等因素的影响，创业启动资金较少，资金短缺时创业者该怎么办?

拓展活动

以小组为单位，采访投资人，了解投资人最看重的是什么。

第三节　创业资源管理

【学习提要】

创业资源管理主要是对创业资源的整合和进一步的开发利用。对外部资源的整合和对内部资源的有效使用有利于资源之间协同效应的形成，并通过充分发挥各种资源的潜力建立企业的持久竞争优势。

【学习目标】

了解资源整合和有效使用的方法，了解创业资源开发的技巧和策略。

案例导入

巧用资源，空手打入石油界

图德拉是美国的一个工程师，他很想在石油界大展宏图、大显身手，但苦于没有钱。一天，他从一个朋友那里得到一条信息：阿根廷想采购数千万美元的丁烷气体。于是他便突发奇想决定去碰碰运气，但他来到阿根廷之后，才发现自己碰到了强劲的对手——英国石油公司和壳牌石油公司。是打退堂鼓，还是迎难而上?他决定用自己的智慧，跟两家公司叫板。图德拉精心调查，苦思良策。

一天，他在报纸上发现一则消息：阿根廷牛肉过剩，积压严重，亏损大增，他们正不惜代价卖掉这些牛肉。于是，他找到了阿根廷政府：如果你买我 2000 万美元的丁烷气体，我就买你 2000 万美元的牛肉，也就是说你不花一分钱，只要给我你积压的牛肉，就可以得到 2000 万美元的丁烷气体。这是阿根廷梦寐以求的，于是当场签了协议。

合同签好后，图德拉拿着牛肉的供货单，跑到西班牙，因为那里的造船厂没有订单，濒临倒闭。图德拉对西班牙政府说：如果你买我 2000 万美元的牛肉，我就在你们的造船厂，打一艘 2000 万美元的超级油轮。西班牙政府的难题轻而易举地解决了，非常高兴，马上通过美国驻阿根廷的大使，叫他们把图德拉要的牛肉发往西班牙。

牛肉有了买主，那么油轮又卖给谁呢？图德拉离开西班牙后，返回美国，直接跑到费城的石油公司。图德拉对他们说，如果你们买我在西班牙建造的超级油轮，我就买你们 2000 万美元的丁烷气体。石油公司见到有利可图，就同意了。就这样，图德拉一分不花，空手打进石油界，从此大发其财。

资料来源：

巧用资源，空手打入石油界[EB/OL].(2016-09-13)[2018-10-19]http://blog.sina.com.cn/s/blog_12ad9289b0102wi24.html.

案例启发：

对于创业者来说，资源很重要，巧用资源更需要技巧和方法。图德拉的这种资源整合方式，给我们很大的启发，资源开发不仅需要量力而行，更需要创造性地获取、整合和利用。

学习任务

一、不同类型资源的开发

创业资源开发是指创业者开拓、发现、利用新的资源或其新用途的活动。在市场竞争中，企业的优势不仅来源于独特的资源，也来源于对这些资源的合理开发。开发创业资源是有效利用创业资源的重要途径，开发创业资源表现为一些独特的创业行为。由于创业者和创业团队资源开发的能力和经验都相对薄弱，因此资源开发不仅需要量力而行，更需要创造性地获取、整合和利用。

（一）内部创业资源开发

内部资源主要包括企业内部的人、财、物等有形资产和技术、品牌、企业制度、企业文化、专利、商标等无形资产。开发的最根本目标则是如何更有效地优化配置和使用这些资源，因此可以把内部创业资源整合形象地比喻为“内部挖潜”。

1. 人力资源开发

人力资源开发的目标：一是通过开发活动提高员工的素质才能；二是通过开发活动增强员工的活力或积极性。人力资源开发的方法：首先要改变传统观念；采用科学方法招聘、选拔、培养、使用人才；建立完善的激励机制吸引并留住人才。

2. 无形资产开发

(1)技术开发

技术开发主要是指技术与产品创新。企业应当建立技术研发部门，加大对研发队伍和技术创新的投入。大力推进产品创新、服务创新、知识创新、管理创新、技术工艺创新、生产方式和流程创新，不断提高产品质量，开发出新的产品，提供新的服务，创造出新的市场价值。

(2)品牌开发

品牌是企业拥有的最大的无形资产，是增加企业收入的核心要素。品牌是市场竞争优势的代表，创业者必须高度重视创建和不断开发自主品牌。

品牌要得到消费者的认同，需要长期的建设过程。在这一过程中，要始终把产品/服务的品质和质量放在首位，把诚信放在首位，并努力在产品/服务的品质、样式、商标、工艺等方面独树一帜。

(3)企业制度开发

创业企业要想长远发展、做大做强，没有制度的保证，而只靠创业者个人魅力是不行的。

现代企业制度建设与不断完善是一个长期任务，要从创立之日起就开始考虑构建适应市场经济和本企业特点的有关组织机构、经营章程、经营范围、规模、方式、岗位职责和利益分配等一整套企业制度，并随着企业的成长而不断变革完善。

(4)企业文化开发

企业文化是企业发展过程中逐步形成和培育起来的具有本企业特色的企业精神、发展战略、经营思想和管理理念，是企业员工普遍认同的价值观、企业道德观及其行为规范。

优秀的企业文化对内有激励、凝聚、规范和引导作用，增强员工对企业的归属感，减少“内耗”，减少人才等无形资产的流失；对外则有辐射功能和品牌功能，展现公司文化内涵和提升企业形象。

(5)企业专利与商标的开发

必须将企业的核心技术申请基本专利，围绕基本专利构筑严密的外围专利网，实施专利交叉许可战略；制定商标战略时，应尽量同时用商标权和专利权来保护自己的商标设计，使用组合商标，注册相近似的商标，保护好驰名商标。

（二）外部创业资源开发

在外部资源整合方面，首先是要保证可以利用这些外部资源，然后才能谈到效率问题。为此，首先需要厘清外部资源，其次才是拓展外部资源。

1. 人脉资源开发

人脉资源开发就是创业者人脉的构建和利用。在美国，有一句流行语："一个人能否成功，不在于你知道什么，而是在于你认识谁。"在当前知识经济时代，人脉已成为事业的重要支撑体系。

法国亿而富机油前总裁，每年都定下目标，要与一千个人交换名片，并跟其中的两百个人保持联络，跟其中的五十个人成为朋友。其实，职业和事业上的贵人就在身边，关键是要有人脉资源经营的意识，用心寻找，用心经营。

(1)人脉资源的类别

血缘人脉：由家族、宗族、种族形成的血缘人脉关系。地缘人脉：因居住地域形成的人脉关系。学缘人脉：因共同学习而产生的人脉关系。事缘人脉：因共同工作或处理事务而产生的人脉关系。客缘人脉：因工作中与各类客户打交道而形成的人脉关系。随缘人脉："有缘千里来相会"，人是有缘分的，一次短暂的聚会，一次偶然的邂逅，这都是上天给我们安排的随缘机会。

创业者在为顾客创造价值，提高企业效益的同时，切莫忘了投入自己的诚信和情感，积累自己的人脉资源。

(2)人脉资源规划

第一，人脉资源的结构要科学合理，比如，性别结构，年龄结构，行业结构，学历与知识素养结构，高低层次结构，内外结构，现在和未来的结构等。

第二，人脉资源要兼顾事业和生活的需要，要平衡物质和精神方面的需要，重视心智方面的需要。

第三，注意人脉资源的深度、广度和关联度。要善于利用朋友的朋友或他人的介绍等去拓展人脉资源，从长远考虑，千万不要有人脉"近视症"，需要关注成长性和延伸空间。

(3)人脉资源拓展

人脉资源拓展主要有熟人介绍、参与社团、利用网络等途径。

第一，熟人介绍。一项调查显示，95%的人力资源主管或求职者透过人脉关系找到了适合的人才或工作，而且61%的人力资源主管及78%的求职者认为，这是最有效的方式。

第二，参与社团。借助"虚拟团队"的力量很重要，即通过社团活动的开拓来经营人际关系。

第三，利用网络。网络是廉价、便捷的人脉通道，能大大扩展自己的朋友圈，使人脉资源的延伸取得突破性进展。

(4)人脉资源经营

人脉是一种资源和资本。无论你从事什么职业，学会处理人际关系，掌握并拥有丰厚的人脉资源，你就在成功路上走了85%的路程，在个人幸福的路上走了99%的路程了，因为人脉是你终身受用的无形资产和潜在财富。

2. 客户资源开发

创业者提供的产品或服务只有被消费者接受，才能给企业带来现金流和利润，所以，客户资源的开发和利用会影响企业的盈利能力和可持续发展的能力。客户资源的开发包括开拓新客户和留住老客户等手段。

(1)开拓新客户

创业者需要通过创新的产品或服务，为潜在的客户提供价值，或针对他们目前不满意的问题提供有明显改进的方案，或通过提供特殊待遇与优惠的方式，吸引客户。为争取到重要的客户，创业者往往需要亲自出马，通过投入精力和时间等，用诚意获取客户的信任。

创业者和新创企业可以通过特殊待遇或优惠、模仿、设计、广泛搜寻、循序渐进等策略开拓新客户。

第一，特殊待遇或优惠。最初的创业者通常会向客户提供特殊的激励措施，如向早期的客户提供其所要求的广泛的服务，或者免费的辅助服务、培训等，以帮助他们克服不愿迈出第一步的心理障碍；创业者还经常通过向那些其他企业不愿意提供服务的客户提供服务，或者通过雇用其他企业不愿意雇用的个人的方式筹集创业初期所需要的资源。

第二，模仿。许多新创企业都试图营造出一种可靠、可信的企业形象。通过模仿一些大规模、更成熟的公司的外在形式，可以使人们对新创企业的稳定性产生一种不假思索的信任，并且这种做法本身也反映了创业者具有远景规划能力，能够考虑他人看法。

第三，设计。通过精心设计沟通的语言和方式，向不同的资源拥有者展示创业者或新创企业的形象，如为了降低资源提供者对风险的感觉，创业者尽可能强调新创企业的好处，向资源提供者描绘尽可能美妙、灿烂的前景，提供创业优势的事实，少提甚至不提创业风险；或通过特定的行动方案设计，给顾客提供超预期的惊喜。

第四，广泛搜寻。鉴于具有客观现实需求又有帮助弱者的心理愿望，而且还不考虑长期的收益风险等诸多条件的客户数量很少，而且创业者又很难辨别这些不同寻常的、潜力巨大的客户。因此，为了找到最合适的客户，创业者必须充分动用各方面的关系广为宣传，想方设法接触尽可能多的客户，直到找到最佳人选。

第五，循序渐进。在开拓新客户时不要只考虑眼前的经济利益。大部分生意的获利，都是靠那些成年累月一再光顾、重复采购的客户。因此，为了着眼于未来生意可能带来的利益，在开始时以持平或根本是损失的情况下获得新客户也不失为一个开发客户的良策。循序渐进的方法可以使客户逐渐加深对新创企业的了解，而且随着企业历史纪录的建立，客户会一步一步增加他们的投入，循序渐进有效的另一个原因是客户有着当前选择与前期投入保持一致的心理需要。因此，创业者可以以一个小买卖为开端来获得大生意，让客户先做出小的投入，形成“路径依赖”，然后争取进一步的购买和投入。

(2)留住老客户：“2/8 法则”

已有的客户资源是一座享用不尽的“金山”。根据国内外的经验数据，保持一个老客户所需的成本，仅是开拓一个新用户成本的 20％左右。而且，一个企业 80％的收入和利润大都来自 20％经常惠顾企业的老客户。因此，留住老客户，可以提升客户资源的价值，提高企业的盈利能力。

留住老客户的方法有增加客户的忠诚度、加大客户的转移成本、进行用户锁定等。

第一，增加客户的忠诚度。通过不断提高企业产品或是服务的质量，提高客户继续使用本企业产品或服务的意愿；通过对客户的分类管理，提高客户的满意度；对客户进行动态跟踪分析，利用经常调整重点管理的客户对象等方式增加客户的忠诚度。

第二，加大客户的转移成本。通过向客户提供服务承诺、价格折扣等措施，让客户感受到超值服务；通过产品或服务的差异性，强化客户的消费习惯，加大客户的转移成本。

第三，进行用户锁定。用户锁定是指由于信息产业中的产品，多数处于某个系统中，单件产品只有与其他产品相互配合时才能发挥作用。因此，客户在购买了某件产品之后，通常还要购买配套的硬件和软件。

二、有限资源的创造性利用

（一）创造性拼凑

创造性拼凑有三个关键要素：手边的已有资源、整合资源用于新目的、将就使用。

第一，手边的已有资源。创业者通常利用身边能够找到的一切资源进行创业活动，有些资源对他人来说也许是无用的、废弃的，但创业者可以通过自己的独有经验和技巧，加以整合创造。

第二，整合资源用于新目的。创业者应善于用发现的眼光，洞悉身边各种资源的属性，将它们创造性地整合起来用于新的目的。

第三，将就使用。拼凑的载体往往是手边的一些“零碎”资源，出于时间和成本的考虑，这种先天不足从一开始就注定拼凑出的东西品质有限，将就使用。

（二）步步为营

在资源匮乏的情况下，创业者分多个阶段投入资源并在每个阶段投入最有限的资源，这种做法被称为“步步为营”。这种方法不仅适合于创业型小企业，也适用于高成长企业。

步步为营的策略首先表现为节俭，设法降低资源的使用量，降低管理成本。

步步为营的策略还表现为自力更生，最大限度地降低企业对外部融资的依赖，充分发挥企业内部资金的作用，使经营风险最小化。

很多时候，步步为营不仅是一种做事最经济的方法，也是创业者在资源受限的情况下寻找实现企业理想和创业目标的有效途径，更是在有限资源的约束下获取满意收益的方法。

（三）发挥资源杠杆效应

资源的杠杆效应通常指用一种资源补足另一种资源，产生更高的复合价值；或者利用一种资源撬动和获得其他资源。尽管存在资源约束，成功的创业者却善于利用关键资源的杠杆效应，利用他人或者别的企业的资源来完成自己创业的目的。

对创业者来说，容易产生杠杆效应的资源，主要包括人力资本和社会资本等非物质资源。

（四）设置合理利益机制

资源通常与利益相关，创业者之所以能够从家庭成员那里获得支持，是因为家庭成员之间不仅是利益相关者，更是利益整体。

既然资源与利益相关，创业者在整合资源时，就一定要设计好有助于资源整合的利益机制，借助利益机制把潜在的和非直接的资源提供者整合起来，借力发展。

因此，整合资源需要关注有利益关系的组织或个人，要尽可能多地找到利益相关者。同时，分析清楚这些组织或个人和自己以及自己想做的事情有何利益关系。利益关系越强、越直接，整合到资源的可能性就越大，这是资源整合的基本前提。

三、创业资源开发的推进方法

创业所需的各种资源往往只能依靠创业者通过自身的努力获取，但由于创业者可以直接控制的资源一般较少，而且新创企业具有高度的成长性，所以，依靠自有资源，分阶段投入资源，用拼凑的策略用好资源，以最经济的方式开展工作都非常必要而且有效。但优秀的创业者绝不会仅仅停留在这样的水平上，而是会关注外部资源，通过整合外部资源，实现自己的创业理想。因此，资源整合是创业资源开发的核心，是资源开发的推进器。

资源整合就是创业者通过协调各种资源之间的关系，匹配有用资源，剥离无用资源，充分发挥各种资源的效用。通过协调，能够把互补性的资源搭配在一起，弥补各自的缺憾，充分发挥资源的作用，使资源间形成一种独特的联系，创造竞争对手无法模仿的价值，同时为资源开发奠定基础。创业者要有效地、持久地保证创业机会实现所需要的资源，需要建立一套整合资源的机制。这种机制的核心就是以利益相关者为核心的资源杠杆机制。

（一）识别利益相关者及其利益

资源是创造价值的重要基础，资源的交换和整合应建立在利益的基础之上。因此，要整合外部资源，特别是对缺乏资源的创业者来说，更需要整合资源背后的利益机制。这可以从美孚石油公司(标准石油)的创办人、超级资本家洛克菲勒的名言中得到证实："建立在商业基础上的友谊永远比建立在友谊基础上的商业更重要。"所以，整合外部资源一定要关注有利益关系的组织和个人。

组织外部环境中受组织决策和行动影响的任何相关者都是企业的利益相关者。一般来说，利益相关者可以分为以下三个层面：资本市场的利益相关者，如股东和债权人；产品市场上利益相关者，主要包括顾客、供应商、所在社区和工会组织；以及企业内部的利益相关者，如经营者和其他员工。外部资源整合时强调的利益相关者主要是前两种。创业者要更多地整合到外部资源，首先要找到尽可能多的利益相关者。

一般来说，寻找利益相关者就是要寻找那些具有共同点的人，同时也需要寻找可以互补的人。这些有能力进行投资并愿意承担风险的人包括：投资或经营多样化的利益相关者，他们更有能力提供创业所需要的初始资本；有丰富经验的利益相关者，因为他们积累了丰富的经验和知识；有很多过剩资源的利益相关者，他们不需要任何新投资，也不会带来大量的机会成本，他们对自身资源如何运用的压力大大高于新创企业资源的需求。如果要让利益相关者对企业有信心，创业者首先要有信心。同时，创业者也要有诚实可信的声誉，最后还要与利益相关者在利益上公平分享回报。

虽然利益相关者是有利益关系的组织和个体，但有利益关系并不意味着能够实现资源整合，创业者还需要寻找利益相关者之间的利益共同点。为此，识别出利益相关者之后，创业者需分析每一个利益相关者所关注的利益，以便寻找他们之间的共同利益，形成一套资源整合机制。

（二）管理好保持企业持续成长的人力资本

企业持续成长需要大量的人力资源作为支撑，高素质的人力资源是企业持续成长的根本。管理好人力资源有以下两种途径。

一是完善薪酬激励制度，让员工分享企业的成功。创业者制定体现企业目标、提升企业价值的薪酬制度，激励员工努力工作。采用利润分享计划或员工持股计划让员工拥有股份，使共同创造企业价值和财富的员工一起分享企业的财富与成功，并根据员工的实际需要随时兑换成现金，调动员工为企业创造价值与利润的积极性。

二是完善内部学习机制，让员工获得发展机会。新创企业注重组织学习与员工培训，为员工技术和能力培养提供学习机会，使其获得担任企业生产经营某一特定角色的知识技能、价值观念与行为规范；为员工实现自我发展和个人目标创造条件，使其获得晋升或被授权，为员工提供业务经营的准确且高质量信息，进而促进员工个人对新创企业发展新目标的认同，实现员工个人与新创企业间的相互信任和沟通。

（三）构建双赢的机制

“双赢”来自英文的“win-win”，强调兼顾双方的利益。“双赢”模式是中国传统文化中“和合”思想与西方市场竞争理念相结合的产物。市场经济是竞争经济也是协作经济，市场经济下的创业活动中，竞争与协作不可分割地联系在一起。近年来，许多学者提倡“合作竞争”，提出来有“竞合”概念的“双赢”模式。

双赢的机制是指创业者在进行资源整合的时候，一定要兼顾资源提供者的利益，使资源提供和使用的双方均能获益。

有了共同的利益和利益共同点，以及一定的资源整合机制，并不意味着就可以开展合作，而只是具备了合作的前提条件。要与外部的资源所有者进行合作，创业者还需要构建一套能够使各方利益真正实现共赢的机制，在给新创企业带来收益的同时，给资源拥有者一定的回报，并能够使对方合理规避可能的风险。

（四）维持信任长期合作

资源整合以利益为基础，需要用沟通和信任来维持。沟通是产生信任的前提，信任是社会资本的重要因素。

信任可以按照不同的标准进行不同的分类，如按照信任的基础可以分为人际信任和制度信任。人际信任建立在熟悉程度以及人与人之间情感联系的基础上，是存在于人际关系中的保障性的信任；制度信任是用外在的，诸如法律一类的惩戒式或预防式的机制来降低社会交往的复杂性，是由对外的社会机制的信任而产生的一种对人的基本信任。这两种信任共同构成了社会的信任机构。

区别不同的信任关系，认识信任在资源整合中的重要性，对于创业者来说至关重要。同时，创业者还应该尽快地从人际信任过渡到制度信任，从而建立更宽泛的信任关系，以获取更大规模的社会资本。

案例启示

炼狱重生——金正电子面临逼债困境扭转逆境的故事

临危受命

2004年，一场突发事件，造成了珠海金正电子有限公司一个很大的灾难。珠海金正电子有限公司（以下简称金正电子）原董事长万平，由于涉嫌挪用巨额资金而在山西被捕，金正集团陷入混乱。公司管理层非常着急，企业怎么办？老板出事，公司该向什么方向发展？长万平被捕让金正电子陷入群龙无首的局面，更为雪上加霜的是，几千万的巨额资金被挪用，生产无法正常运行。消息一传开，金正电子的供应商蜂拥而至，纷纷前来讨要货款。

一时间金正集团风云突变、岌岌可危。在风雨飘摇、内忧外患之中，董事会决定召回集团董事田家俊主持大局。但是单枪匹马、临危受命的田家俊要面临的困难远远超出了他的想象。金正电子当时共欠下货款2.7亿人民币，300多家供应商轮番前来讨债，每天12小时有七八小时都是债权人的电话询问公司情况，要不就是约见，或者组织起来，十几二十个、百八十人集体来公司。因为不知道金正电子今后能不能站起来，所以都很担心，都想趁这个机会把债务追回来。

供应商大会和供应商管理委员会

为了保证金正电子不被供应商"五马分尸"，田家俊主动出击，会同银行法院，将公司的部分不动产、非流动库存进行保护性查封。公司是保住了，但是，供应商的债务总要还，手中没有钱的田家俊决定召开全体供应商大会，寻求解决问题的办法。

面对内忧外患的重重压力，田家俊曾先后两次要求召开供应商大会，但是都遭到公司领导层的坚决反对。金正电子正常的时候，都不敢开供应商大会，正常不正常都会有拖欠货款的现象，公司怕闹事不好处理，会不会召集过来以后，又吵架，又打架呢？但是如果不开，债务如何处理？不开也成问题。

田家俊第三次提出召开大会，理由是，现在供应商情绪已经不稳定了，迫切需要了解企业的真实情况，知道企业做了些什么，为什么会出这些事。如果公司还不说明情况，那真要出事了，最后会出大事。2004年7月29日，田家俊主持召开了金正电子300多家供应商大会。

会议上，田家俊讲了2小时40分钟，坦诚以待，实话实说。和公司管理层担心的不同，这次供应商大会非常成功，没人闹事，供应商代表非常安静地开完会。金正电子终于有人出来说话，终于听到金正电子高层的态度和建议，这一点是金正电子需要的，也是供应商需要的。

正是双方的这个共同的需要，一场危机暂时得到化解，就在这个会上，田家俊又组织300多家供应商成立了金正电子供应商监督管理委员会。这个监督管理委员会代表300家债权人，和金正电子协调，进行债务处理。

田家俊认识到，实际上公司欠供应商钱，相当于供应商在公司出了钱，因此请供应商监督企业，他们一定很认真。因为有供应商的一份利益，公司乱花钱，等于没办法还供应商的债务。公司浪费，等于还供应商债务更晚，或者还不了那么多，也是浪费供应商的资金。所以接下来的事情都是公司因势利导。

于是，金正电子在被逼到绝路上的时候，出现了供应商监督管理委员会，监督企业进行生产，在保证企业正常运转的同时，供应商的欠款也逐步得到偿还。如果没有这个监督管理委员会，供应商天天催债，生产无法进行，那不是鸡飞蛋打，竹篮打水一场空？这次大会和会后的监督管理委员会让供应商和金正电子化敌为友，空前团结。

向债权人再借260万

虽然金正电子和供应商达成一致，成立监督管理委员会，恢复生产，但是却面临资金困境，为了解决恢复生产的资金问题，田家俊想到了向供应商借钱。欠钱不还，还要再借钱，这样的事，也许只有田家俊想得出来。他这个如意算盘是怎么打的呢？

田家俊解释，“你欠我的钱凭啥还叫我给你钱，挣了钱再还我呢？用我的钱挣的钱还我的钱。但是事实上，没有你的钱挣钱，还不了你的钱，反过来看，企业有可能垮下去以后你将什么也看不见。我提供平台，提供机会，您投资呀。”

这一番话听起来蛮有道理，可是光凭这几句话并不能打消别人的顾虑。田家俊深知，没有一个带头的供应商敢借给自己钱，其他供应商肯定会采取观望的态度，结果将是大家你看我，我看你，谁也不会再次将自己的钱投入企业生产之中。于是，他决定先攻破一个供应商的心理防线。第一个进入他视线的就是一个叫毛绪兵的供应商。

毛绪兵回忆说，当时他考虑最多的，是资金再投进去有没有风险。但是，经不住田家俊三寸不烂之舌的诱导，毛绪兵在金正电子还欠自己 400 万元的情况下，又借给了金正电子 260 万元。

田家俊给毛绪兵一个专用账号，让毛绪兵管理这部分资金。当资金变成产品以后，就管住产品。开始是资金，后来变成产品，毛绪兵就管住产品有多少台，然后金正电子收到货款给了毛绪兵，毛绪兵再发货，发货时毛绪兵签字。金正电子对销售代理商来讲，是先收钱后发货，所以金正电子的货款收是收到，但是收在毛绪兵的账号上，毛绪兵再把货发出去。这样，金正电子的资金和物流就可以流动起来了。

毛绪兵认为，当时金正电子出问题，既不是网络上销售的问题，也不是品质的问题，也不是资金盲目扩张的问题，金正电子的问题基本上是人的问题，内部之间股东的问题。毛绪兵说：“田总跟我们谈了几次，开会谈了几次，跟他交往觉得他这个人说话还是比较贴心。”

实际上，毛绪兵很清楚金正电子陷入危机的真正原因，而且田家俊的借钱方案听起来合情合理，充分地考虑到了供应商的权利和利益，再加上对田家俊本人的信任。因此，很快就把 260 万元又借给了金正电子。随后，毛绪兵自己也加入了金正电子，并出任采购部的经理。

第一个敢吃螃蟹的人投入了 260 万元，其他供应商看到有人敢做第一个，那也开始投资。不然，如何恢复生产？什么时候债务才能还清？于是，越来越多的供应商加入了融资队伍之中。资金是有了，但是，此时金正电子的生产线已经被查封半年，处于瘫痪状态，田家俊如何才能恢复生产呢？

品牌输出，贴牌生产

瘫痪了半年的生产线，一时要恢复生产，那可不是一件容易的事。如果按部就班地去做，恢复生产的时间就会拖下去。这样的话，不仅又投了钱的供应商不答应，而且，金正电子就可能失去了市场，田家俊的努力将全部付之东流。这时，田家俊又想出一招“品牌输出”：金正电子不能生产，就叫别人来生产，由别的厂商替金正加工，金正电子给他们品牌承包。金正电子选择了佳彩。当时开发部、销售部、生产管理部门、品质部门，全部开赴佳彩。佳彩原来没做过内销，只做过外销，外销跟内销要求不一样。

品牌输出短短的一年时间，毛绪兵他们的欠款不仅全部收回，金正电子的生产也开始恢复正常运转。这个时候，田家俊又把金正电子的品牌收了回来。田家俊说："我把'儿子'派出去了，不是把'儿子'送出去了，我这'儿子'派出去干啥呢？是担负着历史使命的，第一个任务稳定市场，第二个任务帮人家打工还账。当这两个任务完成的时候，他就应该归队。这就是父子兵齐上阵，就是要把这个企业真正的恢复起来，让消费者、让世人看到金正电子是活着的，并没有死，而且它是有前途的一个民族企业，就是证明了这一点，再往下就走着瞧。"

现在，金正电子又回到了良性的轨道上运行。而金正电子的这场危机也给关注它的人们提供了更多的思考。

资料来源：

炼狱重生——金正电子面临逼债困境扭转逆境的故事[EB/OL].(2015-10-27)[2018-10-19]https://wenku.baidu.com/view/7fd2ca9eb52acfc789ebc9b1.html.

思考与讨论：

1. 在本案例中，田家俊利用了哪些方面的资源和力量？

2. 田家俊可谓创造性地整合了资源，他的创造性体现在哪些方面？

拓展活动

了解一个创业失败的案例，分析创业者失败的原因，关注此案例在资源管理方面的优缺点，总结此案例对你的启发。

第五章　创业计划

第一节　创业计划书

【学习提要】

尽管一些新创企业不重视创业计划，甚至不做任何正规计划就开始做生意，但专家们都会强调创办企业必须事先准备好创业计划。好的计划是成功的开始，拟定计划，创业才能有的放矢地进行。拟定计划最好是以书面的形式把它全面地、完整地表达出来，也就是把选定创业项目的基本方法和策略通过编制创业计划书的方式来阐述说明。

【学习目标】

1. 了解创业计划的特征。
2. 了解创业计划书的作用及内容。
3. 掌握创业计划书的编写原则。

活动导入

通过网络或其他途径寻找一份失败的创业计划书。

学习任务

创业计划书(business plan)又称商业计划书，是指按国际惯例通用的标准文本格式写成的项目建议书，是全面介绍公司和项目运作情况，阐述产品市场及竞争、风险等未来发展前景和融资要求的书面材料。

创业计划书是创业者叩响投资者大门的“敲门砖”，是创业者计划创立的业务的书面摘要。一份优秀的创业计划书往往会使创业者达到事半功倍的效果。

创业计划书是一份全方位的商业计划，其主要用途是递交给投资商，以便于他们能对企业或项目做出评判，从而使企业获得融资。它是用以描述与拟创办企业相关的内外部环境条件和要素特点，为业务的发展提供指示图和衡量业务进展情况的标准。通常创业计划是结合了市场营销、财务、生产、人力资源等职能计划的综合。

一、创业计划的特征

创业计划具有以下三个方面的特征。

第一，创业计划涉及未来，因而应具有预见性。不论个人或组织，我们都必须在对未来进行充分估计的基础上行动。因此，运用科学的方法对未来进行预测，应是计划的一个基本组成部分。这些预测按内容分类，包括国家宏观经济前景及变动预测等。正确的预测将有助于创业者免于掉入灾难的陷阱。

第二，创业计划涉及行动，因而需要有可行性。创业就是行动，没有具体的行动，创业就是一句空话，所以创业计划又可称为创业行动计划。它既指出了所要达到的目标，又指出了所要遵循的路线、通过的阶段和所使用的手段。因此，失去了可行性，就会失去指导行动的功能。

第三，创业计划涉及许多复杂的环境因素及其变化，因此应具有灵活性。创业者受自身知识结构、所获信息数量和质量的限制，完全准确地看清未来是不可能的。因而对于不确定的未来，创业计划应是相当灵活的，能顺应人们认识的深化而调整。越是能在计划中体现灵活性，由偶发事件发生所造成损失的风险就越小。另外，创业的不同阶段，对计划的要求是不同的。一般说来，在创业的初期，要求计划更具有指导性；在创业的成长期，要求计划更为具体和详细；在创业的成熟期，要求长期的、具体的战略发展计划。

二、创业计划书的作用

大学生创业初期，虽然头脑酝酿一个创业项目，但不是很成熟，可以通过编制创业计划书，减少盲目性和冲动。编制一份翔实可行的创业计划书对一个企业的创办成败具有关键意义。

（一）帮助创业者自我评价，厘清思路

在创业融资之前，创业计划书首先应该是给创业者自己看的。办企业不是“过家家”，创业者应该以认真的态度对自己所有的资源、已知的市场情况和初步的竞争策略做尽可能详尽的分析，并提出一个初步的行动计划，通过创业计划书做到使自己心中有数。另外，创业计划书还是创业资金准备和风险分析的必要手段。对初创的风险企业来说，创业计划书的作用尤为重要，一个酝酿中的项目，往往很模糊，通过制订创业计划书，把正反理由都书写下来，然后再逐条推敲，创业者就能对这一项目有更加清晰的认识。

（二）帮助创业者凝聚人心，有效管理

一份完美的创业计划书可以增强创业者的自信，使创业者明显感到对企业更容易控制、对经营更有把握。因为创业计划提供了企业全部的现状和未来发展的方向，也为企业提供了良好的效益评价体系和管理监控指标。创业计划书使得创业者在创业实践中有章可循。

创业计划书通过描绘新创企业的发展前景和成长潜力，使管理层和员工对企业及个人的未来充满信心，并明确要从事什么项目和活动，从而使大家了解将要充当什么角色，完成什么工作，以及自己是否胜任这些工作。因此，创业计划书对于创业者吸引所需要的人力资源，凝聚人心，具有重要作用。

（三）帮助创业者对外宣传，获得融资

创业计划书作为一份全方位的项目计划，它对即将展开的创业项目进行可行性分析的过程，也在向风险投资商、银行、客户和供应商宣传拟建的企业及其经营方式，包括企业的产品、营销、市场及人员、制度、管理等各个方面。在一定程度上也是拟建企业对外进行宣传和包装的文件。

一份完美的创业计划不但会增强创业者自己的信心，也会增强风险投资家、合作伙伴、员工、供应商、分销商对创业者的信心。而这些信心，正是企业走向创业成功的基础。

三、创业计划书的基本要求

（一）创业计划书的结构

创业计划书的结构虽然不存在统一模板，但必须遵循一定的常规结构。尽管某些创业者试图在每件事情上都表现出创造力，但偏离创业计划书常规结构形式却是错误的。很多投资者都很忙，他们期望看到能很容易就找到关键信息的创业计划书，如果这些关键信息在应该出现的地方没有出现甚至缺失，那么他们很可能会直接放弃而阅读下一份计划书。

（二）创业计划书的内容

创业计划书应该清晰简练地提供有关新企业各关键部分的信息，也就是说，它必

须具有一定篇幅以确保提供充分信息，同时又要避免冗长以便吸引读者。对大多数创业计划来说，25～30 页已经足够了。完成创业计划书后，撰写者必须认真检查，并确保不遗漏任何关键信息。

（三）创业计划书的版式或类型

创业者必须仔细琢磨创业计划书的装帧与格式，使它看上去鲜明醒目，又没有花费太多，但要给创业计划书配上封面和封底。撰写创业计划时，要避免纠缠于文字处理如字体、颜色、字号等，过度使用这些工具，会使创业计划显得业余、不够专业。

创业计划书撰写人遇到的最普遍问题是，创业计划书的篇幅应该多长，内容应该细到什么程度。答案是，这取决于你要撰写的创业计划书类型。一般来说，创业计划书有三种类型，每种类型对篇幅长短和精细程度有不同的习惯要求。

1．简略创业计划书

其篇幅一般为 10～15 页，非常适合处于发展早期还不准备写详尽创业计划的创业项目。简略创业计划的题写人可能正在寻找资金，以便为撰写详尽的创业计划进行必要的分析工作。

2．详尽创业计划书

它是本章讨论的重点，篇幅一般为 25～30 页。这种计划比简略创业计划详细很多，用来清楚说明企业经营与规划。它具有一定格式，通常为投资者审阅而准备。

3．企业运营计划书

有些已建企业会撰写企业运营计划书，它主要面向企业内部读者，是企业经营的蓝图。一般而言，其篇幅一般为 40～100 页，其特点在于包含大量细节信息。设计良好的企业运营计划书，为新创企业管理者提供运营指导。

（四）始终处于进行中的创业计划书

撰写创业计划书的最后一个指导意见是，你要意识到计划通常会伴随编制过程而变化。因此，创业计划书必须具有灵活性。当创业者或团队撰写创业计划书并开始获得反馈时，新的认识、见解必然会出现。这个过程在企业生命期都会持续不断，它使创业者对新思想、新创意保持开放心态。因此，撰写创业计划书，并成功创建企业的创业者，强调创业计划书是一种有生命的鲜活文件。

四、创业计划书的主要内容

创业计划书应包括创业的种类、资金规划及基金来源、资金总额的分配比例、阶段目标、财务预估、行销策略、可能风险评估、创业的动机、股份构成、组织结构与创业团队等内容。具体内容一般有以下几个方面。

（一）封面

设计要美观，有艺术性。

（二）计划书摘要

计划书摘要浓缩创业计划书的精华，要涵盖计划的要点，以求一目了然。计划书摘要一般包括以下内容：创办企业介绍；创业者及其团队介绍；主要产品和业务范围；市场分析；营销策略和计划；生产管理计划；财务计划；资金需求状况、风险分析等。摘要要尽量简明、生动，特别要说明本企业的与众不同之处以及预测企业能够获取成功的市场因素，最好不超过2页。

（三）企业介绍

企业介绍的目的不是描述整个计划，也不是提供另外一个概要，而是对企业做出介绍，重点是企业理念和如何制定企业的战略目标。

（四）行业分析

行业分析部分应该正确评价所选行业的基本特点、竞争状况以及未来的发展趋势等。行业分析主要包括行业发展程度和动态，创新和技术进步在该行业中扮演角色，销售额、总收入及发展趋势，价格趋势，经济发展和政府职能对该行业的影响，行业发展决定因素，竞争优势，战略选择，进入障碍及克服方式，行业典型回报率情况等。

（五）产品（服务）介绍

产品(服务)介绍包括以下内容：产品的概念、性能及特性，主要产品介绍，产品的市场竞争力，产品的研究和开发过程，发展新产品的计划和成本分析，产品的市场前景预测，产品的品牌和专利等。在产品(服务)介绍部分，创业者要对产品(服务)做出详细的说明，说明要准确，也要通俗易懂。一般地，产品介绍要附上产品原型、照片或其他介绍。

（六）创业团队与组织结构

在企业的生产活动中，存在着人力资源管理、技术管理、财务管理、营销管理、产品管理等。而人力资源管理是其中很重要的一个环节。在创业计划书中，必须要对主要成员加以阐明，介绍他们所具有的能力，他们在本企业中的职务和责任，他们过去的经历及背景。此外，还应对企业结构做一简要介绍，包括：组织机构图，各部门的功能与责任，各部门的负责人及主要成员，公司的报酬体系，公司的股东名单(包括认股权、比例和特权)，公司的董事会成员，各位董事的背景资料。

（七）市场预测

市场预测应包括以下内容：本项目产品和服务的目标市场、目标客户及需求量，目前供应量，需求缺口数量，竞争对手概览，本项目所具有的竞争优势，项目产品和服务的市场地位等。

（八）营销策略

营销策略包括以下内容：市场机构和营销渠道的选择，营销队伍和管理，促销计划和广告策略，价格决策等。

（九）财务规划

财务规划的重点是现金流量表、损益表以及资产负债表的制备。流动资金是企业的生命线，因此企业在初创或扩张时，对流动资金需要预先有周详的计划和进行过程中的严格控制；损益表反映的是企业的盈利状况，它是企业在一段时间运作后的经营结果；资产负债表则反映在某一时刻的企业状况，投资者可以用资产负债表中的数据得到的比率指标来衡量企业的经营状况以及可能的投资回报率。

（十）风险与风险管理

风险与风险管理包括以下内容：企业在市场、竞争和技术方面所面临的基本风险，如何应对，还有哪些附加机会，在资金基础上如何扩展业务，在最好和最坏情形下的五年计划表现等。如果预估不那么准确，可以对关键性参数做最好和最坏的设定。

（十一）退出方式

退出方式主要是说明创业成功后，投资人的初期投资以什么样的方式收回，产生的收益如何分配等。

（十二）附录

不适宜放入创业计划书正文的所有材料都应放在附录中，如高层管理团队简介、产品或产品原型的图示或照片、具体财务数据和市场调查计划等。附录不宜过长，仅需要那些不宜放在创业计划书正文而又十分重要的材料。

五、创业计划书的编写原则

投资人对企业及其领导的第一印象就是创业计划书的包装。由于风险投资家一年差不多要看超过1000份的创业计划书，所以创业者可能花了很长时间完成的创业计划书，投资人可能只会花不到5分钟，就决定是否批准你的申请。如果你不能在这关键的5分钟内给他们留下积极的印象，你的申请就会被驳回。只有通过了最初的粗略审查，你的创业计划书才可能入围，被仔细研究。

撰写创业计划书有一些重要的原则。请务必记住，创业计划书往往是投资者对创业项目的第一印象，如果计划不完善或漏洞百出，很容易让投资者猜测项目本身也不完善或有缺陷。在将创业计划书送交投资者或者其他任何与新企业有关的人审阅前，要留意创业计划书的结构、内容和类型。当创业计划书某些方面不完善或遗漏时，会表现出一些“危险信号”，如表5-1所示。

表5-1　创业计划书中的“危险信号”

危险信号	解释
创业者没有资金投入	如果创业者自己都没有资金投入，为什么别人应该投入？

续表

危险信号	解释
引注不明	创业计划应该根据现实证据和周密调研，而不是臆测和想当然。所有第一手资料和第二手资料研究都要注明引用来源
市场规模界定过宽	市场规模界定过宽表明，真正的目标市场还没找到。例如，新创企业将每年5500亿元的医药行业视为目标市场，那是毫无意义的。市场机会需要更精细地规模界定。显然，新创企业瞄准的是行业内的细分市场或某个特定市场
过于激进的财务数据	许多投资者会直接翻阅创业计划书的财务部分。推理不足或过于乐观的计划，会失去可信度。与此相反，基于合理研究与判断的冷静陈述，能很快得到信任
随处可见的疏忽	让读者艰难阅读文稿，审看不平衡的资产负债或面对随处可见的粗心失误，绝不是好事。这些错误被认为不注重细节，从而损害创业者的可信度

一份好的创业计划书必须是符合市场的需求、呈现竞争的优势和投资者的利益，同时要具体可行，便于实施，并提出符合实际的客观数据。其内容必须完整地包括重要的经营方向、经营目标、企业预测分析和经营风险分析、对企业内外环境熟悉认知及实现创业计划的信心。

创业计划书的编写原则如下。

1. 市场导向

要充分认知企业的利润来自市场需求，没有依据明确的市场分析，所撰写的创业计划书将是空泛的、无说服力的。因此，创业计划书必须按照市场导向的观点来撰写。

2. 客观实际

一切数据要尽量客观、实际，切勿凭主观的估计。通常，创业者容易高估市场潜量或报酬，而低估经营成本。在创业计划书中，创业者应尽量呈现出客观、可供参考的数据与文献资料。因此，在写计划书前应准备好市场调查报告、财务数据分析、运营具体案例等资料。前期资料准备得越充分越完整，创业计划书的编制越能有理有据，客观实际。

3. 呈现竞争优势与投资利益

创业经营计划不仅要将资料完整陈列出来，更重要的是整份计划书要呈现出具体的竞争优势，并明确提出投资者的利益所在。而且要显示创业者获取利润的强烈意图，而不仅是追求企业的发展。

4. 呈现经营能力

要尽量展现经营团队的企业经营管理能力与丰富的经验背景，并显示对于该企业、市场、产品、技术，以及未来经营运作策略已有完全的准备。

5. 语言平实，通俗易懂

尽管有的项目包含高新技术，对项目的分析需要用到一些专业术语，但在内容的表述上也要做到通俗易懂，一味高深、玄妙只会将投资者拒之门外。事实上，只有少量的技术专家会在意复杂的技术原理，许多读者完全不懂技术，他们喜欢简单通俗的解说，排斥术语和行话。创业计划书可以适当配以图表，以图文并茂的形式将内容形象化、直观化。

6. 一致性

整份创业计划书前后基本假设或预测估算要相互呼应，也就是前后逻辑要合理。受创业者精力、计划书篇幅、完成时间等因素影响，一份创业计划通常由多人合作完成，难免存在体例不一、风格迥异、结构松散等问题。为了创业计划书的完美，最后应由创业团队中的某一个人统一定稿。

7. 明确性

要明确指出企业的市场机会与竞争威胁，并尽量以具体资料作为证据。同时，分析可能的解决方法，而不只是含糊交代。另外，要明确所采用的任何假设、财务预估方法与会计方法，同时，也应说明市场需求分析所依据的调查方法与事实证据。

8. 完整性

创业计划书应完整地包括企业经营的各项职能要点，尽量提供投资者评估所需的各项资料信息，并附上其他参考佐证的资料。但内容的用词应以简单明了为原则，切勿烦琐，过于冗长。

总之，创业计划书的写作有一定的原则可依，有一定的技巧可讲，但并不意味着所有的创业计划书千篇一律。项目不同、用途不同，创业计划书的内容和结构也可以有所不同，创业计划书同样是个性的体现。尽管如此，成功的创业计划书还是有一些共同的特征的，即客观真实，有效可行，创新性强，讲求逻辑。

案例启示

投资人手把手教你写商业计划书

商业计划书作为打通初创公司与投资机构的重要载体，很大程度上决定了投资人的第一印象。现实中创业者对商业计划书的理解还存在太多主观因素，也由此错过了融资机会。为此，九轩资本合伙人刘亿舟撰文就如何写商业计划书做了详尽说明。以下为全文。

很多创业者都是在某种机缘巧合、“形势所迫”或者“初心不改”的情况下开始自己的创业的，手上有现成的资源，有一个“靠谱的”点子，为什么不来一场说干就干的创业呢？对于很多连续创业者来说，即便不写一份书面的商业计划书，那么心里面也应该有一个完整的逻辑了。这时候，商业计划书的作用无非是把这个“完整的逻辑”表达出来。而对于很多初次创业的人来说，光有一个点子就激动不已还远远不够。

为什么要写商业计划书?

这几年看了很多的商业计划书，深感很多创业者在阐述自己的创业计划时有些“隔靴搔痒”。出现这种情况，原因不外乎两点：要么就是对项目本身的发展逻辑没有想通透，要么就是没能将清晰的战略通过简洁的书面材料有效地传达，总有“只可意会，不可言传”之感。经常碰到一些创业者不愿意向投资人提供商业计划书，相反，他们更希望投资人有兴趣、有诚意就见面聊。殊不知，投资人是一个异常繁忙的群体，每天要开无数的会，看无数的商业计划书，如果项目的海选也要以面聊的方式进行，那么投资人这个群体的工作效率也实在是太低了。所以，投资人在见一个创业者之前，通常希望先看一下商业计划书。

另外，我一向认为，所有的创业项目，尤其是早期项目，创始团队才是项目最大的投资人。从这个角度来看，创业者需要秉持的投资逻辑和外部投资人的投资逻辑应该是一致的，不同点只是在于，创业者是养自己的孩子，没得选择，而投资人则是抱养孩子，可以有选择。因此，商业计划书不仅仅是写给投资人看的，更是帮助创业者在“需求、产品(技术)、商业模式、团队、营销、运营、竞争优势”七个重要方面(创业成功的七根柱子)进行深入思考并在战略方面实现“动态而混沌”的自洽的过程。因此，商业计划书其实是为创业者自身这个最大的投资人而写的。

先来说说，什么是投资逻辑，然后再谈一谈怎么写一份合格的商业计划书。

投资逻辑就是“干柴烈火”的逻辑

投资逻辑简单来理解，就是社会为什么需要你这类项目(刚需)？为什么是你而不是别人(竞争壁垒)？或者为什么有了别人，还可以有你的存在(市场容量)？

所有的商业模式，不外乎两点，“卖东西给用户，或者把用户卖掉”，前者是做交易，后者是做媒体(信息)。但无论如何，好的商业模式，其投资逻辑最基本的要点还是“干柴烈火”的逻辑，即市场上要有海量的“干柴(刚需)”，而团队拥有可以星火燎原的“烈火(产品)”。

为什么我的项目很赚钱却拿不到投资?

经常碰到一些创业者抱怨，我的项目做了好多年，现在已经基本稳定，并且有稳定的盈利(虽然不多)，为什么拿不到投资呢?

这涉及如何理解作为财务资本的投资人的运作逻辑。大部分的投资人通常采用合伙制方式，由资金管理方向出资方募集资金，每一支基金通常都有约定的期限及投资策略。由于投资人大部分都投向“高风险、高收益”的成长期项目，因此，投资人在选择项目时更希望投资于一个“耀眼”的未来，而不仅仅是一个“温暖”的现在。也就是说，投资人一般情况下，不屑于投一个看上去短期内能赚一些但长期来看可能无法获得大规模爆发式成长的项目，因为投资人投资需要通过组合来平抑总体的投资风险。

战略耐受性：花未来的钱补贴现在的用户

在理解投资逻辑时，我们通常喜欢引入一个概念——战略耐受性来进行说明。当某个项目所选择的商业模式代表着一种必然到来的趋势时，投资这种模式必须具备一定的战略耐受性。也就是说，从原来传统的模式迁移到新的模式代表着一个更加符合市场需求的、必然会到来的变化趋势(效率更高、成本更低或者体验更好)，只是有时候从旧的模式迁移到新的模式通常会有很多现实的阻力(比如来自监管层、来自用户的短期选择效应等)而因此表现得很惰性。但是，一旦新的模式形成，就会释放出巨大的新的市场机会，并通过一种相对集中的、规模化的服务方式取代了传统的“大市场、小作坊”的分散化的业态。对于这样的投资机会，富有远见的投资人会表现出足够的战略耐受性(经典的例子如投资于阿里巴巴以及京东的那些投资人)。创业者在早期阶段以“面多了加水、水多了加面”的迭代方式不断地获得巨额投资，花未来的钱补贴现在的用户，从而加速旧模式向新模式的转变，让早期有限的用户也能享受规模状态下的成本优势。为了加速这种变化的趋势，通常需要通过“烧钱”的方式快速地聚集一定的用户规模。同时，为了保证早期的用户提前享受“中后期”的用户体验，需要通过巨量的资本投入来实现“资源密度”超前于“用户密度”的发展。

然而，要获得投资方的投资，光有这种通常意义上的战略耐受性还不够，这只是必要条件而非充要条件。一个创业项目要成功，除了模式本身能走通之外，还需要在其他多个关键成功因素方面获得投资人的认可。

所以，从某种意义上来说，商业计划书就是以一个逻辑自洽的方式呈现创业项目的若干关键成功因素的现实达成情况，从而帮助创业者自己以及投资人做出是否应该进一步对该项目进行投资的决策。

结构化思考，形象化表达

那么，如何才能写一份合格的商业计划书精准地传递项目的投资逻辑呢？简单来说，写商业计划书的基本要领就是“结构化思考，形象化表达”。所谓“结构化思考”，就是从需求出发系统性地阐述项目成功的各种“充要条件”(或说关键成功因素)；所谓“形象化表达”就是尽可能用图形化、数据化的呈现形式让商业计划书精准地传递项目的价值。

写商业计划书的目的就是要论证项目的可行性，夸张一点说就是，要向投资人表明，“我们什么都不缺，只缺钱(虽然这通常是不可能的)”，能够达到这样的目的，就能初步打动投资人。

商业计划书到底如何写?

按照我个人的理解，创业者通过商业计划书向投资人路演时，无非是想要传递如下这个三段式逻辑：市场很大，我们很牛，我们能帮你赚很多钱。因此，商业计划书的内容应尽量围绕这个逻辑来展开具体内容，以达到吸引投资人注意的目的。

具体来说，商业计划书要写哪些内容？毫无疑问，主要的关键成功因素都应该充分考虑。除了那些完全不应该披露的核心商业机密外，其他关乎总体逻辑层面的东西都应该充分披露。不太建议创业者以保护商业机密为由故弄玄虚，商业计划书不知所云。

对于面向投资人的商业计划书，建议用PPT格式。通常来说，天使阶段的项目商业计划书可以相对简单一点，重点可以放在需求、产品和团队三方面，而对于A轮及以后的项目，建议可以参照以下结构进行展开。

1. 项目概况

简短地汇总介绍以下几个方面：战略定位、市场概况、服务及产品、营销推广、竞争优势、核心团队、运营现状及发展规划、融资金额及用途。

2. 战略定位

用简单的语言描述公司的战略定位(我们做什么，不做什么)和愿景(我们未来会是什么)；这部分内容很多创业者很容易忽略，从而起不到“画龙点睛”的作用，看不清项目未来的走向是什么。毫无疑问，战略是随着外部环境动态调整的，但是大的主线创始人肯定要想清楚。用联想之星执行董事王明耀先生的话来说就是，“试错和快速迭代，可以用于产品改善，但不适用于模式改变”。退一步来讲，模式可能也会有调整，但对项目未来可供选择的战略定位创始人最好能够大致想清楚。

关于项目定位的选择，我发现了一个有意思的现象(暂且叫作“薯片理论”)，理解这个理论背后所表达的产业演进规律对于我们选择创业的切入点可能会有帮助。

个人观察发现，在某一个产业(领域)发展早期，首先是出现横向的分工，而纵向分工尚不明显，这是最初的“横向重度垂直”的创业机会。此时的市场格局是万马齐奔、“大市场、小作坊”。而随着产业发展相对成熟，产业内垂直领域的横向分工逐渐模糊，此时已经开始初步实现同一个“片层”内的范围经济效应(横向扩张)。同时，出于效率进化的需要，产业链上下游之间的纵向分工开始相对显著，即原来不得不由自己同时完成的产业链上下游的几个职能中的一个或几个职能被分离出去，市场上出现某一个“片层”内的专业供应商。此时的市场格局是同一个“片层”内已经出现规模较大企业，而最终的纵向一体化尚未开始，这是产业内第二波纵向“纵向重度垂直”的机会。近年出现的达达配送、同城货运等项目均是这种产业规律的体现。而到产业后期，范围经济效应会引导这种产业链上下游的联动和协同，部分规模巨大的企业会朝纵向一体化的趋势发展，如从事物流快递的顺丰切入电商。

引导这种产业演进的本质规律其实是背后那只无形的手——社会综合交易成本最小化。用科斯的理论解释则是：用组织替代市场(内部化)还是用市场替代组织(市场化)是由综合交易成本决定的，交易成本(契约成本和组织管理成本)的高低决定了市场和组织的边界(可参阅科斯写的《企业的性质》一文)。显然，当市场存在“公有云”服务的选择时，把企业内部的服务职能甩给市场的专业机构来做可能更有效率。就效率而言，通常存在这样的规律，资产专用性(资产或服务被某个部门或机构专用)不如“私有云”(资产或服务被某一个区域内的一大批企业使用)来得更有效率，而“私有云”又不如“公有云”(资产或服务被更大范围内的更多企业使用)更有效率。

产业演进的终极状态通常是，整个社会的要素在同一个“片层”内整合以实现最大程度规模经济效应，为产业下游提供最富效率的“公有云”服务，而整个产业就如同一串被串起来的薯片，其中只有少部分规模巨大的企业可以实现纵向一体化，而他们一般通过并购来实现，这也是留给创业者的机会。

在今天的互联网＋领域，创业或投资，就要寻找这样潜在的“薯片”机会，当产业发展还处在非常分散或者“私有云”状态，就存在着利用互联网来进行整合形成一个完整高效的“薯片”的机会。

顺便说一句，很多项目纠结到底是自营模式还是平台模式，思考逻辑其实很简单，从终极思维的角度来看，比较一下两种模式的管理成本和契约成本，尤其是实现规模化以后，或者说哪一种模式更容易突破“规模—质量—成本”的铁三角。

3. 市场分析

对项目所处的行业细分市场情况进行分析：市场容量(及增长速度)、行业发展趋势、目标客户及需求痛点。这部分内容的分析非常重要，也是整个项目的逻辑起点。在对需求进行分析时，要着重从目前未被满足的痛点需求出发，分析目标市场及目标客户的核心需求。这部分内容的分析构成了“干柴烈火”投资逻辑的“干柴”。创业者在分析这部分内容时，最好能够以第三方权威数据引用和实际调研数据为准，以图文并茂的方式进行展示。值得注意的是，要注意区分找到的需求属于“雪中送炭”的需求还是“锦上添花”的需求。经常发现有些创业者容易根据自身的经验及感受对需求痛点进行了过分的自我强化，或者找到的只是小众需求，或者需求并不显性而需要顾问式营销，或者需求过于低频且单价不够高，那么这样的创业项目从一开始就需要特别注意后续的发展延伸路径。因此，在分析需求时，建议参考九轩资本提出的“普遍、显性、刚需、高频”的八字诀。

周鸿祎提到要有“用户思维，而不是客户思维”，其实就是这个意思。如何将用户对“工具”的使用延伸至高频的使用场景，从而实现流量变现才是关键。否则，客户只是客户，想着羊毛出在猪身上，舍弃了羊毛却不知道猪在哪里，很多工具属性过强的智能硬件和App工具一般都有这个问题，如智能家居产品、手电筒App，名片工具、词典工具、天气工具、闹铃工具等。因此，产品八字诀的前三点是客户思维，最后一点是用户思维。

这部分论述要达到的目的是要说明“跑道足够长”“干柴有很多”。

4. 服务及产品

这部分内容要说明：我们提供的产品及服务(形态)是什么？针对的目标客户有哪些主要的特征？产品或服务解决的用户的核心需求是什么？产品或服务具有哪些核心价值？

根据我个人的总结，严格意义上的“产品”和“服务”是不同的。虽然实际中产品和服务很难严格区分开，并且在实际形态中二者往往是混合在一起的，但在战略思考层面进行区分非常有必要。因为不同的产品或服务形态决定了在实际价值交付环节的边际成本是不一样的，从而也决定了项目最终能够做多大规模。

严格意义上的“产品”具有如下几个特点：生产、交付和使用三个环节异步(可分离)；可异地交付；可大规模复制。严格意义上的“服务”则具有以下几个特点：生产、交付和使用三个环节同步(不可分离)；属地化交付；高度依赖人，复制性差。

这部分论述要达到的目的是要说明“产品足够尖叫”“烈火很烈”。

5. 商业模式

这部分要说明近期和远期的盈利模式分别是什么？核心的业务流程是什么？拥有什么核心资源？

前面谈到，一切商业模式的本质是利润=收入一成本。所以，商业模式要考虑的问题是，项目的收入结构及成本结构在时间序列上是如何展开和延伸的。

由于我们带着常识和逻辑去解构商业的本质，因此我本人拒绝一切商业模式神秘主义，说不清楚的商业模式一定不是好的商业模式。当然，有些项目当前不需要商业模式，但至少眼下的产品有足够的“替代性拐点”，必须是个“金钩子”。

互联网本身没有创造任何新的东西，互联网的本质是改变了世界“连接”的方式。借用一个经济学的术语来说则是，由于借助互联网的连接，交易成本被大大降低了，原来本无法发生的交易现在可以发生了。简单来说，互联网释放了更多的可能性，这便是互联网带给我们的信息红利。

互联网是如何改变人与人、人与物、人与服务、人与信息之间的连接的呢？通常，大部分的互联网产品切入市场的第一属性都是“工具属性”，即通过这个钩子吸引大量的用户，然后通过各种法子留住用户，最后拼的是转化率。

就成本结构而言，不同产品的属性决定了不同的边际成本。切中用户需求的点位不同以及产品自身的属性不同，决定了其在用户流量聚集方面是“大漏斗”“中漏斗”还是“小漏斗”。对于互联网产品来说，如果其自身的产品特性能够越过用户的“替代性拐点”而持续地黏住用户，并且能够实现网络效应而自动自发地实现病毒式营销(如微信)，那么这个产品就有机会打造一个“大漏斗”，从长期来看，就越容易形成内源性(或自源性)流量，其成本结构中，每新增加一个用户或者收入的边际成本就会比较低，那么这样的项目其流量聚合及转化效率就会较高。相反，一个项目如果一直需要外源性流量支撑，除非项目本身的服务非常具有黏性和增值能力，否则你看不到这个项目存在的理由。通俗一点讲，用户流量就像河道里的水，哪条河道的河床低，水就往哪儿流。

就收入结构而言，互联网项目的收入计费方式不外乎以下几种：按点击付费(CPC)、按千次展示付费(CPM)、按下载付费(CPA)、按时间付费(CPT)、按交易佣金付费(CPS)。很多情况下，这几种收费模式可以并行组合。但大体上讲，越是能够做成“大漏斗”的平台，越是可以容许CPC、CPM、CPA、CPT等付费方式的存在。如果只能做成“中漏斗”或者“小漏斗”，则最好是能够形成交易闭环，按照CPS方式付费。

同一个项目，其成本结构和收入结构放在时间序列上来看，就构成了其长期营利性表现。只是不同的产品属性组合决定了不同的成本结构，同时也决定了后续盈利模式的选择空间。

就我个人理解来说，机器生成内容(Machine Generated Content，MGC)的本质是工具属性，人机互动，如万年历；用户生成内容(User Generated Content，UGC)的本质是社交属性，人人互动，如社区；专业生产内容(Professionally Generated Content，PGC)的本质是媒体属性，人专互动，如自媒体。无论MGC，UGC还是PGC都是吸引用户的手段，不同的是，如何能够将用户自然地延伸到第二场景并持续高频地黏住用户才是流量变现的关键。

对于互联网App项目而言，如果切入点是工具属性，通常这类项目需要闯过两道关：第一道关是，如何通过MGC、UGC或PGC(或其组合)来实现足够低成本的内源性流量；第二道关则是，如何将这些流量引导至交易环节从而实现变现(建议参阅我之前写的一篇文章《从工具到社区到电商到底有多远?》)。

对于切入点直接是交易属性(电商)而言，前期肯定是依靠外源性流量，而后期则是考验整个体系的供应链、规模效应、服务体验等综合实力，从而逐渐形成口碑和品牌，从而过渡到内源性流量。如果一个电商网站永远依靠外源性流程，肯定是有问题的。

既然互联网的本质是连接，那么考验一个平台的连接效率(或者流量效率)就成为项目是否能够持续下去的关键。对于最终需要靠交易来变现的互联网项目而言，其商业模式的本质就是“获客成本、活跃率(留存率)、转化率、客单利、复购率”这五个参数的函数。从长远来看，如何使得这五个参数的运行越过正向的拐点并走出一个“大开口”的收入成本曲线才是决定投资逻辑是否存在的根本。所以说，商业模式最简单的理解就是：利润＝收入－成本。只不过对于互联网领域来说，这个公式要在一个相当长期的视角来考察，也就是说，你的项目现在可以不赚钱，但不可能永远不赚钱。创业者要想清楚并向投资人传递的是，为什么未来能够赚钱，并且能够赚大钱。

一句话，商业模式部分需要展示企业未来如何赚钱，以及为什么现在的产品形态及发展趋势能够支撑未来的盈利模式。

6. 竞争分析

如果说以上的分析根据常识和逻辑就可以得出分析结论的话，那么本部分的分析则取决于我们的视野(“常识、逻辑、视野”这六个字恰好也是九轩资本的投资哲学)。

对于竞争对手的分析，应该从对用户需求满足的可替代性选择的角度进行。打个通俗的比方，在同一条街上，卖河南拉面和兰州拉面的固然是竞争对手，其实旁边那家卖湖南木桶饭的也同样是竞争对手。当然，在项目发展早期，可以只选择那些最直接的竞争对手进行分析。

分析竞争对手时，最好是以表格方式列出细分行业内最主要的竞争对手，以本项目的关键成功因素作为比较维度，针对本项目与潜在竞争对手进行对比分析，比如可以从技术壁垒、核心团队、用户数据、资源优势、运营策略、融资情况等方面进行比较。

值得说明的是，项目面临的市场机会和选择的商业模式本身不可以作为竞争优势。

这部分内容重在说明“烈火”为什么“烈”。

7. 营销推广

这部分重点阐述公司已采取或拟采取的市场推广策略及竞争策略，公司具有哪些核心资源或合作伙伴，使用那些渠道和方法。

酒香也怕巷子深，除了极少数互联网产品通过产品本身的设计以及越过临界点之后可以获得爆发式增长外，大部分的产品前期还是需要深入的营销推广的，即便是融到了大笔资金，优秀的营销推广经验及行业资源依然至关重要。

这部分内容重在说明为什么“星星之火，可以燎原”。

8. 核心团队

简单介绍核心团队的从业经历及擅长的领域，除了核心创业人之外，最好还需要包括技术(或产品)、销售、运营等方面的核心骨干成员。重点强调团队成员的从业经验，团队的互补性和完整性。

9. 运营现状

本部分需要介绍公司现有激活用户、注册用户、日活用户、日活率、留存率、日订单数、客单价、毛利率、近期销售收入、往年以及本年销售收入以及各项指标的增长率等指标。

这一部分所提供的数据，实际上是反映公司目前所设定的产品定位及商业模式得到市场初步验证的情况。投资人会根据这部分数据“管中窥豹”。

创业者可以根据自身考虑的保密性要求选择适当披露。

10. 发展规划

本部分需要在假设融资到位的情况下(特别注意此假设)，公司未来3～5年的发展规划，以图表的形式直观说明公司在各阶段的目标市场、拓展区域、商业模式等战略计划。

对于A轮以后的项目，最好能够另外制定一个规范的财务预测模型来反映项目在后续扩张过程中的收入及成本曲线走向。财务预测模型实际上是一个基于时间序列而展开的收入及成本算法模型，其中包括收入及成本的计算方法、参数假设、增长预测等。财务预测模型通常包括收入预测、成本预测、固定资产投入、人力资源投入等基本表格，也包括基于以上预测所生产的利润表、资产负债表。通过跨表格的引用，这些表格通常形成了一个“连通器”式的整体。

投资人通常会根据财务预测模型所提供的计算方法、参数假设、增长预测等数据来判断项目发展后期的运营数据实现的可能性，从而判断项目引入融资之后的理论增长情况。

当然，模型永远是模型，没有一个投资人会完全根据模型来做决定。但是一份严谨测算的财务预测模型可以有效地帮助投资人将“拍一次脑袋”的分解为“多拍几次脑袋”，从而提高决策效率。同时，通过财务预测模型，创业者也可以更好地模拟剖析项目发展演进的关键因素。

11. 融资金额及用途

充分说明以上各部分内容，并且能够让投资人有满意的认可之后，基本上说明“我什么都不缺只缺钱了”。那么在本部分需要向投资人表明你的融资计划，具体包括两个重要内容：第一是本轮融资金额是多少，最好说明人民币或者美元；第二，需要重点说明本轮融资的具体用途，最好能够细化到具体项目。这部分内容需要创业者根据审慎思考的业务拓展计划制定具体的资金分配方案，需要充分体现创业者的战略规划能力，同时也需要体现创业花钱的能力。

关于路演

写好了商业计划书，只是融资的第一步。通常，投资人看到商业计划书之后，可以对项目做出初步判断。如果感兴趣，就愿意和创业团队见面沟通，通常是和 CEO 直接沟通，这种见面沟通也就是通常所谓的项目路演。项目路演通常分为公开路演与一对一路演，无论哪种形式的路演，我们建议创业者注意以下几点。

①要做行业的专家，要对自己所在行业的痛点、格局有深入的洞察。

②不要害怕投资人的挑战，不要在形式上迎合投资人，要乐观自信。对于投资人来说，不怕路长，就怕战略不清晰，走弯路。

③作为团队老大，要富有激情、坚定、执着，表达简洁，思路清晰。

④团队永远第一，尽量少用“我”，而是“我们”。

⑤尽量用数据说话，但不要夸大数据预期。

⑥不要回避投资人的疑问，有勇气接受你不能改变的，有能力尽可能改变你能改变的，有智慧地识别这两者。

后记

之所以写这样一篇文章(这可能是你所见过的阐述商业计划书最理论化，也可能是最难懂的一篇文章)，是希望能够帮助创业者还原商业逻辑的本原，建立一个战略思考的分析框架。如果能够在战略上说服自己，能够在理论上完成商业逻辑的“自洽”，那么你就可以初步打动投资人了。

资料来源：

VC 手把手教你怎么写商业计划书[EB/OL].(2015-08-03)[2018-10-19]http://tech.163.com/15/0803/10/B039I6VG00094P40.html.(节选)

思考与讨论：

通过此案例的学习，你认为什么样的商业计划书是好的？你有什么可分享的经验吗？

拓展活动

编制创业计划书

班级学生自由组合成创业团队，每个创业团队5～7人，最好知识、能力、性格互补。创业团队遵循创业计划书的编制原则，完成一份创业计划书的编制，将创业点子发展成为创业项目的策划方案。创业计划书要包含基本要素与内容，文字简洁、语言流畅。

具体操作流程如下。

1. 创业计划构想。

每支创业团队经头脑风暴后形成各小组的创业构想，并对创业构想进行细化，形成一个比较完善的创业项目。

2. 市场调查。

准备一份1～2页的客户调查纲要，提供一份用过的调查和调查方法的描述，确保能够获取大量的信息，包括潜在客户的数量、他们愿意付的价钱、产品/服务对于客户的经济价值。

确定你的潜在竞争对手并分析本行业的竞争环境，如分销问题如何？形成战略伙伴的可能性多大？谁是你的潜在盟友？要求完成一份1～2页的竞争者调查总结。

3. 文档制作。

以小组为单位，进行每支创业团队的创业计划书路演展示，其他小组进行点评和讨论，教师对学生的路演展示进行总结。

第二节　创业计划推介与路演

【学习提要】

要引起一位投资人或银行家的兴趣，创业者应该做好充分准备，泰然自若地向别人推荐自己的创业计划，就整体项目运作与投资人进行有效沟通。

【学习目标】

1. 了解创业计划书推介方法。
2. 了解项目路演。
3. 了解项目路演成功的关键因素。

活动导入

TED 演讲

5 分钟分享并推广那些有价值有意义的创意灵感(一个值得分享的观点,一个激励人心的想法)号召听众做出行动,让世界和生活越来越好。

学习任务

你完成了创业计划书,下一步任务是如何使用创业计划书。如果你的创业计划书能引起一位投资人或银行家的兴趣,或者参加创业计划大赛,你通常需要对自己的创业计划书进行口头介绍。这时,你应该做好充分准备,泰然自若地向别人推荐你的创业计划。

一、如何准备创业计划书的推介

当你向他人口头介绍自己的创业计划书时,首先要考虑如何准备这项任务以及如何进行一次精彩的演讲。你怎么向他人展示自己以及你与演讲对象的互动方式与计划书本身一样重要。当你向他人推荐你的创业计划时,你的观众不仅仅只关注你的计划书,他们同样关注你和你的团队。你怎样推荐自己、你的面部表情、你的幻灯片是否清晰、你怎样应对困难问题以及其他一些特征,对于你的观众或评委来说,都是评断你是否是一个有效经营者的线索。所以,如何有效地准备和推介创业计划书至关重要。

准备创业计划书演讲要注意以下几个方面。

第一,尽可能多地收集演讲对象的信息。对于风险投资者来说,关注的可能是创业项目的发展速度及预期收益率;对银行家来说,关注的往往是企业的现金流是否可以预测,以及怎样最大限度地降低风险;如果是一个天使投资人,可能关注别的问题。

第二,了解有关演讲时的注意事项,如发言时间限制、着装要求、名片、演讲场地情况等。

第三,精心制作幻灯片。

二、创业计划书推介方法

进行创业计划书推介的一个重要指导思想，就是不仅要向你的观众传达信息，而且要感染鼓舞他们，既可以用明显的方式，也可以在不知不变中感染他们，如通过介绍个人经历或传奇逸事向观众表明，为什么你认为你的事业如此重要，并全身心致力于它的成功。

许多商务演讲的专家学者都给出过一些创业计划书演讲的模板。这些模板清楚地说明了幻灯片的数目、顺序以及每页所覆盖的内容。虽然在不同的演讲者之间可能有所差异，但是演讲应包含的内容大体并无二致。接下来的演示是集合不同方法的一个公用范例，你必须根据计划书的内容和要面对的演讲对象进行调整，采用合适的方法。很显然，你不可能在短短几十分钟的演讲里传递一份 25～35 页创业计划书中所有的信息。创业者通常犯的错误是准备了太多的幻灯片，他们在 15 分钟陈述期间急切地翻阅图片。所以，你必须把重点放在观众认为最重要的部分。

一些日常接触许多创业者以及他们的创业计划书和演示的风险投资者，建议在准备创业计划书 PPT 时应遵循“10－20－30 法则”。具体而言就是：创业计划书 PPT 不超过 10 页，演讲创业计划书 PPT 不超过 20 分钟，演示创业计划书 PPT 使用的字体不小于 30 号。这个法则用一个词来概括就是简洁。

在演讲的时候，想必你的听众已经人手一份你的创业计划书了，如果你不确定，演讲时最好多带几份计划书备用。这在参加创业计划书竞标时尤为重要，也许有些观众是初次听你的计划，很想看看整份计划书的内容。创业计划书演讲包含的主要内容如表 5-2 所示。

表 5-2　创业计划书演讲包含的主要内容

主题	解释
1. 标题	介绍公司名称、创建者名字、公司图标，开始陈述
2. 问题	简述创业项目要解决的问题或满足的需求
3. 解决方案	解释企业如何解决问题，或如何满足未实现的需求
4. 机会与目标市场	阐明特殊的目标市场，讨论推动目标市场发展的业务环境趋势
5. 技术(供选用)	讨论技术、产品或服务的独特方面，注意不要过分以技术方式来讨论，让描述简单易懂
6. 竞争	着重解释企业的市场竞争优势，企业如何与竞争对手展开竞争
7. 营销与销售	描述总体的营销战略；讨论销售流程；如果你已经进行了购买意愿调查或其他的产品初步调研，在此要汇报调查结果
8. 管理团队	描述现有的管理团队，解释团队如何构建，他们的背景与技能如何对企业成功至关重要

续表

主题	解释
9. 财务规划	简要讨论财务情况，强调创业项目何时获得利润，企业达到盈利需要多少资本，现金流何时达到盈亏平衡
10. 当前状况	描述企业当前的情况，不要忽视已有成绩的价值
11. 融资需求	说明你要寻找多少融资，你如何使用这笔资金
12. 总结	结束陈述，概述创业项目与团队最重要方面，征求听众反馈

三、项目路演

项目路演，是项目方就整体项目运作与投资人进行有效沟通的互动过程。目前从形式上一般分为线下和线上两种类型。

（一）线下路演

线下路演，目前主要有四种模式。

一是精准度私密度最高的一对一模式。从投递创业计划书，到被投资机构代表约谈，至投资人受邀参观企业深度沟通，到投资机构邀约创始人至投资办公室拷问，这种模式以一对一、私密性、节奏强为代表，尤其是优质项目，更是快马加鞭、三步合一步快速促成项目的成交。

二是精准度私密度较高的私董会模式。三五联投的基金或偏好一致的垂直细分行业的机构，将精挑细选的项目组织起来，类似于私董会一般，结合不同的基金投向侧重点，由合伙人、投资总监级发问，问题往往非常尖锐，从业务进展、市场开拓方式、成本结构、资本结构到配偶是否支持创业，不一而同。当然，效果也是非常明显的，一般有机会上会的案子，质量都非常的高，被投的概率非常大。这种圈子，非圈内浸淫多年的投资人和创业者不得而入。而这种形式也往往以桥牌俱乐部、高尔夫俱乐部、户外俱乐部、投资俱乐部的形式呈现，私密而高端。

三是由政府部门、知名机构或平台线下组织的项目路演会或专场路演会。随着各地招商热情一路高涨和孵化器的密集涌现，当地政府或科技部门、当地机构也会定期组织一系列的项目路演，有的孵化器也冠之为毕业季。这种情形下的项目演示，相较而言，有机构背景或机构托管运营的孵化器承办得更有优势，因为大家都在同一个圈子里，硬伤太过明显的一般也不会拿出来，所以相当于提前过了一遍筛子。而在路演准备、路演形式方面大多也会做一些辅导，所以，创业者在演示项目过程中比较专业，创投双方对频非常的容易，减少了很多沟通成本。

四是带有大赛和推广性质的创业大赛或创业 TV 秀模式。因为组织的目的不同，所以参会的企业往往目标有三：求名次，有奖金或奖励；求名声，免费的品牌传播；求资金，遇到对路的资金方。这种往往会历经海选和优选环节，所以登台的项目普遍质量较高。例如，一档全媒体创投节目《跃龙门　创客赢》就是对项目层层过筛子并对项目进行辅导和优化，到项目登台亮相时基本都有机构锁定了，创投双方都有极大的收获，所以马太效应显现，越来越多的优质项目和顶级的投资机构聚拢过来。在这种平台上，对创业者而言，名利双收。

（二）线上路演

随着视频技术和移动互联网的应用，这两年许多项目路演也搬到了线上，之前的QQ群、YY群、电话会议、远程视频路演，现在的微信群路演，但谈到体验和互动还是目前的微信群路演更佳。线上路演时，创业计划书都会被提前发布，在互动时候的语音根本不给创业者以组织、修饰的时间。投资人通过这种直接的干货对撞类似于头脑风暴般，判断出是否跟进这个项目。毕竟创业计划糟糕的项目，群内是万籁俱寂的，只有好的项目才会触动投资人。这时，创业者要学会判断对你感兴趣的投资人，以期转移到线下，继续沟通。这种线上路演还有一对一的模式，比如领路、聚份子；有些还打通了线上线下环节，比如时间拍卖、中国投资人中心等。创业者有机会借用这些知识和问答平台来约见投资人，畅聊项目和答疑解惑。

以上的线下线上两种类型的路演形式都随着跨界、技术、共享等领域的发展而不断的进化更迭，呈现不同的模式。但这些变体最终还是服务于创投双方的高效对接，实现彼此的期望：投融资对接成功！

不管是线下路演还是线上路演，创业者都应注意以下几点。

第一，选择合适的路演平台。是为了推广产品做品牌推广，还是参加创业大赛，或者是参加科技评审，还是针对投资人路演，不要不做区分和筛选的去盲目参加，要结合项目发展的不同阶段来针对性地选择。同时，如果在一些平台上见到了对项目感兴趣的投资机构或投资人，切记不要再在其他的类似平台上多出现和碰面。不同于投资机构的赶会模式(投资机构的项目源渠道之一)，创业者如果频繁参加项目路演，会打上跑会不专注主业的标签。

第二，准备好路演创业计划书。一般是准备PPT、PDF版的创业计划书和纸板打印的创业计划书(内附名片)，这时团队(过往经历、合作分工、股权结构、期权池)，商业模式，业务进展，成本结构，融资规划，资金使用计划结合接下来的业务进展、未来三年经营预测、上市计划或退出计划等就要相对细化，坚决摒弃简版、大字、需要人充分联想展开的创业计划书。

第三，做足功课，内部演练。请懂行的投资人或孵化器给予指导，框架和重点要突出；在公司内部进行演练，毕竟在踏入资本市场后，路演就成了创业者的基本功。对于项目路演多与举办方沟通，了解参会投资人的背景和投向，识别真假投资人，选择靠谱投资机构(投资逻辑清晰专业，有投资或孵化案例，有退出案例，业内名声靠谱)。

第四，一把手工程。项目主讲人最好是企业创始人或联合创始人，如果参加创业大赛则可安排形象代言人。但现在大赛的评审创投机构比例增大，还是建议创始人参加，毕竟投资就是投人，投的是以创始人为核心的运营团队。

第五，异议处理。嫌货才是买货人，不要把问题当成挑战，投资人发问或质疑说明投资人对这一部分不是很了解，正是符合好项目的标准之一。大赛评审过程中，许多参赛者把投资人的评审意见当成是质疑和否定，下场之后就走掉了，更是不可取。应该利用信息不对称和误解，拉近与投资人的距离，促进双方的深度了解和合作。

四、成功路演的八大关键因素

要素一：有一个大愿景，然后把这个愿景扩大十倍。

你需要有一个吸引人的愿景，告诉投资人你想要把你的公司带到哪里，这点非常重要。但不得不说的是，首次创业的人通常想的愿景都比较小。

举个例子，如果你有一个愿景，通过在某个国家解决一个问题，让人们生活更加便捷，然后再把范围扩大，为全世界人们解决同一个问题。

那么，为什么要把愿景扩大呢？

一开始，当你在融资路演表达自己愿景时可能会感到一些紧张，甚至会有些不安。但随着时间的过去，你就会习惯更大的愿景，而且之后你也会发现，一旦你的愿景足够大，那么就会刺激你努力奋斗。

要素二：详细解释你会如何使用投资。

当你的投资人给你投资成百上千美元资金时，通常会询问你会如何使用这笔投资。如果此时你说，“我们会把投资资金的一半用于市场营销，另一半用于工程开发”，那真的是一种非常不靠谱的回答。

你需要一个详细的财务模式，而你的宏伟蓝图至少要规划到未来三年，其中不仅要包含运营成本，还要包含收入增长、利润，以及潜在利润。

最重要的是，你需要了解不同部门如何使用资金，再理想一点，了解每一个商业项目如何使用资金；而如果你已经有了一个可预知投资回报率的营销策略(比如投资 1 美元，回报 5 美元)，也需要详细地向投资人解释。

此外，当潜在投资人评估公司时，如果你有一个准确的财务预测，可能会帮助你规避一些风险，特别是在你第一次创业，或是在寻求天使投资时。请记住，你能规避掉的风险越多，获得风险投资的机会也就越大。

要素三：比任何人都了解你的创业指标。

如果你的公司采用的是订购模式，那么需要了解用户获取成本，客户终身价值，净流失率，用户转换率，客户数量和收入比率，毛利润，等等。

对于其他类型的公司，指标可能会比较简单。你需要准确知道自己目前和未来的业务指标，同时对于一些还没有实现的目标，你需要告诉投资人自己会采取什么样的方法，一步步实现。

要素四：尽量将主路演时间缩短。

这个要素很简单，通常融资路演分为两部分，主路演和附路演。在主路演阶段，需要做 PPT 演示，告诉投资人你的创业故事，展示创业指标，团队成员，以及发展愿景。在附路演阶段，还需要播放一些配套的幻灯片。

那么，路演需要控制在多长时间呢？通常来说，你需要播放 30～60 张 PPT。

要素五：公司不是靠资金，而是靠人发展起来的。

最好的公司，都是靠一群有天赋有能力的人创建出来的。在路演的时候，至少要用一张 PPT 来介绍你的团队，告诉投资人他们与众不同之处。你有一帮出色的工程师吗？展示你麾下的人才，让投资人知道他们为你的产品做了哪些事情。你的高管团队都是来自顶级公司的吗？你需要给每个高管做一个简单的个人介绍，包括他们曾经在哪些企业工作，各自负责什么样的工作。

举个例子，你的销售主管曾经负责建设过规模较大的高效销售团队吗？如果他/她有过这方面的经验，就把它展示出来。还有，你的首席技术官在他/她之前的公司负责过可扩展系统的开发，并支持过千万级的用户量系统吗？如果有，这些都可以展示给投资人。

投资人很清楚，每个创业者都有竞争对手，通常，最强大的团队会构建出最好的产品和品牌，最终赢得市场。如果你有一支强大的团队，那就毫不犹豫地展示出来吧。如果在讨论公司愿景的时候，你手下的团队成员都是一帮"菜鸟"，那么也不要着急，你可以告诉投资人自己在获得资金支持之后，会采取什么样的招聘策略，并招募一些什么样的人才。

在招募人才的时候一定要有信心，并尽可能地构建一支最出色的团队，在路演的时候，要把这种决心表现出来。此外，对于团队中的缺点也不要掩饰，但要把重点放在团队的优点和强项上面。

要素六：谈一些痛点，再告诉投资人自己是如何解决的。

出色的融资路演，一般都是从一个故事开始，然后介绍某个行业痛点，再给出自己的解决方案，到最后的公司愿景。因此在路演的时候，一定要确保提到自己产品所解决的那个最初行业痛点。

你是如何无意中发现这个痛点的？你为什么要解决这个痛点？你的解决方案是最好的吗？当你募集到资金，就能帮助更多人解决这一问题，等等，这些都需要在路演中提及。

要素七：竞争力，事实胜于雄辩。

无论你的公司是否产生收入，都需要向投资人展示出你的产品已经拥有一定竞争力。正如前文所提到的，如果潜在投资人认为你公司的风险越小，那么你就越有可能获得投资。

如果公司已经产生收入，并且发展速度很快，那么一定要在路演的 PPT 里面展示出来。如果暂时做不到这一点，那么在所有的业务指标里面找一个最具发展潜力的展示出来，比如用户总量，照片上传总量，诸如此类的数据。你可以制作一张图表，来展示这些指标的发展路径，并且告诉投资人，如果能够获得资金，这些指标将会得到更快速的发展，并帮助你的公司获得收入，增加利润。

要素八：多经历，会让你的路演越来越好。

在你第一次路演结束时，确保要有一个答疑环节，这可以帮助潜在投资人了解你的公司业务指标数字，以及你的竞争优势。对于投资人提出的问题和反馈，你都需要做好笔记记下来，并且在下次路演时做好解答。

如果在你每次路演的时候，都能牢记上述八个要素，那么几次之后，你就会发现自己在路演时出现的问题会变得越来越少，你的路演水平也在不断提高，同时在演讲时也会得到更多积极的反馈。你可以把自己想象成一个富有魅力的超级演说家，最大可能地激发潜在投资人对公司的兴趣。

案例启示

思考与讨论：

通过第五章第一节中的“案例启示”，你知道如何才能提高路演水平吗？

拓展活动

“电梯演讲”创业比赛

“电梯演讲”的起源

“麦肯锡30秒电梯理论”来源于麦肯锡公司一次沉痛的教训：该公司曾经为一家重要的大客户做咨询。咨询结束时，麦肯锡的项目负责人在电梯间里遇见了对方的董事长，该董事长问麦肯锡的项目负责人：“你能不能说一下现在的结果呢？”由于该项目负责人没有准备，而且即使有准备，也无法在电梯从30层到1层的30秒内把结果说清楚。最终，麦肯锡失去了这一重要客户。

从此，麦肯锡要求公司员工凡事要在最短的时间内把结果表达清楚，凡事要直奔主题、直奔结果。麦肯锡认为，一般情况下人们最多记得住一二三，记不住四五六，所以凡事要归纳在三条以内。这就是如今在商界流传甚广的“麦肯锡30秒电梯理论”或称“电梯演讲”。

“电梯演讲”创业比赛的要求

在短时间内讲清楚其创业项目产品和商业模式，并具体说明市场购买或使用的可能性和能力。注意用事例、数据、实物等来支持其创新性、科技性和可行性，演讲者用能力和技巧达到现场的互动效果。

“电梯演讲”创业比赛的流程

第一轮：班级全体同学参赛，每位同学拥有60秒的“电梯”时间向全班同学陈述自己的创业想法，演讲的同学必须利用短短的60秒时间抓住观众的注意力，清楚解释产品可以解决的问题。获得2/3观众肯定的选手进入第二轮。

第二轮：第二轮入围选手继续对刚才的项目进行阐述和补充(即获得又一次的“电梯演讲”机会)，时间仍为60秒，获得2/3观众肯定的选手最终入围公投环节。

公投环节：入围公投环节的选手接受全班同学的投票。在每人一句阐述创业理念之后，观众投票选出最终获胜的选手。

镜子游戏

本游戏取材于美国 SBE 的体验式创业游戏资料库。电梯演讲是创业者的一个重要技能，因为它可以帮助创业者把握稍纵即逝的交流时机、拓展人脉关系。但是要做一个有说服力的电梯演讲，吸引人们注意力，使得他们想要进一步交谈，并不容易。“电梯”的意思是，就像坐电梯一样，创业者只有极短的时间，来演讲自己的事。

个人进行电梯演讲，可以帮助演讲者自身，以最简单的方式，梳理清楚自己是谁、能做什么、重视什么、希望其他人如何了解自己等。通过镜子游戏，演讲者还可以学习如何建设性地接受反馈，以及如何给对方建设性的反馈，等等。

大部分学生在口头表达方面没有经过训练，因此他们的想法只在他们自己的头脑中“听起来很棒”。通常听众只能理解学生想要表达的一半都不到，更不用说学生还经常发生张口结舌说不出话来的怯场现象。

一个常见的建议是要尽可能多地让学生进行镜子练习，迅速提高学生有力表达商业理念的能力。镜子游戏可以用在 90 分钟的电梯演讲工作坊中，提高学生的电梯演讲能力，使学生能在各种社交场合用最短的时间说清楚自己的想法，增加他们抓住人际交往中各种机会的可能性。

工作坊的主持人首先介绍电梯演讲的重要性和常见的陷阱。此外，还可以组织学生讨论或者辩论，弄清楚到底电梯演讲的关键成功要素有哪些。然后教师可以提出一些值得反思的问题，鼓励大家讨论。每个人都要学习电梯演讲的四个步骤：首次进行演讲、获得反馈、改进演讲、再次进行演讲。因为这个练习需要在一堂课中结束，所以每个电梯演讲时间被限制在 30 秒之内。

第一步，演讲者向倾听者进行个人电梯演讲，然后倾听者向演讲者“镜像演讲”他听到的内容。“镜像”的意思是倾听者做演讲者的镜子，用他理解到的内容来替演讲者做 30 秒电梯演讲。然后倾听者要求演讲者评估“镜像演讲”的准确性。在此之后，演讲者需要改进其演讲。在这第一步，双方都不能做笔记或者提问。

第二步，演讲者使用修改后的电梯演讲，重复这个过程。在这一步，倾听者可以做笔记，并与演讲者分享想法。

第三步，也是按照这个过程进行，但是在这第三步，演讲者和倾听者都可以记笔记，并且还有一分钟的时间相互分享、反馈。

第四步，演讲者向全班同学做最后的演讲。

结束了这四步之后，演讲者和倾听者进行角色互换，由上一轮的倾听者变成这一轮的演讲者，来重复上述四步练习。在此过程中，学生可以自我感受个人电梯演讲效果是否有显著提升。

最后是复盘反思：主持人带领大家，对刚才镜子游戏中的体验进行复盘反思，讨论如何让这个镜子游戏变得效果更好。

到此一个电梯演讲工作坊就顺利完成了。学生将会通过一个有效和有趣的游戏来提升自己创建和实施一个有效的电梯演讲的能力。

第六章　新企业的开办

第一节　企业的法律形式

【学习提要】

创业者在创办企业时首先必须做出的一个决策是企业准备采用什么样的法律形式。但这种初始的决策并不是一成不变的。随着时间的推移，企业的发展和运作方式变化，都可能要求创业者对企业法律形式做出调整，也会使企业所有制形式发生变化。

【学习目标】

通过本节的学习，学生了解基本的企业所有制形式，并初步了解其优缺点。

案例导入

真的能够一元开公司？一元怎么开公司？

取消注册资金限制，一元就能注册公司。门槛的降低，让很多人感觉开公司当老板的美景近在咫尺。甚至有人预言：个体户的时代即将被公司时代取代。

开公司创业的热情固然可贵，但你真的清楚怎么开公司吗？相信很多人都不知道，看似轻松就能一元注册了公司的前后，还有不少麻烦事等着你。

"一元公司"新政要点

2014 年 3 月 1 日起，对公司法所做的修改已正式实施。注册公司不再需要提交验资报告，注册资本实缴登记制变为认缴登记制，企业认缴多少注册资本、分几次、什么时间到位，都由企业说了算，工商部门不再验资，企业的注册资本认缴进度自己向社会公布，责任自负。如此一来，一元注册公司成为现实。

企业年检改为年报，只需要网上提交企业年报信息即可，任何人都可以查看。但年报弄虚作假，将列入"黑名单"。

新版营业执照的类型精简为 8 类，名称统一为"营业执照"，融入新科技，执照上加入二维码，通过微信扫一扫，即可在线查询该公司的全部登记信息。经营范围只写了主要的经营类别，不用写具体内容，经营类别外的一般项目也可以经营，无须另外登记。

持有 2014 年 3 月 1 日前颁发执照的企业，可以继续使用，也可以申请换新的，但最迟要在 2015 年 2 月 28 日前换发。

那么，真的能够一元开公司？一元怎么开公司？

注册之前事不少，几十种手续先办齐。

新政策实施后，登记手续简化，以前办理要 10 天左右，现在一般一天，甚至半小时就能搞定。但你要知道的是，这只是开公司环节中的一个——注册。在此之前还有不少事要准备，需要准备的材料、文书多达几十种，并且存在费用。所以"一元开公司"只是个比喻，"轻松开公司"也只是个形容。

注册流程"三大步"

第一步：申请人持相关材料向工商部门提出申请，经受理审查员初审通过，开具受理通知书或者申请材料接收单；不符合受理条件的，在当场或者 5 个工作日内一次性告知申请人应当补正的全部材料(出具告知单)。

第二步：对申请人申请材料齐全、符合法定形式的，当场做出是否准予登记的决定并出具登记决定通知书；需要对申请材料的实质内容进行核实的，出具企业登记材料需要核实事项告知书，在 10 个工作日内做出核准或者驳回申请的决定。

第三步：在 1 个工作日后(申请材料的实质内容需核实的除外)，申请人可以凭登记决定通知书到发照窗口领取企业法人营业执照。

申请材料"看花眼"

1. 公司登记(备案)申请书。一般可从当地工商行政管理局网站下载申请表格。

2. 指定代表或者共同委托代理人授权委托书及指定代表或委托代理人的身份证件复印件。

3. 全体股东签署的公司章程。可以在当地工商行政管理局网站下载"公司章程"的样本，修改一下就可以了。章程的最后由所有股东签名。

4. 股东的主体资格证明或者自然人身份证件复印件。

5. 董事、监事和经理的任职文件(股东会决议由股东签署，董事会决议由公司董事签字)及身份证件复印件。

6. 法定代表人任职文件(股东会决议由股东签署，董事会决议由公司董事签字)及身份证件复印件。

7. 住所使用证明。

自有房产提交房屋产权证复印件；租赁房屋提交租赁协议复印件以及出租方的房屋产权证复印件。有关房屋未取得房屋产权证的，属城镇房屋的，提交房地产管理部门的证明或者竣工验收证明、购房合同及房屋销售许可证复印件；属非城镇房屋的，提交当地政府规定的相关证明。出租方为宾馆、饭店的，提交宾馆、饭店的营业执照复印件。使用军队房产作为住所的，提交“军队房地产租赁许可证”复印件。

签订好租房合同后，还要到税务局去买印花税，按年租金的千分之一的税率购买，例如每年房租是 1 万元，那就要买 10 元钱的印花税，贴在房租合同的首页，后面凡是需要用到租房合同的地方，都需要是贴了印花税的合同复印件。

8. 企业名称预先核准通知书。到当地工商行政管理局去领取一张“企业名称预先核准申请表”，填写你准备取的公司名称，由工商行政管理局上网(工商行政管理局内部网)检索是否有重名，如果没有重名，就可以使用这个名称，之后会核发一张“企业名称预先核准通知书”。

资料来源：

真的能够一元开公司？一元怎么开公司？[EB/OL].(2017-05-19)[2018-10-19] https://www.sohu.com/a/141736263_385098.

学习任务

创业是一种高风险的活动，离不开法律的规范。创业者创业时面临的第一个法律问题是组织形式问题，即创业者设立何种形式的组织，通过何种主体实现个人创业的梦想。

根据我国法律法规的规定，我国的企业组织形式很多，包括有限责任公司、股份有限公司、外商独资企业、中外合资企业、中外合作企业、集体企业、股份合作制企业、个人独资企业、合伙企业、个体工商户、加盟连锁等。创业者一人创业，可以选择的组织形式有：个体工商户、一人有限责任公司、个人独资企业。创业者多人共同创业，可以选择的组织形式有：有限责任公司、合伙企业、股份合作制企业。创业者融资创业，可以选择的组织形式有：有限责任公司、有限合伙企业、中外合资企业、中外合作企业。创业者可以根据自己的情况，选择适合自己创业的组织形式。

一、组建有限责任公司

有限责任公司是指根据《中华人民共和国公司登记管理条例》登记注册的，由 2 个以上、50 个以下的股东共同出资，每个股东以其所认缴的出资额对公司承担有限责任，公司以其全部资产对其债务承担责任的经济组织。

相对于承担无限责任的组织形式来说，组建有限责任公司的法律风险较小。有限责任公司对外承担有限责任，限定了创业者承担的法律风险不会超过注册资本金。根据相关规定，有限责任公司注册资本的最低限额为人民币 3 万元。

但有限责任公司的组建及运作过程仍会存在风险。创业者在组建有限责任公司过程中，应当根据法律的规定，规范股东之间的股份分配、权利义务，规范公司的运作，以降低法律风险。创业者一人设立一人有限责任公司时，还应当注意明确个人财产与公司财产，避免个人财产与公司财产混淆。

在法律实践中，有些创业者为注册有限责任公司的需要，采取隐名股东、实际投资人与股东名册不一致的方式。我国法律法规不支持隐名股东的做法，隐名股东的利益往往得不到保障。

二、组建股份制合作企业

由于有限责任公司的股东最高限额为 50 人，在共同创业者较多、无法组建有限责任公司的情况下，共同创业者可以自愿入股，组建股份制合作企业。股份制合作企业的组织形式、股东的责任类似于股份有限公司，共同创业者都可以成为企业的股东。

股份制合作企业是指以合作制为基础，由企业职工共同出资入股，吸收一定比例的社会资产投资组建，实行自立经营、自负盈亏、共同出资、民主管理、按劳分配与按股分红相结合的一种集体经济组织。

股份制合作企业股东众多，容易产生分歧，因此，规范股东之间的股份分配、利益分配、管理权力分配、公司决策程序、股东权利义务等问题更加重要。共同创业者签订详尽的合作协议，可以最大程度上降低法律风险。

三、组建合伙企业

合伙企业是指依照《中华人民共和国合伙企业法》在中国境内设立，由各合伙人订立合伙企业协议，共同出资、合伙经营、共享收益、共担风险，并对合伙企业债务承担无限连带责任的营利性组织。

根据《中华人民共和国合伙企业法》的规定，合伙企业有三种形式：普通合伙企业、特殊的普通合伙企业、有限合伙企业。

普通合伙企业由普通合伙人组成，合伙人对合伙企业债务承担无限连带责任。

以专业知识和专门技能为客户提供有偿服务的专业服务机构，可以设立为特殊的普通合伙企业。特殊的普通合伙企业，一个合伙人或者数个合伙人在执业活动中因故意或者重大过失造成合伙企业债务的，应当承担无限责任或者无限连带责任，其他合伙人以其在合伙企业中的财产份额为限承担责任。合伙人在执业活动中非因故意或者重大过失造成的合伙企业债务以及合伙企业的其他债务，由全体合伙人承担无限连带责任。

有限合伙企业由普通合伙人和有限合伙人组成。普通合伙人对合伙企业债务承担无限连带责任，有限合伙人以其认缴的出资额为限对合伙企业债务承担责任。

合伙企业没有最低注册资金的限制，允许以劳务出资，注册方便，特别是有限合伙企业形式，可以吸引有资金但不想承担无限责任的投资者，对缺乏资金，有专业特长的创业者来说，是不错的选择。

四、设立个人独资企业

个人独资企业是指依照《中华人民共和国个人独资企业法》在中国境内设立，由一个自然人投资，财产为投资人所有，投资人以其个人财产对企业债务承担无限责任的经营实体。

相对有限公司和合伙企业而言，个人独资企业更能满足资金缺乏、又不愿与人合股或合伙的个人进行创业。但个人独资企业对外债务承担无限责任，尤其是个人独资企业解散后，原投资人对个人独资企业存续期间的债务仍应承担偿还责任(注：债权人在5年内未向债务人提出偿债请示的，该责任消灭)。因此，如果选择个人独资企业进行创业，更应注意加强控制企业的各类风险。

五、成为个体工商户

如果创业者从事的创业活动(如小商品零售、餐饮、理发、报刊零售等)主要以本人或家庭成员的劳动为基础，可以申请登记成为个体工商户。个体工商户资金没有法定要求，注册方便，其经营收入归公民个人或家庭所有。但个体工商户不属于经济组织，不具有法人资格，要对债务承担无限连带责任，也应当注意控制风险。

六、加盟连锁经营

加盟连锁经营，可以直接享受知名品牌带来的影响，可以利用他人的成功经验，可以降低运营成本，对创业者来说，也是不错的选择。

但加盟连锁经营尤其是其中的特许经营模式不但涉及合同问题，还涉及商标法、著作权法、公司法、税收法、担保法、消费者权益保护法等大量的法律问题。而这些问题，不光是创业者没几个能明白的，就是连锁运营商也不是很明白。法律实践中，加盟连锁经营合同是连锁运营商起草的格式文本，合同中最大程度保护运营商的利益，而对于加盟者的利益，没有多少保障。对加盟者来说，一旦连锁经营商经营失败或抽逃资金，将无法收回投资，风险较大。

另外，创业者吸引天使投资或风险投资创业，还可以选择中外合资企业或中外合作企业等组织形式。

总之，创业者可以根据自己的情况，选择适合自己的组织形式，但应当注意防范法律风险。

企业法律形式的比较见表 6-1。

表 6-1 企业法律形式的比较

项目	独资企业	合伙企业	有限责任公司
法律依据	《中华人民共和国市场主体登记管理条例实施细则》(自 2022 年 3 月 1 日起施行)、《中华人民共和国公司法》(自 2006 年 1 月 1 日起施行)等		
法律基础	无章程或协定	合伙协议	公司章程
责任形式	无限责任	无限连带责任	有限责任
投资者	完全民事行为能力的自然人，法律、行政法规禁止从事营利性活动的人除外	完全民事行为能力的自然人，法律、行政法规禁止从事营利性活动的人除外	无特别要求，法人、自然人皆可
注册资本	投资者申报	协议约定	无特别要求
出资	投资者申报	约定：货币、实物、土地使用权、知识产权或者其他财产权利、劳务	法定：货币、实物、工业产权、非专利技术、土地使用权
出资评估	投资者决定	可协商确定或评估	必须委托评估机构
项目	个人独资企业	合伙企业	有限责任公司
章程或协议生效条件	无	合伙人签章	公司成立
财产权性质	投资者个人所有	合伙人共同所有	法人财产权
财产管理使用	投资者	全体合伙人	公司机关
出资转让	可继承	一致同意	股东过半数同意
经营主体	投资者及其委托人	合伙人共同所有	公司机关

续表

项目	独资企业	合伙企业	有限责任公司
事务决定权	投资者个人	全体合伙人或遵从协议	股东会
事务执行	投资者或其委托人	合伙人权利同等	公司机关，一般股东无权代表
利亏分担	投资个人	约定，未约定则均分	投资比例
解散程序	注销	注销	注销或公告
解散后义务	5 年内承担责任	5 年内承担责任	无

案例启示

服装店的法律问题

张某将自己投资开办的服装商店委托李某经营管理，委托合同规定：李某只负责该店的服装购销业务及店面的管理，且从事的单笔业务金额不得超过人民币 10 万元，超过此限额应经投资人同意。李某在管理企业的过程中，为方便开展业务，自行决定购买一辆价值为 12 万元的客货两用汽车，并以商店名义与某汽车经销公司订立了汽车买卖合同，且预付了全部货款。张某得知后，以李某购车行为超越其职权范围为由而否认该购车合同的效力，并要求汽车经销公司办理退款手续。

思考与讨论：

请根据上述案例，分析案例中的法律问题。

拓展活动

角色扮演

小组成员分别扮演创业团队、工商部门、企业顾问、亲戚朋友，依据各个角色模拟开办公司前的交流。

第二节　企业选址需要的信息和技能

【学习提要】

企业选址是关系企业经营成败的重要因素，也是创业初期创业者要解决的几个问题之一。多数情况下，创业者都是就近寻找空闲的地方作为企业地点。学生应该了解做出正确选址决策所需的信息和技能。应该强调，一个好的地理位置虽然只可以使一个普通企业生存下来，但一个糟糕的地理位置却可以使一个优秀的企业失败。企业选址要解决两个基本问题：如何选择一个独特的地区；如何在该地区选择一个独特的地点。

【学习目标】

通过本节的学习，学生了解企业选址过程中需要考虑的主要问题。

案例导入

宝马公司工厂选址

高成本的德国似乎是个最不可能建汽车厂的地方。比起东欧同行，德国汽车工人的平均收入要高 7 倍，但工作时间却要少 10%。眼下，其他欧洲和亚洲汽车生产商都在把生产转移到东欧的低成本国家，因此，将生产宝马最畅销 3 系车型的莱比锡车厂，看起来像个巨大赌注。

经过竞争激烈的选址过程，宝马舍弃捷克而选择在莱比锡设厂，该决定令许多业内分析师震惊。一些分析师认为，这可能是最后一家建在西欧的大型汽车厂，标志着德国政府对汽车业发挥的影响力。在德国，每 7 个人就有一个在汽车业工作。

德国的失业率非常高，假如将更多工作移出这个国家，那会是件非常敏感的事。“毫无疑问，这在很大程度上是个政治决策。”法兰克福私人银行梅茨勒分析师尤根·皮珀说。

宝马的举措突出表明，德国汽车制造商是多么难以接受“东进”。宝马、梅赛德斯或保时捷没有一家在东欧拥有大型工厂，即使是欧洲产量最大的汽车生产商大众，它在斯洛伐克工厂的汽车产量也比它在德国其他工厂的产量少很多。相比之下，菲亚特、丰田和起亚等汽车制造商均已在东欧大举投资。

“如果大家(德国汽车商)对于在何处设厂采取另一种策略，那它们也许都能赚更多的钱。”尤根·皮珀说。

但宝马首席执行官赫穆特·庞特认为，莱比锡工厂是有关德国制造业生存之道的蓝图。他坦承，即使把欧盟为支持在莱比锡投资所提供的3.63亿欧元补贴考虑在内，在捷克设厂也要比在莱比锡设厂更加便宜。但区别意义在于“质的因素”。

比起宝马现有的那些工厂，莱比锡工厂具有更高的劳动力弹性，而且莱比锡工厂有个很大的优势在于如下简单的事实，即所有工人都讲德语，省却了棘手且成本高昂的翻译。

莱比锡备受失业问题的困扰，当地失业率为22%，接近全国平均水平的两倍，而宝马的新厂最终将雇用5000名员工，是这座城市未来的希望。“这笔投资……使莱比锡时来运转，”工程工会IG Metall的当地代表西格林德·默比茨(Siglinde Merbitz)表示，“该厂给这座城市的未来带来了真正的希望。”

这样的选址给工厂的设计也带来益处。工厂办公楼由获奖建筑师扎哈·哈迪德(Zaha Hadid)设计。在这些未来主义风格的办公楼之间，布满了纵横交错的传送带，让工人和来访者看到汽车在生产设施间移动穿梭。

但对宝马来说，最大的创新在于该厂的劳动力方面。长期以来，高工资令德国汽车业在竞争中处于很大的劣势。尽管莱比锡工厂位于远东的地区，但该厂工人的报酬将接近行业正常水平。

不过，该厂的工作时间将更加灵活。工厂已从2005年3月开始生产，但要到2006年才会开足产能。工人每周工作时间将是38小时而不是35小时，同时这座工厂每周的生产时间可以从60小时到140小时不等，且不需提前通知。

这一得到IG Metall工程工会认可的安排异常宽泛，允许宝马对需求的涨落做出反应。当某些车型的需求大于其他车型时，宝马还能在莱比锡和其他德国工厂之间转移工人。

但即使在这方面，宝马也希望通过一项创新的招募政策来提供帮助。这项政策积极面向失业者和年老的工人。1/4的工人将来自这两类人群中的一类，目前最年长的新工人为61岁。

资料来源：

宝马公司工厂选址[EB/OL].(2016-08-11)[2018-10-19]https://wenku.baidu.com/view/3053542c0166f5335a8102d276a20029bd6463df.html.(节选)

思考与讨论：

1. 宝马公司在莱比锡设厂这一方案有何优势和劣势?
2. 当地工会向宝马让步是什么原因?就选址决策问题谈谈此案例对你的启示。

学习任务

企业选址即设施选址，指运用科学的方法确定设施的地理位置，使之与企业的整体经营运作系统有机结合，以便有效、经济地达到企业的经营目的。选址关系到企业的发展前景。

古时候有个很会做生意的鲁国人，帽子和鞋子都卖得很好，他决定到越国去做生意。可是越国人习惯赤脚不穿鞋子，冬天不戴帽子，到了越国后，这个商人就破产了。由此可见，选址是关乎企业未来发展的一件大事。相对于其他因素来说，企业选址是一项长期性的投资，企业地址无论是租赁的，还是购买的，一旦被确定下来，就需要很多的资金投入。选址一经确定，短期内就难以变动，正确的选址能为企业经营带来巨大的收益。相反，错误的选址可能会使企业的投资血本无归。那么，哪些因素是企业选址要考虑的重点呢?

一、影响企业选址的一般因素

一般来说，企业选址的影响因素分为两大类：选位影响因素和定址影响因素。其中选位即选择什么地区，又可以分为国家和地区或城市两部分；定址指地区确定后选定的具体位置。表 6-2 列出了企业选址的部分因素。

表 6-2　影响选址的部分因素

<table>
<tr><th colspan="2">选址类别</th><th>影响因素</th></tr>
<tr><td rowspan="12">选位</td><td rowspan="4">国家</td><td>政局的稳定性</td></tr>
<tr><td>政府政策与鼓励措施</td></tr>
<tr><td>经济与文化，宗教信仰</td></tr>
<tr><td>汇率</td></tr>
<tr><td rowspan="8">地区或城市</td><td>地区政策</td></tr>
<tr><td>目标市场</td></tr>
<tr><td>原材料供应地</td></tr>
<tr><td>运输条件</td></tr>
<tr><td>与协作厂家的相对位置</td></tr>
<tr><td>劳动力资源</td></tr>
<tr><td>气候条件</td></tr>
<tr><td>基础设施</td></tr>
<tr><td colspan="2" rowspan="4">定址</td><td>场所大小和成本</td></tr>
<tr><td>可扩展的条件</td></tr>
<tr><td>地质条件</td></tr>
<tr><td>周边环境</td></tr>
</table>

其中以下六个因素，创业者要重点关注。

（一）政策因素

有些地区为了促进地方经济发展，往往采取鼓励企业在当地落户的政策，在各地划出特区或各种经济开发区，低价出租或出售土地、厂房、仓库、写字楼，并在税收、资本等方面提供优惠政策。同时，这些地区的基础设施情况也较好，交通、通信、能源、用水都很便利。创业者需要搜集城市规划资料，分析可预见未来的城建发展重点，了解商圈分布与租金趋势，依据企业自身定位选择合适的商圈，并对该商圈可能据点的开发计划与需求目标进行确认，最大限度地利用政策优惠。

创业者还必须仔细研究各种法规、法令和行为限制。企业的建设和经营经常会受到国家和当地法律以及私人行为的约束，企业应该对它们进行分析，以确定对企业的潜在影响。比如国家为了保证出口食品企业的良好卫生环境，更好地指导出口食品生产企业，准确把握选址和设计卫生要求，对其加工场所的选址有严格的法律要求。通常，新创业者需要得到律师和承包人的建议和帮助，才能有效地处理这些事务。

（二）经济因素

经济因素主要有市场条件、交通运输条件、社会文化以及生活条件、原料供应水平、能源和动力供应水平、劳动力市场情况等。

1. 市场条件

一个地区的经济发展水平决定了这个地区的消费水平和对产品或服务的需求。选择靠近企业产品和服务的目标市场有利于接近客户，降低运输成本，减少分销费用，提供便捷服务。

2. 交通运输条件

企业一切生产经营活动都离不开交通运输，便利的交通是企业与外界沟通的必要渠道。原材料、工具、燃料、产品和废物进出企业，零件的协作加工，都有大量的物料需要运输；职工上下班，也需要便利的交通。交通便利能使物料和人员准时到达相应地点，使生产活动能正常进行，还可以使原材料产地与市场紧密联系。在考虑运输条件时，还要注意产品的性质。在企业输入和输出过程中，有大量的物料进出。有的企业输入运输量大，有的企业输出运输量大，因此，在选址时，要考虑是接近原材料供应地，还是接近消费者市场。

3. 社会文化以及生活条件

宗教信仰、社会风尚、民族习惯、文化教育、文化氛围和社会价值观这些因素共同构成了地区的整体社会文化环境。不同国家和地区、不同民族的生活习惯、文化教育水平、宗教信仰和生活水平是不同的，企业在选址时应充分考虑这些因素。

（三）人口因素

一个地区的人口密度，可以用每平方千米的人数或户数来确定。对于商铺类企业，人口密度越高，则选址商店的规模可相应扩大。创业者选址应该尽可能对选址附近社区、家庭数量、消费者数量、性别、年龄、教育程度、职业、人口密度及人口稳定性进行充分调查。一个由两口之家组成的年轻人家庭，购物追求时尚化、个性化、少量化，而一个三口之家的家庭，其消费需求则几乎是以孩子为核心的，人口因素决定了企业的目标市场。

（四）竞争因素

从竞争对手角度看，经营地点的选择有两种不同的思路：一是选择同行聚集林立的地方，同行成群有利于人气聚合与上升，比如服饰一条街、建材市场、家电市场、小商品市场等；另一种思路则是别人淘金我卖水，别人都蜂拥到某地去淘金，无论成功者还是失败者，都要维持生计，如果到他们中间去卖水，肯定稳赚不赔。创业者在选址时，要收集竞争者的相关信息，对竞争者进行研究。要知道你有多少竞争者，他们在哪里，还要知道过去两年内有多少跟你业务相似的企业开张和关闭了。对于间接竞争者和潜在竞争者的产品和服务的情况创业者也要分析研究，了解这些企业的经营品种、经营理念、经营档次。

（五）个人因素

创业者个人的价值观也是为企业选址时应重要考虑的因素之一。创业者对某一具体位置的特殊偏好，如一些创业者常常选择在自己的住所附近经营，可能会令创业者丧失更好的机会或因经营受到限制，购买力无法突破。

（六）地理因素

地理因素指气候、地势、用地形式及道路关联程度等地理条件。对于那些限制在某些地理范围内销售的某些产品和服务的企业来说，这个因素特别重要，如养殖场必须考虑靠近水域的地方。

此外，地理因素还和劳动力供应相关，比如技术、资金密集型，用地面积小，无噪音、空气、水质污染的高新技术企业，适合选择交通便利，信息灵通，引进人才容易的市区；而劳动密集型、有污染、制造型、对工人素质要求不高的企业，适合选择有码头、火车站及供水供电好的郊区，可以充分享受用地成本低，离原材料产地近，运输成本低，劳动力成本也较低，劳动力供应充沛的实惠。

二、各类型公司选址要求

（一）零售类企业

零售业是服务于大众消费者的流通企业，它的经营成果极大地依赖其店址选择的正确与否，所以零售业被称为“选址决定命运的产业”。零售企业选址的关键是商圈的选择。所谓商圈，通常指可能来店购物的顾客所分布的地理区域。零售企业进行选址首先要考虑其业态特征，那些单体规模小、满足顾客便利需要，以经营选择性较低的日常生活用品为主的零售业态（如超市、便利店）原则上应在距离上靠近顾客，而那些单体规模大、商品品种齐全，以经营选择性较强的商品为主的零售业态（如百货店或仓储式购物中心）能够从远处吸引顾客，原则上选在人流多，交通便利的地方。交通便利可以把较远地方的人聚集过来，又方便购物的人群疏散。零售企业选址过程中还有一些方面需要创业者注意，如商业环境和条件、城市规划、场地条件、法律条件等。

（二）批发类企业

批发类企业在选择运营地点时，应重点考虑以下几个要素。

一是交通条件。要有良好的交通条件，如港口、铁路、公路。

二是要有适当的便利。例如，在建筑、设备、公共设施等方面，要有方便卡车货车停放的停车场或上货的码头，仓库要大。没有这些便利条件，批发类企业就很难大量地处理货物。

三是政策法规限制。有些地方对批发业务会有一些限制，要了解相关的规定。批发类企业要尽可能地接近它的客户。

四是产业集群效应。产业集群效应能使企业降低成本，扩大影响力。

（三）IT 类企业

IT 类企业在选址时应重点关注以下因素。

一是物业所属区位。如果此类公司在市政府所规划的经济开发区、高科技园区注册的话，会得到相应的税收方面的减免政策，这点也是此类公司选址的重要因素之一。但也有一部分大中型公司要体现公司良好的企业形象，会在所在地的商业圈或中央商务区设立办公场所，如驻京办等。

二是交通利达性。绝大多数 IT 公司的员工人数较多，且加班的情况较为严重，所以此类公司对所要承租物业的交通及地理位置要求较为严格，即办公地址距员工住址较近或较为方便。

三是软硬件设施。水电、通风、网络设施要完善。

（四）服务类企业

服务业的目标则是实现收入最大化。服务业的成本在一个市场范围内变动很小。因此，对于一个服务部门而言，特定的选址更多的是影响其销售量和收入，而不是成本，那些需要与顾客直接接触的服务类企业，服务质量的提高有赖于对最终市场的接近程度时，设施必须靠近顾客群。例如，一个理发店或一个超级市场，影响其经营收入的因素有多种，但其设施位置是否靠近顾客群，对其有举足轻重的作用。如设施周围的人口密度、收入水平、交通条件等，将在很大程度上决定这种企业的经营收入。其他服务业，如咨询、银行、房地产、维修、旅店、保健、教育、公用事业、政府等，也都有不同程度的接近顾客与市场的要求。

（五）制造类企业

制造类企业选址的关键是如何选择一个效能和效率最优的位置，即如何降低企业的成本，从而为企业获取最大的效益。制造类企业需要考虑降低产品的总成本，从原材料的采购、零件的生产、部件的组装到产品总装，再经过销售渠道到达终端消费者，因此是否具有供应链优势，是否接近原材料，是否有便捷的物流，是否接近客户，是否受环境保护等相关政策制约等，都是必须考虑的关键因素。

三、选址决策的实施步骤

企业选址是一个较为复杂的过程，一般来说有以下几个步骤。

①分析，包括需求分析、费用分析、约束条件分析，列出“必需的”和“希望的”选址条件。

②选择某一个地区。

③在同一地区选择若干适当的地点。

④通过实地考察比较不同地点，特别注意对那些关系生意成本的关键因素及相关配套设施进行考量。

⑤对选址所需具体数据进行实地步行观察，调查交通情况及每天各时段的人流、车流主次与方向。

⑥在这个范围内应当针对固定居民、企业、吸客点、竞争对手等方面展开详细调查，充分了解自身所处的市场环境。

⑦向有经验的人士和该地区的生意人咨询。

⑧综合分析收集到的信息，做出企业选址决策。

案例启示

好利来高端战略遇坎儿

三年前，不满足于中低端烘焙市场的好利来在北京推出高端子品牌“黑天鹅”，一度引发业内热议。三年后，在外资甜品店相继进入北京市场、高端消费低迷的大背景下，好利来不仅未能实现2012年前拓展20家黑天鹅的开店计划，大本营也被本土品牌味多美挤占了大部分市场份额。

布局高端遇阻

昨日，《北京商报》记者在多家好利来黑天鹅店走访发现，尽管蛋糕仍为黑天鹅主打商品，目前并未有降价趋势，但部分甜品价格已与面包新语、巴黎贝甜等中端蛋糕店基本持平。据门店工作人员介绍，尽管部分甜品的价格不太高，但很少有附近居民前来消费，受众多为年轻白领。

据了解，为了迎合黑天鹅的高端定位，不同于味多美、好利来的选址，黑天鹅门店面积多在200平方米以上，且均在租金较高的购物中心及市中心城区。位于华普的朝阳门店，每天每平方米租金为10～20元，每月租金10万元左右。此外，黑天鹅的豪华装修以及增值服务，也增加了经营成本。

尽管在开店时，黑天鹅曾宣称，并不是面向普通消费群体，而是针对城市2%～5%的富人群体。但时隔三年，黑天鹅全国的门店布局不仅未能达到预期，甚至连预计2012年开20家门店的数量也仅完成一半，业内人士推测，经营成本或许是其扩张遇阻的主要原因。

核心产品缺失

据某连锁烘焙品牌负责人透露，尽管好利来、味多美等被称为蛋糕连锁店，但事实上，在日常营业额中，蛋糕的销售比重仅占30%，门店的大部分营业收入是靠向消费者推出面包、饼干等日常甜点获得。《北京商报》记者走访味多美、巴黎贝甜时也发现，门店的甜品类商品货架占据的面积与蛋糕类商品货架的面积之比多为9∶1，多数门店的蛋糕仅为一个货架，商品主要靠订阅册的方式呈现。

与上述两大品牌相比，无论是好利来还是其子品牌黑天鹅，蛋糕的比重均大于同行。尽管价位类似，但种类的缺失也让其失去了较大的市场份额。

一线市场式微

好利来在全国市场1000余家门店的网店布局，一度让其稳坐国内烘焙连锁龙头宝座。但近年来，好利来在一线城市显现了增长疲态，这也给了竞争对手成长空间。

据一位业内人士介绍，好利来在一线城市广开门店，树立了高端的品牌形象和知名度，而后在二三线市场开放加盟，一度被认为是蛋糕店的发展策略。但好利来子品牌黑天鹅近期仅在北京、天津等一线城市开设了6家门店。与此同时，在味多美、多乐之日店商，以及以21客、派乐坊为代表的线上蛋糕店的冲击下，好利来蛋糕、甜品的销量也不如预期。

资料来源：

好利来高端战略遇坎儿[EB/OL].(2014-08-20)[2018-10-19]http://news.163.com/14/0820/01/A429MU6V00014AED.html.(节选)

思考与讨论：

好利来在经营过程中存在哪些问题？如果你去创业，此案例对你创业选址有何启示？

拓展活动

根据图6-1所示内容，模拟成立一家公司。

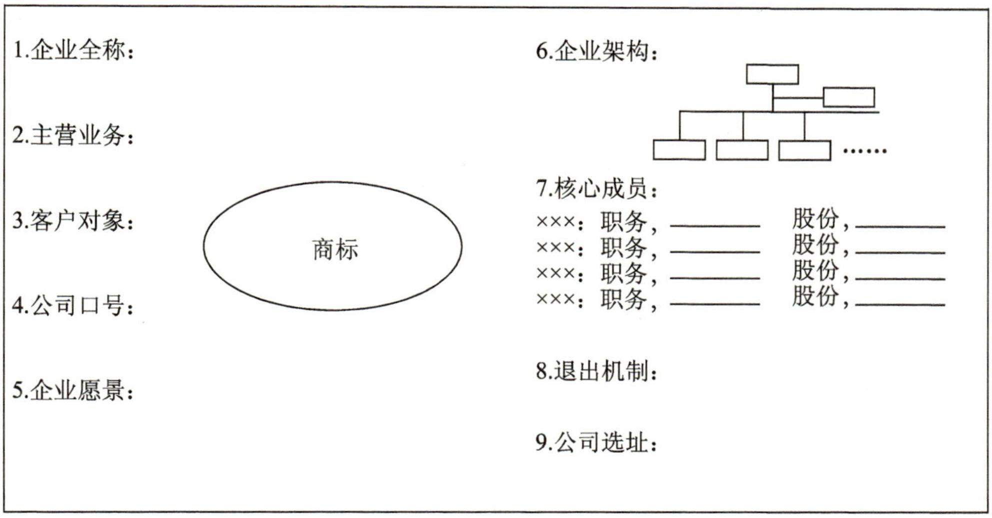
1.企业全称：
2.主营业务：
3.客户对象：
商标
4.公司口号：
5.企业愿景：
6.企业架构：
……
7.核心成员：
×××：职务，________ 股份，________
×××：职务，________ 股份，________
×××：职务，________ 股份，________
×××：职务，________ 股份，________
8.退出机制：
9.公司选址：

图 6-1

参考文献

[1]施永川．大学生创业基础[M]．北京：高等教育出版社，2015.

[2]李家华，谢强．创业基础教学手册[M]．北京：北京师范大学出版社，2014.

[3]徐小洲，等．大学生创业技能发展战略研究[M]．杭州：浙江大学出版社，2014.

[4]董坤伟．大学生创新创业[M]．武汉：华中师范大学出版社，2016.

[5]胡国辉．大学生创业教育[M]．上海：上海交通大学出版社，2015.

[6]焦雨梅，冉隆平．大学生创业教育[M]．北京：航空工业出版社，2013.

[7]海迪·M. 内克，帕特里夏·G. 格林，坎迪达·G. 布拉什．如何教创业——基于实践的百森教学法[M]．薛红志，李华晶，张慧玉，等，译．北京：机械工业出版社，2015.

[8]斯图尔特·瑞德，萨阿斯·萨阿斯瓦斯，尼克·德鲁，等．卓有成效的创业[M]．新华都商学院，译．北京：北京师范大学出版社，2015.

[9]刘帆．大学生 KAB 创业精讲[M]．北京：知识产权出版社，2013.

[10]刘志阳．创业管理[M]．上海：上海人民出版社，2012.

[11]李志能，郁义鸿，罗博特·D. 希斯瑞克．创业学[M]．上海：复旦大学出版社，2006.

[12]尹琦．大学生创业实务[M]．长春：吉林人民出版社，2008.

[13]林嵩，谢作渺．创业学：原理与实践[M]．北京：清华大学出版社，2008.

[14]李时椿．创业管理[M]．北京：清华大学出版社，2010.

[15]徐俊祥．大学生创业基础知能训练教程[M]．北京：现代教育出版社，2014.

[16]陈高生，孙国辉．新世纪的国家竞争锐器——高校创业教育[M]．北京：经济日报出版社，2012.

[17]Earl Meyer，Kathleen Allen. Entrepreneurship And Small Business Management(second edition)[M]. Glencoe Mc Graw-Hill Publisher，2007.

[18]梅伟惠．美国高校创业教育[M]．杭州：浙江教育出版社，2010.

[19]李肖鸣．创业基础慕课学习评价手册[M]．北京：清华大学出版社，2015.

[20]黄兆信，王志强．地方高校创业教育转型发展研究[M]．杭州：浙江大学出版社，2013.

[21]克里斯·安德森．创客——新工业革命[M]．萧潇，译．北京：中信出版社，2012.

[22]王志强．研究型大学与美国国家创新系统的演进[M]．北京：中国社会科学出版社，2014.

[23]奥斯特瓦德，皮尼厄．商业模式新生代[M]．王帅，毛心宇，严威，译．北京：机械工业出版社，2011.

[24]杰里米·里夫金．第三次工业革命——新经济模式如何改变世界[M]．张体伟，孙豫宁，译．北京：中信出版社，2012.

[25]布兰特·库珀，帕特里克·沃拉斯科维茨．精益创业家[M]．创业基金会，译．北京：机械工业出版社，2013.

[26]腾讯互联网与社会研究院．我是90后我是创业家——17个90后的创业故事[M]．北京：机械工业出版社，2015.

[27]中国青年报社KAB全国推广办公室．中国青年公益创业报告[M]．北京：清华大学出版社，2015.

[28]李家华．创业基础[M]．北京：北京师范大学出版社，2013.

[29]王艳茹，王兵．创业基础课堂操作示范[M]．北京：北京师范大学出版社，2014.

[30]刘辉，李强，王秀艳．大学生创新创业教程[M]．上海：上海交通大学出版社，2016.